北陸の強みを引き出す 地域資源

大野尚弘＋根本 博［著］

金沢学院大学経済学部教授

北國新聞社

はじめに

　日本は地震の多い国である。どの時代もどこかの地域が被害にあっている。2024年1月1日、北陸がマグニチュード7.6の大地震に襲われた。能登半島地震である。懸命の復旧作業にもかかわらず、半島という地形が災いしてスムーズな対応が阻まれた。しかし、能登に生きる住民のためにも復旧・復興の手を止めてはならない。国民の能登復活を願う声が聞こえる。

　石川、富山、福井の3県からなる北陸は、一人当たりの稼ぎ（県民所得）では、北海道、東北、中国、四国、九州など各地方圏を上回っている。製造業では、一般機械、電子部品、化学、繊維などが盛んである。流通業も活発で、最近はドラッグストアの展開が注目されている。伝統工芸、食材などが魅力となって、観光業の発展も有望視される。

　人口や経済規模（県内総生産）に比べて北陸の注目度が高いのは、住みやすさ、暮らしやすさで定評があることに加え、全国市区町村の魅力度ランキングで金沢が上位に躍進するなど、「文化の厚み」が認められているからである。23年秋には、国民文化祭の開催で各種の行事や展示が人気を呼び、皇居三の丸尚蔵館収蔵品展は記録的な入場者を集めた。

　北陸新幹線が2015年に金沢まで開業し、観光ブームや地価上昇などの経済効果をもたらしたことは記憶に新しい。24年3月には敦賀まで延伸し、新幹線効果が北陸全域に及ぶ。

　全国に目を転じると、経済はコロナ後の回復過程にあると見なされ、株価は急上昇している。金融政策も転換された。経済情勢は流動的なので、この先どのような展開が待っているのか予測は難しい。

　ただ、本書の主たるテーマは、半年とか1年で変動する短期の景気動向ではない。中長期的には、少子化が続くと見込まれる日本経済の潜在成長率は低水準で推移している。財政も企業や家計の損失を補填するような後ろ向きの歳出に力を注いでいるようでは、政府の財政金融政策が効果を発揮しているとは言い難い。日本という国の存在感が

どうなっていくのか、誰しも目を離せない関心事である。

財政学では、都道府県や市町村などの地方自治体のことを「地方政府」と呼び、住民の身近で行政を行うことから、肌で実感できる役割の発揮が期待されている。地方分権が進められた結果、国に遠慮することなく、独自の英知によって自治体が施策を展開することができる範囲が広がった。

市場経済では、本来、経済の原動力となるべきなのは民間部門であることは言うまでもない。民間部門の力によって地域の持つ潜在力を発揮・展開すべき時ではないかというのが我々の基本的認識である。

地域として注目度が高い北陸としては、他に先駆けて、国任せにせず、今こそ自治体・民間が手を携えて地域の力を総結集し、前向きの民間投資を増加させ、経済の活性化へ向けた動きを本格化させる必要がある。

本書では、経済、文化をはじめとする「地域資源」に着目し、今後の発展を牽引することが期待される部門について、50の論点を取り上げ、北陸の元気を引き出す経済・経営戦略を示そうと考えた。中長期的に見た北陸の可能性は、決して人口や面積の規模に収まるものではない。地域経済のリーダーとして、日本の将来を牽引する意欲を持たなければならない。そうした意欲ある取り組みが、各セクションを通じて本書に散りばめられている。

本書は5部で構成されており、大野がPart.1「北陸の地域資源」、Part.2「北陸の地域資源を生かす」、Part.3「北陸の地域資源を強みに」を担当し、根本がPart.4「北陸経済の強み」、Part.5「北陸文化の厚み」を担当した。

読者の皆さんにも、北陸の元気を共有していただくことを願っている。

根本　博

Contents

Part.3 北陸の地域資源を強みに

Part.4 北陸経済の強み

Part.5 北陸文化の厚み

※本書は、一般財団法人北國総合研究所（金沢市）が発行する季刊『北國TODAY』および電子版『北國ウィークリーレポート』に根本、大野の両著者が同研究所研究員として寄せた原稿に加筆、修正を加えて再構成したものです。
※本書に掲載した図表の一部は、数値を四捨五入して記載しているため、合計値が一致しないことがあります。

Part.1

北陸の地域資源

金沢カレーのブランド戦略

　地域名を冠したブランドづくりが活発だ。例えば、「金沢カレー」は、金沢発祥の独特なカレーとして、全国的に人気がある。2023年6月には、金沢を舞台に、カレーを巡る青春群像を描いた映画「スパイスより愛を込めて。」が全国で上映された。地域ブランドとして全国的に知られている「金沢カレー」を参考に地域ブランドの成長戦略を探る。

地域ブランドとは何か？

　「ブランドとは何か？」を考えるとき、逆にブランドのない商品を思い浮かべるとよい。ブランドの逆の概念は、コモディティ（ただの商品）と呼ばれ、通常、コモディティ化の進んだ商品は、価格だけで商品の選択が行われる。特徴がないことや、仮に特徴があっても、その特徴が商品を購入する消費者にとって重要でない場合、コモディティとなる。一方、ブランドは、その商品の有する特徴が、買い手である消費者にとって重要な「何か」が備わっていることが差別化の重要な条件となっている。地域ブランドは、「地域」がその商品の特徴として、消費者にとって重視されているブランドであると言える。

　金沢カレーは、通常のカレーと異なり、金沢で誕生したカレーであることと、非常に特徴的なカレーであることが全国的な人気とな

っている。金沢カレー協会によれば、金沢カレーとは、①ルーは濃厚でドロッとしている、②付け合わせとしてキャベツの千切りが載っている、③ステンレスの皿に盛られている、④フォークまたは先割れスプーンで食べる、⑤ルーの上にカツを載せ、その上にはソースがかかっている。これら5つの特徴を持つカレーが、金沢カレーと定義されている。

成長に必要な攻めの戦略

　まず、金沢カレーの本場である石川県とカレーについてデータで確認する。NTTタウンページのデータベースによれば、人口10万人あたりのカレーハウスの都道府県ランキングでは、カレーハウスの件数で全国1位が石川県である。このことからも石川県民がカレー好きであることが理解できる。地域ブランドは、地域の人々に愛される食事であることが必要条件である。地元で愛される味であることこそが、カレーというコモディティをブランド化する際の差別化になる。キャベツやカツをカレーの上に載せる金沢カレーの特徴も、地域の味作りから誕生した食文化である。

　次に、地域ブランドは、地域に誕生のルーツがあることを必要条件としている。地域名を名乗る食である限り、全く地域と無縁であってはならない。金沢カレー誕生のルーツは諸説ある。例えば、金沢市内に本店を置くカレーチェーンの創業者が、金沢駅のレストランでコックとして活躍し、その後、カレーハウスを開業し独立したことが金沢カレーの原点と言われている（北陸朝日放送「北陸食遺産スペシャル　知られざる金沢カレーの系譜」）。つまり、地元との強いつながりが存在していることが地域ブランドの条件である。ただし、金沢カレーとしての知名度を全国的に広げたのは、2000年代

にゴーゴーカレーが東京に金沢カレーの店舗を出店したことが始まりである。地元だけにとどまらず、県外で金沢カレーの味をアピールしたことが全国的な知名度向上につながった。元祖とされる老舗店だけが独占的に地元だけで販売するのではなく、複数の企業が扱い、全国市場で競うことで、知名度は向上し、顧客層は広がる。その結果、商品の品質である味が洗練されていく。ブランドを広くPRするマーケティング戦略こそが、金沢カレーの価値をブランドとして引き上げたのである。攻めのブランド戦略こそが地域ブランドの成長条件である。

　まとめると、地域ブランドには、①地域オリジナルな特徴をもつこと、②地元の人にとって身近な食であること、③地元にそのルーツがあることの3つが必要である。そして、地域にとどまらず、全国にその味覚を発信する攻めのブランド戦略が「地域ブランド」の成長戦略には欠かせない。冒頭に紹介した映画の公開は、まさに金沢カレーの攻めのブランド戦略となるはずである。

図表1　人口10万人あたりの「カレーハウス」登録件数による都道府県ランキング

2021年				2022年			
順位	都道府県	件数	10万人あたり	順位	都道府県	件数	10万人あたり
1	石川県	62	5.47	1	石川県	63	5.56
2	北海道	225	4.31	2	北海道	225	4.31
3	富山県	31	3.00	3	大阪府	257	2.91
4	大阪府	260	2.94	4	富山県	30	2.90
5	福岡県	146	2.84	5	福岡県	143	2.78

(出典)「タウンページデータベース」(NTT東日本・西日本)

Q 01 金沢カレーの源流は?

A 　金沢カレーのルーツは諸説あります。一説には、チャンピオンカレー創業者の田中吉和さんが、それ以前に営んでいた「洋食タナカ」で提供していた一皿60円の「ライスカレー」が源流といわれています（2009年1月7日付北國新聞「ふるさとから挑戦」）。このカレーは評判を呼び、洋食タナカは次第にカレー専門店のようになっていったそうです。1963年ころには、現在の金沢カレーのスタイルであるステンレス製の皿やソースのかかったカツ、キャベツを載せる形式となりました（チャンピオンカレーホームページ　https://chancurry.com/history/）。

　個性的な金沢カレーが複数店で出されるようになったことには理由があります。田中さんが洋食タナカで人気を博したカレーレシピを、かつて自身がチーフコックを務めた金沢駅のレストランで一緒に働いた仕事仲間に提供したためです。その仕事仲間たちが開いた店というのが、現在も金沢カレーを提供するキッチンユキやインディアンカレー、カレーの市民アルバ、大黒屋食堂というわけです（北陸朝日放送「北陸食遺産スペシャル　知られざる金沢カレーの系譜」）。

© ゴーゴーカレーグループ

北陸産ウイスキー

　日本産の「洋酒」が世界発信を始めている。わが国のウイスキー輸出は、2020年に金額で清酒を抜き、勢いを加速している。北陸でも砺波市内でウイスキーが製造されているほか、金沢市内の蒸留所がジンで国際的な賞を受けた。酒どころ・北陸の新たな「味の観光資源」としても注目される。

　ジャパニーズウイスキーの蒸留所は、余市（北海道）や山崎（大阪府）が全国的に知られている。北陸には唯一のウイスキー蒸留所「三郎丸蒸留所」が砺波市にあり、小規模ではあるが富山県産のミズナラの樽を利用して熟成させるなど地域独自のウイスキー作りを行っている。金沢市大野町では、スピリッツの蒸留所がジン製造に取り組んでおり、このほど英国で開催された酒類品評会「インターナショナル・ワイン＆スピリッツ・コンペティション（IWSC）」で金賞を受賞した。日本酒の銘酒を生んできた酒どころ・北陸に洋酒という特産品が育ってきた。

世界五大ウイスキーの一つ

　日本で製造される酒類の中で、特に輸出が伸びているのが、ウイスキーである。

　ジャパニーズウイスキーを表示する際の要件が日本洋酒酒造組合

によって定められている。その要件とは、①原材料は、麦芽、穀類、日本国内で採水された水に限ること、②製造は、糖化、発酵、蒸留を、日本国内の蒸留所で行うこと、③貯蔵は、内容量700ℓ以下の木製樽に詰め、3年以上日本国内において貯蔵すること、④瓶詰は、日本国内で容器詰めし、充填時のアルコール分は40度以上であることである。

　組合によって、ジャパニーズウイスキーを名乗る際の要件が明確にされたことには理由がある。それは、酒税法にジャパニーズウイスキーの定義がないため、海外で製造された輸入ウイスキーの原酒を日本で瓶詰したものがジャパニーズウイスキーとして販売されていることへの対策である。余り知られていないが、ジャパニーズウイスキーは、世界五大ウイスキー（ほかにスコッチウイスキー、アイリッシュウイスキー、アメリカンウイスキー、カナディアンウイスキー）として数えられている一ブランドである。ウイスキーは飲むだけではなく、コレクションする収集家もおり、世界的なオークションでは高値で取引される銘柄もある。

　ジャパニーズウイスキーが海外の品評会で高評価を受け、世界的に人気が高まっていることから、日本のウイスキーとして、本物であることの要件を明確にすることが必要となった。そうしなければ、商標だけのジャパニーズウイスキーが世界中にあふれる恐れがあったからだ。

清酒抜き輸出トップに

　日本産の酒類の海外輸出金額で、2020年に清酒を抜いて、ウイスキーが第1位となっている。酒類輸出では、清酒の2020年輸出金額が約241億円であったのに対し、ウイスキーは約271億円、

2021年には、約406億円に拡大している。このことからも、ジャパニーズウイスキーが国内だけでなく、海外での人気が高まっていることが分かる。輸出先についても、中国、アメリカ、フランスへの輸出が拡大している。

　日本国内では、ウイスキーは他の酒類と比べ高価であり、中高年男性が氷の音を響かせながらグラスを片手に飲むお酒というイメージがある。しかし、ジャパニーズウイスキーが外国人に高評価を得ているお酒であるという視点でウイスキー需要を考えてみると、新しい味の観光資源が発見できるのではないだろうか。かつて日本のウイスキーメーカーが、若者の市場を開拓するために、炭酸で割るハイボールという飲み方を考えたのと同様に、外国人向けにジャパニーズウイスキーのおいしい飲み方、それに合う食材の味わい方を提案することで、訪日外国人観光客にとって、新たな日本食の楽しみ方が生まれる。好調なウイスキー輸出に加え、日本のウイスキー

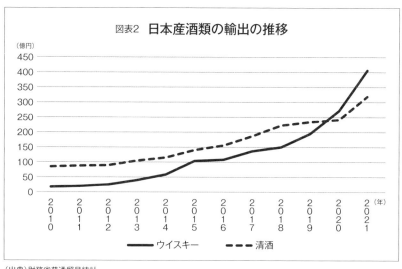

図表2　日本産酒類の輸出の推移

（出典）財務省普通貿易統計

に合う食材の輸出によって、新たな販路の拡大に結びつく可能性もある。

　コロナ禍で急速に縮んだ訪日外国人需要だが、再び訪日観光客は増加している。訪日外国人観光客の消費を拡大する上でも、ジャパニーズウイスキーに注目していくことが必要だろう。

check

　　三郎丸蒸留所(砺波市)は伝統的にスモーキーなウイスキーを製造し続けている。2016年にクラウドファンディングで蒸留所を改修し、2017年に三郎丸蒸留所として再スタートを切った。2022年には、ウイスキー製造70周年を迎えた。2023年11月から公開された映画「駒田蒸留所へようこそ」（制作P.A.WORKS）は、三郎丸蒸留所がモデルの一つになっています。

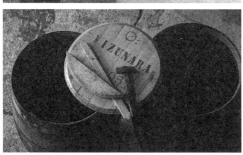

三郎樽
ⓒ 若鶴酒造株式会社

購入型クラウドファンディング

　クラウドファンディングの市場規模が拡大している。最近では、クラウドファンディングによる迅速な資金調達は、コロナ禍において苦しむ事業者、医療関係の従事者への支援金として役立ってきた。インターネットを通じて個人から活動支援金を調達するクラウドファンディングは、社会的にもその存在が認められ始めている。地域資源の発掘という観点からクラウドファンディングを活用していきたい。中でも購入型クラウドファンディングに注目する。

試作品段階で資金調達

　不特定多数の個人から、インターネットを介して小口の資金を調達する仕組みがクラウドファンディングである。クラウドファンディングの仲介を行う業者が、それぞれの強みを生かした結果、現在では5つのタイプが存在している。購入型（寄付型を含む）、融資型、不特法（不動産特定共同事業法）型、ファンド型、株式型の5つである（一般社団法人　日本クラウドファンディング協会）。日本クラウドファンディング協会に加盟する仲介業者だけでも14社（2020年6月現在）あり、未加盟の仲介業者を含めると、40社以上が存在している。

　業者が乱立ぎみのクラウドファンディング業界であるが、市場規模は、購入型、不特法型を中心に伸長している。個人では手の届かない収益不動産に対して共同で出資する不特法型は、低金利時代に

おける金融資産の新たな投資先として選ばれている。一方、購入型は、試作品段階の商品をサイトで紹介することで、開発資金を調達、商品を量産する以前にテスト・マーケティングする場として活用され始めている。購入型クラウドファンディングは、2020年に501億円の市場規模まで急拡大している。購入型クラウドファンディングの仲介大手である(株)マクアケでは、通常商品の流通を1次流通、中古品流通市場を2次流通と呼ぶのに対して、クラウドファンディングで資金調達される試作品段階の市場を0次流通と名づけている。試作という最も資金不足に陥る段階の市場がクラウドファンディングによって注目され、拡大している。

新たな商品開発、販路開拓の場

　購入型クラウドファンディングには、北陸地方の事業者による起案(商品)の掲載も見られる。例えば、「海の幸豊かな石川県能登町の味付き船凍イカ丼」は目標金額10万円に対して、211万9200円(2119%)もの応援購入が集まった(マクアケHP参照)。購入型クラウドファンディングはモノの購入だけではなく、コト消費の起案もある。富山県のあわすのスキー場の復活を支援するプロジェクトには、662万5千円の資金が集まった(目標金額200万円)。

　購入型クラウドファンディングは、不特法型や融資型等のように金銭的なリターンを求めるわけではなく、試作段階の商品を多くの個人に応援購入してもらうことに特徴がある。購入型クラウドファンディングを活用する事業者にとって、次のようなメリットが存在している。①試作品段階のテスト・マーケティング、②応援購入による開発資金の調達、③Web展示による商品紹介と新規販路開拓、④ファン・マーケティング、⑤起案者の信用創造、である(詳しく

はQ&A参照)。

　もちろん、起案した商品や活動への資金調達が、すべて成立しているわけではない。起案によっては、クラウドファンディングサイトを利用する個人の共感を得られず、支援金が集まらない場合もある。しかし、購入型クラウドファンディング(0次流通)は、通常商品を扱う1次流通や中古品の2次流通以上に魅力的な流通過程である。と言うのも、購入者にとっては、市場に登場する前段階の商品を体験できるワクワク感がある。生産者にとっても、応援購入者の反応や声を聴くことができる。商品の使用体験に基づく率直な反応が励みにもなる。そして、購入者の反応に目を付けた一次流通業者からの問い合わせが、新たな販路の開拓に結び付く可能性もある。

　購入型クラウドファンディングサイトを閲覧する限り、北陸地方の生産者の商品掲載はまだ少数である。試作品段階で、直接購入者の声や期待を知ることのできる購入型クラウドファンディングは、事業や商品のファンを早期に作り出す場でもある。そして、使用者視点の新商品開発、新たな販路開拓の場として、今後の活用が期待される。

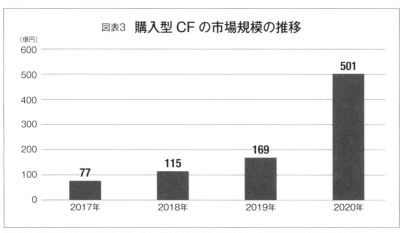

図表3　**購入型 CF の市場規模の推移**

(出典)一般社団法人日本クラウドファンディング協会『クラウドファンディング市場調査報告書』2021年6月

Q **02** 購入型クラウドファンディングのメリットを
教えてください。

A **購** 入型クラウドファンディングには、以下
のメリットがあります。

①購入型クラウドファンディングを活用することで、中小
事業者(起案者)にとって、試作品の人気(反応)を事前に
リサーチできる(テスト・マーケティング)。

②応援購入者が増えることで、同時に開発資金の調達もで
きる。

③クラウドファンディング事業者のウェブサイトを WEB
展示会会場として活用することで商品を紹介。新規取引
先の開拓につながる。

④購入型クラウドファンディングは、消費者を「応援購入」
という形で巻き込むことで、購入者の声や意見を直接聞
くことができる(ファン・マーケティング)。

⑤クラウドファンディング事業者による起案者支援や審査、
品質チェック体制(キュレーターによるチェック)が整い、
起案者の信用や購入者の安心が担保される仕組みとなっ
ている。

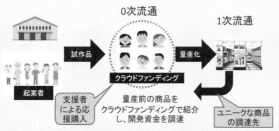

地元応援型商品の開発

新型コロナの感染拡大以前と以後で、観光、外食需要は変化を余儀なくされている。観光客やインバウンド需要を期待した地域の食材は、使用されずに廃棄され、食品ロスの問題が生じた。コロナ禍以降の地域戦略として地元応援型商品の開発を期待したい。

新型コロナで歯車狂う

新型コロナの感染拡大、長期化は、とりわけ観光、外食産業に大きな影響を与えた。外出自粛による影響は、ホテルの稼働率低下や外食需要の減少、そして地域の食材が使用されずに破棄されるという問題を地域社会に生じさせた。

北陸地方では、国内外からの観光需要を見込み、地元の食材を使用した料理の開発に積極的に取り組んできた。北陸各地で地域の特色をPRし、地元の食材を生かした料理の提供を観光戦略として採用してきた。景観だけではなく、料理も楽しむことができる地域づくりが、観光産業の差別化となることが期待されてきたのである。しかし、新型コロナの長期化は、その歯車を逆回転させることになった。地域の特色を作り出すはずの地域食材が、使用されずに廃棄される食品ロスの問題を生じさせたのである。新型コロナは、地域

に新たな課題をつきつけたのである。

供給から消費まで地元で完結

　問題の解決方法がすべて理論的な蓄積にあるわけではないが、窮地の時こそ、理論がヒントとなる場合がある。経営学には、ベンチマーキング（benchmarking）という考え方がある。「高い革新成果を達成している他社のやり方を学び、自己の革新を最高水準に高める方法を考え出すこと」（Weblio辞書）である。簡単に言うと、好業績企業のやり方を学び、自社に採用、応用して業績を引き上げる方法を考えることである。

　地域食材の活用についてのベンチマーク対象企業として、コンビニエンスストア最大手のセブンイレブンの商品開発が参考になる。セブンイレブンはコンビニ業界のリーディングカンパニーであり、その商品開発には同業他社が着目し追随している。

　セブンイレブンでは、地域の魅力的な食材を守り、生産者と事業者を応援することを目的とした「地域の食材を使おうプロジェクト」を立ち上げている。例えば、コロナ禍で消費が低迷している秋田県の特産品「比内地鶏」を使用した焼き鳥丼、親子丼、おにぎりを共同開発し、東北エリアの店舗で販売している。この開発は、北陸地方にも及んでいる。富山県と漁業組合の協力を得て、富山県を代表する食材であるホタルイカと白エビを使用した、「富山湾産ホタルイカのペスカトーレ」「白えび天おむすび」を商品化している。この商品は北陸三県と新潟県のセブンイレブンで販売され、地元の消費者を標的としている（セブン＆アイ「四季報」AUTUMN　2020）。地元の食材を使い、地元の工場で生産することに加えて、地元の消費者に地元食材を活用した商品を消費してもらおうという取り組みであ

る。

　供給から消費までを地元で完結することで、地元の消費者に地元
の味を再評価してもらう。この循環が、地域社会の特色ある食材の
供給や生産を守ることにつながる。いわゆる地元が支える「地元応
援型商品の開発」である。これは食品分野に限るものではない。他
の業界、分野でも同様の開発コンセプトを活用することができそう
である。

　コロナ禍以降の消費は、地域住民による「地元応援」がキーワード
となりそうだ。地元の食材を商品化することで、地元の消費者に購
入してもらう。これによって地域の特色ある食材の供給、生産を守
り、地元の人にもそのおいしさを評価してもらう。このような地元
応援型商品開発は、将来的にユニークな地域ブランドを誕生させる
かもしれない。

図表4　**セブン＆アイ（セブンイレブン）グループの地域商品開発事例**

地域	食材	商品
北陸・新潟エリア	ホタルイカ、白えび	パスタ、おにぎり
北海道エリア	帆立	おにぎり、総菜など
東北エリア	比内地鶏、仙台牛	おにぎり、弁当
関東エリア	赤城牛、霜降高原牛、奥久慈しゃも	生鮮食品、おにぎり、弁当、カップ麺など
東海エリア	大葉、飛騨牛、真鯛	おにぎり、調理麺など
四国エリア	小豆島手延べそうめん	調理麺
九州エリア	九州産黒毛和牛	弁当など

Q 03 応援購入という言葉を聞きます。
応援をきっかけとする消費は、
今後も増えそうですか?

A 2 023年を振り返ると、さまざまな場面で「応援」がキーワードとなりました。高校野球では、甲子園決勝戦で、母校を応援する卒業生が大勢集まり、盛大な応援が行われました。応援が選手の力となったと言われています。38年ぶりに日本シリーズで優勝した阪神タイガースについても、関西の阪神ファンの応援が選手を奮い立たせたと言われています。さまざまな場面で、応援が力となることに気づかされました。商品の購入についても、価格と品質を比べるだけではなく、商品から伝わる意味が決め手となり始めています。以下の図のように、商品は品質と価格だけではなく「意味」によっても判断されているからです。応援したいという気持ちが商品購入の動機となることは大いにあることです。

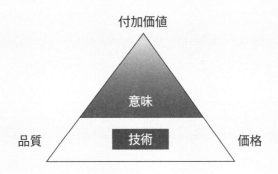

地域のスポーツビジネス

　石川県内のトップスポーツチームで構成する一般社団法人石川ユナイテッド（金沢市）に加盟する8つのチームの1つである卓球の「金沢ポート」が、2023年7月開幕のプロ卓球リーグTリーグに新規参入した。スポーツの中でも広く親しまれている卓球のプロチームであり、地域のスポーツ熱のさらなる高まりが期待されるほか、プロとしてのビジネス開発にも注目したい。

金沢にプロ卓球チームが誕生

　Tリーグは、2018年に男子4チーム、女子4チームでスタートし、2023年度から「金沢ポート」を含む男子2チームが加わった。金沢にプロ卓球チームが誕生したことで、プロとしての多彩な活動が地域の活性化にもつながることが期待されている。卓球は、体格の良さが要求されないスポーツであるため、多くの人がプレーを楽しむことができる競技である。中高生の部活動でも加入者が多い部の一つである。日本卓球協会によれば、競技者登録人口は30万人を超えており、協会登録を伴わない競技人口は、800万人と予想されている（琉球アスティーダ資料）。バスケットボールが、競技者登録人口55万7千人（日本バスケットボール協会）、競技人口570万人とされている。卓球はスポーツの中でも、年齢性別を問わず、広く楽しまれる競技である。

　卓球は日本人のプレーヤーのレベルも高く、男子シングルスでは、張本智和選手が世界ランク9位、女子のシングルスでも早田ひな選手が6位、伊藤美誠選手が9位となっている（世界ランキング2024年4月16日時点）。

　Tリーグに新規参入する金沢ポートには、有望選手の加入も見られる。パリ五輪代表選考ポイントでも上位につけていた田中佑汰選手と2022年の小学生日本一の平塚健友選手（遊学館ジュニア、福井県出身）である（『北國新聞』2023年5月16日）。卓球のプロチームができることで、身近で世界レベルのプレーを「見る」楽しみが増える。

　地域に根ざしたスポーツチームの試合を観戦したり、競技を実体験したりすることは、その地域への愛着を育み、感動を共有する得がたい機会となる。スポーツを見て、体験する機会をできるだけ増やし、地域の新たな魅力として浸透させたい。

欠かせぬ収益源の多様化

　地元にプロチームが誕生することで、スポーツを「する」だけではなく「見る」ことの楽しみが生まれる。地元にプロスポーツチームが存在することや、地元出身の選手がプレーすることで、応援にも熱が入る。スポーツの力で、地域を元気にすることこそ、地域スポーツの与えられた役割である。

　ただし、プロスポーツチームは事業会社である限り、経営の問題を切り離すことはできない。実際、地方ほど、プロスポーツチームの売り上げは小さく、資金繰りも厳しい場合が多いとされる。チーム成績が良いと地元のファンの入場者数も増え、地元企業のスポンサー収入も増加する。しかし、チーム成績が悪いと、入場者数も減

り、場合によってはスポンサーとして応援していた企業の撤退、あるいはスポンサー料の減額要請がある。スポーツチームのビジネスでは、当然のことではあるが、成績低迷は売上減少を招き、有望選手の補強にも苦戦する負のスパイラルを生む。地域プロスポーツチームは、地元ファンを増やすために、指導を通じたスクール開催、地元の各種イベントへの選手の参加などを行い、地道な経営努力を行っているが、大きな売り上げに繋がるほどではない。スポーツを通じて地域を盛り上げるファンづくりと合わせて、スポーツビジネス開発に伴う収益源の多様化こそが、チーム強化の一端でないかと考える。

　例えば、Ｔリーグに所属する琉球アスティーダスポーツクラブは、「卓球×沖縄×○○」というコンセプトを掲げ、地域と卓球とビジネスを横につないでいくというマーケティング戦略を行っている。具体的には、スポーツ観戦を楽しむスポーツバル（飲食店）経営、EMPORIO ARMANI（エンポリオアルマーニ）との衣料品開発によ

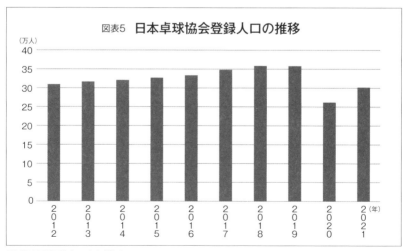

図表5　**日本卓球協会登録人口の推移**

（出典）公益財団法人 日本卓球協会

る「かっこいい卓球」の PR 等である。

　スポーツという括りを、地域と他のビジネスと組み合わせることで、これまでとは異なるシナジー効果が発揮できないかを探ることも、人口の少ない地域のプロスポーツチームの収益を支える方策ではないだろうか。

スポーツマーケティングについて教えてください。

A 　ス　ポーツとマーケティング、スポーツとビジネスは、もともとは共存したものではありませんでした。スポーツ市場にマーケティングの考えが必要とされたのは、1984 年のロサンゼルスオリンピック以降だといわれています。当時は、世界的に不況であり、オリンピック開催は、開催都市の財政負担を大きくしました。すべてのオリンピック種目が、世界中で人気なわけではないため、人気のない競技のために競技場を建設することも開催都市を苦しめました。開催都市の負担が大きく、経済効果も乏しいことから、1984 年のオリンピック開催地に立候補したのはロサンゼルス市だけでした。

　ここで誕生したアイデアが、スポーツのビジネスとしての価値を見直すことです。例えば、①独占放送権販売（放送権料）、②公式スポンサー・サプライヤー制度、③商品ライセンスを企業に認めることで、スポーツのビジネス市場は急拡大しました。「する」スポーツと「見る」スポーツをつなぐマーケティングが注目されたのです。

（参考文献　原田宗彦他（2018）『スポーツマーケティング』大修館書店）

金沢マラソンの効果

　近年は10月末の日曜日に、「金沢マラソン」が開催されている。市民参加型のフルマラソンは、2007年の東京マラソン誕生以降、全国各地の都市で企画され、スポーツイベントとして大成功を収めている。北陸新幹線敦賀開業に合わせ、これまで都市マラソンがなかった福井県でも「ふくい桜マラソン」が開催された。市民参加型フルマラソンの効果について考えてみよう。

ボランティアが運営に協力

　北陸新幹線の金沢開業年である 2015 年が、第 1 回金沢マラソンの開催年である。2023 年度の金沢マラソンのランナーの申し込みは、定員の 2.37 倍であり、2019 年の大会が 3.05 倍であったことを考えると、申し込みは減少している。これはコロナ感染拡大による影響があったからと予想できる。

　都市マラソンの人気の秘密はさまざまであるが、耳にするのは、マラソンを通じて、地域を知る機会が増えることである。都市に点在する名所を駆け抜けるだけでなく、エイドステーションでは、ご当地グルメを楽しむこともできる。さらに、地域の大学の協力は、都市マラソンの魅力を創造している。例えば、完走者に贈られるメダルのデザインは金沢美術工芸大学が手がけ、記念品の完走タオルのデザインは金沢学院大学の芸術学部が担当している。都市マラソ

金沢マラソンは、多くのボランティアの
協力によって支えられている

金沢マラソンに協力する金沢学院大学の
学生たち

ンは、多くのボランティアが大会運営に協力している。ここでも地
元大学の学生がボランティアとして協力している。都市マラソンは、
ボランティアなしには成立しないと言われている。

　運営側は、大会ボランティアに参加する大学に、優先出場枠を設
置するなど、ユニークな取り組みを始めている。市民参加型マラソ
ンの狙いである市民と大会が一体となり、地域イベントを盛り上げ
る、そのための仕組みづくりが進んでいる。

進化する「市民参加型」

　市民参加型フルマラソンは「する」スポーツ、「見る」スポーツ、「交
流する」スポーツという3つの視点で、そのメリットがある。

　まず、「する」スポーツは、ランナーが県内在住者だけではなく、
県外、海外からの参加を見込め、記録を残すこと、完走すること、
そして、走ることで、ランナーたちが地域を知ることができる。こ
のことが、フルマラソンの魅力となっている。1着を目指し、好記

録を出すことだけを目的とするのではなく、走る喜びを感じること
も参加者の関心である。

　次に、「見る」スポーツである。スポーツは、競技する選手だけの
ものではなく、観戦や応援する人もいて、そのイベントへの感動を
共有できる。マラソンランナーを応援する側、される側が、損得や
贔屓なく、そしてボランティアの協力によって円滑にイベントが進
行する。その時間こそが「見る」スポーツの醍醐味である。

　そして、「交流する」スポーツである。フルマラソン開催は、観光
とも連動した地域スポーツイベントである。県外、国外からのラン
ナーが参加することで生じる宿泊や飲食への消費支出は、地元への
経済効果も大きいとされる。地域の魅力を県外に発信する絶好の機
会となっている。年に一度の「お祭り」という印象のある人もいるで

ボランティア枠を利用して走る選手も

あろうが、継続することによる魅力発信効果は大きいはずである。

　北陸新幹線敦賀開業後の3月31日に「ふくい桜マラソン」が福井県で開催された。福井県が開催することで、全国すべての都道府県で市民参加型フルマラソンが実施されたことになる。しかし、フルマラソンのない都道府県がなくなることから、これからのフルマラソンの課題が見えてくる。フルマラソンを通じて、地域に何を育てていくかという課題である。例えば、ふくい桜マラソンでは、全国区のトップランナーになって福井をPRするランナー育成やジュニア選手支援などを大会の目的に含めている。全国的に人気のある金沢マラソンについても、フルマラソンを地域資源とすることで、そこから何を育て上げていくかがこれからの課題となるだろう。

図表6　**市民参加型フルマラソン**（第1回開催年月）

2007年	2月	東京マラソン
2011年	10月	大阪マラソン
	11月	神戸マラソン
2012年	3月	京都マラソン
2014年	2月	北九州マラソン
	3月	静岡マラソン
	11月	福岡マラソン
2015年	2月	姫路城マラソン
	3月	横浜マラソン
	11月	富山マラソン
	11月	金沢マラソン
2022年	12月	みえ松阪マラソン
2024年	3月（北陸新幹線敦賀開業後）	ふくい桜マラソン

（筆者作成）

移住の決め手

　北陸地方でも都市圏からの移住者を増やす試みが行われている。本社機能の一部移転への税制面での優遇や賃料を抑えたオフィス、移住者向けにアパートやシェアハウスを貸し出す取り組みなどがみられる。北陸地方の自治体では、移住者の増加を金銭的にサポートする制度を設けている。移住者の視点から、移住の決め手を考えたい。

自治体に手厚い支援制度

　北陸の地方自治体でも移住者を増加させることへの関心が高まっている。移住とは、「自らが何らかの意思を持って、主たる生活拠点を別の地域に移すこと」と定義されている（パーソル総合研究所「地方移住に関する実態調査」）。移住者を増やす利点として、地元企業の人手不足の解消など労働力不足の問題解決や、人口減少などの地域課題を、移住者の新しい発想で解決していくことが挙げられる。

　移住者を増加させるため、地方自治体は支援制度を充実させている。まず、移住者に対する北陸の地方自治体の支援体制を紹介したい。例えば、富山県では旧県職員住宅（富山市蓮町）を改修して創業支援センターと創業・移住促進住宅（愛称　SCOP　TOYAMA）を2022年10月に開設した。石川県でも移住・定住の促進を目的とし

て、東京 23 区に 5 年以上在住もしくは通勤した後、石川県内へ UI ターンし、移住支援金対象法人に就業した場合、移住支援金を支給するという制度を設けている。北陸新幹線が敦賀まで延伸された福井県でも、東京圏からの移住を支援金でサポートしている。福井県内の市町へ東京 23 区から転入した場合、世帯で 100 万円、単身 60 万円を支給する制度を設けている。福井県の場合、支援金対象企業への就職だけではなく、起業、テレワーク、関係人口を就業要件としている。多様な働き方に対して、移住を考える人を支援金でサポートすることが想定されている。

移住の動機を知る

　移住者増加には、地方への移住動機を知ることも必要である。昨今の地方移住の実態について、パーソル総合研究所が「就業者の地方移住に関する調査報告書」（2022 年 3 月）としてまとめている。この報告書の興味深い点は、「都市圏に在住し一定の都市生活の利便性を享受している就業者が、どうすれば自ら望んで地方圏に移住するという意思決定を行うことができるのか」という問題を出発点としていることである。つまり、都市圏から地方へ移住、就業する人の動機を対象として調査が実施されている。地方へ移住する就業者にとって、何が移住の妨げになっているのか、あるいは何が移住を決断させるのかについて調査結果がまとめられている。

　本調査で明らかになった点として、移住を決める時点での上位 5 要因は、①地域での日常的な買い物などで不便がない、②地域の医療体制が整っている、③街並みの雰囲気が自分の好みに合っている、④穏やかな暮らしを実現することが出来る、⑤十分な広さや間取り、日照など快適な家に住める、となっている。買い物や医療だけでは

なく、移住先の街並みや雰囲気が移住の意思決定要因に含まれている。地方の移住に、街づくりが決め手となっている点は注目したい。

　住・生活満足度を質問した調査結果では、石川県移住者(n=426)では、「一緒に事を成したいと思える仲間がいる」ことが直接要因となっており、富山県(n=100)では、「地域の雰囲気は自分の生活リズムにあっている」が直接要因であった。

　都市圏からの移住者を増やす上で、移住者に対する手厚い金銭的な支援金や低家賃での住居、オフィスの提供も大切である。しかし、調査結果から分かることは、買い物や医療の生活、街の雰囲気や穏やかな暮らし、そして、一緒に仕事を成し遂げる仲間の存在が、移住者にとっての魅力となっていることが分かる。

　地方自治体が支援金を手厚くして、都市圏から移住者を増やす制度は、金銭的な問題を解消する上では効果的である。しかし、移住者の視点から、移住先の意思決定、移住の動機は何かを考えるなら、

図表7　**移住意向者 年代別 移住時影響項目**

移住意向者 N=2,988		全体	20代	30代	40代	50代	60代
1	地域での日常的な買い物などで不便がない	76.4%	82.7%	79.0%	74.1%	75.8%	76.1%
2	地域の医療体制が整っている	75.0%	77.3%	75.6%	71.6%	75.2%	80.1%
3	街並みの雰囲気が自分の好みに合っている	72.2%	81.4%	76.6%	70.2%	70.2%	69.8%
4	穏やかな暮らしを実現することが出来る	72.1%	76.4%	74.5%	70.4%	71.6%	71.1%
5	十分な広さや間取り、日照など快適な家に住める	71.6%	75.9%	74.2%	69.3%	71.3%	71.6%

（出典）パーソル総合研究所「地方移住に関する実態調査」2022年（Phase1）

移住先での生活環境がより重要な要因となる。北陸地方の暮らしやすさ、街並みの美しさ、街の雰囲気、そして移住によって生まれる地元の人との出会いや仲間の存在をアピールすることが、都市圏からの移住の決め手となる。テレワークなどの新しい働き方が広がり始めた今こそ、移住を検討する人の心を掴む街づくりや仲間づくりの機会が求められている。

Q 地域の活性化に関心がありますが、移住するとなると、なかなか踏み切れません。

A 地方を中心に、人口減少や高齢化、若者の都市部への流出等、地域づくりの担い手不足が問題となっています。移住による「定住人口」や、観光に来た「交流人口」の増加に取り組むだけではなく、近年では「関係人口」の増加に取り組む自治体が増えています。

関係人口とは、移住による「定住人口」でもなく、観光に来た「交流人口」でもない、地域と多様に関わる人々を指す言葉です（出所：「総務省地域への新しい入り口『関係人口』ポータルサイト」）。

関係づくりの創出方法として、南砺市では、「副業」を関係人口増加の切り口としています。「副業」応援市民プロジェクト事業として、みらいワークス、富山銀行と提携を発表し、地元企業と都市部の副業人材をマッチングすることで、関係の入り口づくりを始めています。

定住までいかなくても、応援したい地方との関係づくりから始めるとよいでしょう。

Section 8 | 北陸の起業・創業支援

北陸地方においても起業・創業が増加傾向にある。ここ数年、北陸地方における起業・創業の支援体制が整い始めたことが一因であろう。近年の北陸地方の起業・創業支援とベンチャービジネスについて考えたい。

新ビジネスに期待高まる

　北陸地方において創業、起業支援の動きが活発化してきた。金沢市では旧野町小学校を増改築した「金沢未来のまち創造館」が開館した。ここでは AI（人工知能）を活用する起業家の拠点となることや 3D プリンターを利用した伝統工芸品の試作、最新調理器具の設置による料理開発の支援等、金沢らしい新ビジネスの創出を目指している。

　石川県における起業・創業の支援では、石川県産業創出支援機構（ISICO）が 2007 年から毎年、「スタートアップビジネスプランコンテストいしかわ」を開催している。2023 年で 17 回目となるこのイベントでは、最優秀起業家賞として最大 600 万円（スタートアップ補助金 500 万円 +UI ターン支援補助金 100 万円）が支給される。応募件数も順調に拡大しており、2021 年では 344 件に上っている。

中でも、学生の応募が増えており、起業、創業に対する関心は、若い世代に広がりを見せている。ユニークな企業の発掘にも役立っている。ドローンが夜空で舞い踊る「ドローンショー」をビジネス展開しようとする(株)ドローンショー・ジャパンは、「スタートアップビジネスプランコンテストいしかわ2020」で最優秀起業家賞を獲得している。

　起業や創業には、実体験を通じた生の声を聞く機会や創業をサポートする指導者(先輩起業家)が必要との認識から、七尾市では「ななお創業応援カルテット」という仕組みをつくり、段階に応じた支援が行われている(2014年〜)。七尾商工会議所、のと共栄信用金庫、日本政策金融公庫、七尾市の4者による創業支援で、地域における需要創出、雇用創出、地域活性化を目指している。

　クラウドファンディングにより、全国から資金調達を行う事例も登場している。理研ワールド株式会社(鯖江市)は、ユニコーン社の株式投資型クラウドファンディングを通じて6084万円の資金調達に成功した(2020年)。炭素めっきの技術を活用したビジネス展開への期待が数多くの個人投資家からの資金調達成功につながった。

　このように北陸地方でも起業・創業への期待は大きくなっている。なぜなら、新ビジネスは、地域社会の課題を解決し、雇用を創出する可能性があるからだ。

「死の谷」と「ダーウィンの海」

　起業・創業といっても業種、業界はさまざまであるが、その共通点は、「起業家精神」であろう。産業構造の変化や新しい技術に成長のチャンスを見出し、ビジネスに対するリスクをぎりぎりまで計算しながら、高い志(夢・ロマン)や目標を掲げ、果敢に挑戦するリー

ダーシップのことである。ベンチャービジネスには、成長軌道に乗るまで「死の谷」「ダーウィンの海」という２つの危機を乗り越える必要がある。「死の谷」とは、事業拡大の際、研究開発などでの資金が枯渇してしまうリスクである。「ダーウィンの海」とは、事業が順調に推移すると、その事業への参入が増え、競争が激化していくリスクのことである。

　これらは、とりわけ創業間もない時期に、起業家が直面するリスクでもある。一社員として会社で勤務する場合と異なり、孤独に耐え続ける時間も長くなる。アイデアは優れていても、ビジネスモデルとして収益化するまで時間がかかると、ビジネスの鮮度は次第に落ちていく。知名度やブランド力に欠けていることから、取引における信用を築き上げていかなくてはならない。

　起業による成功は、時間との戦いでもある。起業・創業への挑戦

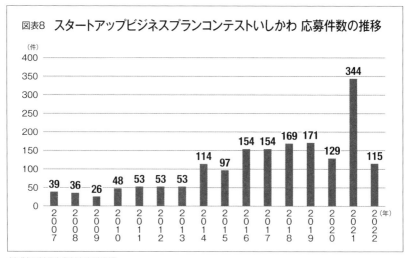

図表8　スタートアップビジネスプランコンテストいしかわ 応募件数の推移

（出典）石川県産業創出支援機構

を地域社会全体が応援しようという雰囲気が生まれることがベンチャービジネスを育てる上では必要なことである。今後は、起業・創業にチャレンジしたい若者が全国から北陸に集まることを期待したい。

起業するなら成功したいです。
成功の条件はあるのですか。

A スタンフォード研究所の調査レポート（2006年）によると、アメリカトップ企業400社のうち、20年間にわたって著しく成長発展を遂げた55社（14％）に共通した経営上の因子は、次の5つに集約できるとされています。

①経済成長の著しい分野であった。

②絶えず会社が置かれるであろう環境を想定し、計画を立て、ビジネスチャンスを逃さないようにしていた。

③自分の会社の競争力を適切に知るように努力し、かつ絶えず自己反省していた。

④投資に対するリスクを恐れず、消極的になっていなかった。

⑤ラッキーだった。

　これに加えて、起業では事業を指導してくれるメンターの存在、協力してくれる仲間の存在が大事だといわれています。

Section
9

本社機能の地方移転

　本社機能の一部を地方に移転する企業が話題となっている。パソナグループは、東京都千代田区から兵庫県淡路島へ移転、医薬品商社のアステナホールディングス（東京）は、珠洲市へ本社機能の一部を移転した。YKKは、北陸新幹線開業（2015年）と同時期に創業の地、黒部市に本社機能の一部移転を行った。本社機能の一部移転の効果について考えたい。

２つのメリット

　東証プライムに株式を上場している医薬品商社のアステナホールディングス（旧イワキ）（東京）は、珠洲市にテレワークの拠点を置き、本社機能の一部を移転した（『北國新聞』2021年1月22日）。

　本社機能の地方移転は、安倍内閣時代に地方創生の柱の一つとして、東京一極集中から地方創生を目指して取り組まれた。本社機能を地方移転する企業は、地方移転促進税制（2015〜2019年）を活用できた（YKKは適用第1号）。

　しかし、税制面のメリットだけで、地方へ本社機能を移転する企業は少ない。本社機能の地方移転の狙いを、そのメリットと課題（リスク）に分けて整理する。

　本社機能の地方移転のメリットについて、次の2点が挙げられる。まず、本社機能の分散である。本社機能の地方移転が促された最大

の理由は、東日本大震災以降、東京一極集中のリスクが認識されたことにある。東京に集中した本社機能を分散することで、災害時においても事業を継続することができる。東京に本社機能を集中させるのではなく、テレワークなどで事業継続に支障がない部門を地方移転させ、より災害に強い体制の構築を目指している。新型コロナウイルス感染拡大、長期化は、特に都心の大企業でテレワークが推進されており、このことも本社機能の地方移転を加速する可能性がある。一方、移転先としての地方都市にもメリットは大きい。税収が増加するだけではなく、若者が都市部へ仕事を求めて流出することを防ぎ、地元における雇用創出を見込むことができる。本社移転企業が増えれば、若者が就きたい仕事の選択肢が増えるメリットもある。

　2点目のメリットは、ユニークな商品開発への期待である。本社機能の中でも研究開発部門が移転する事例は多い。地方だからこそできる商品開発やそのアイデアが、他社との商品差別化の基盤となる可能性がある。珠洲市に本社機能の一部を移転したアステナホールディングスは、珠洲市花き栽培センターを活用して地元農林産品を使った商品開発や地元雇用の創出の研究を進めると報じられている（2021年1月22日付『北國新聞』）。本社機能の一部移転を契機に、地域に眠る資源の発見、発掘、そして新商品開発となって将来の活用につながる。「商品開発×地域資源」のコラボレーションに期待が寄せられている。

新卒人材の採用が課題

　地方移転の課題についても触れておきたい。『全国「本社移転」動向調査（2019年）』（帝国データバンク）によれば、2019年に本社移

転を行った企業は全国で2011社あり、その内、石川県、富山県は転出が転入を上回る本社転出状態であった。地方への本社機能移転の課題は、取引先との距離拡大（営業に不便）、すべての社員が移住に好意的ではないこと等が挙げられる。中でも、将来に渡り課題となるのは、新卒人材の採用だろう。全国から新卒人材を採用しようとする際、地方本社であることのローカル色が敬遠材料になりうる。地方では、広く全国から有能な人材を採用できないとなると、再び東京へ本社機能を移さざるを得なくなる。このような事態を回避するには、地域における人材育成と並び、地方都市での生活の魅力発信がより重要課題となる。

　地方創生が、次代のキーワードとなった今、本社機能の地方移転を検討する企業は今後も増えていくと思われる。東京から地方へ本社機能を移転する流れを、北陸地方の都市はチャンスとして捉えていくべきだろう。

図表9　**北陸における本社移転**（2019年）

	転出	転入	転出－転入
東京都	629	580	▲49
石川県	11	1	▲10
富山県	8	4	▲4
福井県	3	4	1

（出典）帝国データバンク「全国「本社移転」動向調査」（2019年）の一部抜粋

Q 07 本社機能の地方移転のメリットは分かりましたが、デメリットをもう少し詳しく教えて下さい。

A 　**本**文で、メリットを指摘しましたが、デメリットももちろんあります。まず、取引先へ営業する際の不利です。会社は都市部に集中しています。最近は、リモート会議が増えているものの、対面での営業が必要な際は、出張費や時間がかかります。次に、人材の採用において、地方は不利という点も挙げられます。新卒採用では、首都圏の大学生が縁もゆかりもない地方に本社のある会社を選択することは少ないと思います。最後に、地方生活の不安があります。家族がいる場合であれば、子供の教育に適した土地であるのか、家賃などの生活コストは安くても、公共交通機関の利便性が低く、自動車がなければ生活できない土地ではないのか等は、首都圏から移住する場合の不安要素です。

　税制面でのメリットがある本社移転であっても、人の問題を解決しなければ、本社移転は成功しないと思います。

アニメで魅力発信

「アニメ・スタいしかわ」の初開催を機に、石川県がアニメ・コンテンツ産業の誘致や人材育成に力を入れる。アニメに関連するメディア芸術を振興するイベントを通じて、石川県にゆかりのある企業や人材とコラボし、新たなにぎわいの創出を図る。北陸地方とアニメ作品の繋がりと、アニメによる地域おこしについてレポートする。

伝統文化と組み合わせる

　石川県がアニメ・コンテンツ産業の振興に取り組み始めた。2024年、「アニメ・スタいしかわ」の初開催を予定している。開催に合わせて、「いしかわアニメアワード」として、ショート・アニメーション、声優の２部門の作品を募集し、表彰する。

　アニメ・スタいしかわの事業目的は、「藩政期からの伝統文化を今に受け継ぐ本県の文化にさらに厚みが加わるよう、本県ゆかりの企業やアニメ業界で活躍する人物と連携し、アニメなどのメディア芸術を振興するイベントの開催により、にぎわいの創出を図るとともに、本県へのコンテンツ産業に携わる人材・企業の誘致にもつなげていく」とされている。石川県における伝統文化とアニメという異なる価値観を組み合わせることで、地域経済の活性化を目指している。

「聖地」が観光スポットに

アニメには、既存の観光資源とは異なる魅力の発信や観光客の集客効果がある。例えば、2022年12月に公開された『THE FIRST SLAM DUNK』は、国内だけではなく、韓国、中国、台湾でも日本アニメの映画として大ヒットした。映画を視聴した観光客が、聖地と呼ばれる江ノ電の鎌倉高校前駅の踏切に集まり、映画の感動の余韻に浸るスポットとして人気を集めている。日本のアニメ映画は、海外でも上映されることが増えており、訪日観光客の人気観光スポット化する現象が生まれている。多くのアニメファンがアニメのシーンに描かれたスポットをSNSで発信し、その場所を訪問したことの感動を発信している。これは日本のみならず、世界に向けても、新しいアニメ観光のスポットを拡散することになる。

アニメの中で描かれた街中のスポットへのアニメファンの訪問は、「聖地巡礼」と呼ばれる。「聖地巡礼」とは、アニメ、小説、映画等の作品に登場するシーンや登場人物、作者と縁のある場所を、作品のファンがめぐることである。

アニメ等で描かれた街中スポットや風景が、聖地となってファンを呼び込むだけではなく、アニメ聖地を地域おこしの起爆剤にしていこうとする動きも見られる。アニメで開催された行事が、現実に実施された事例もある。例えば、金沢市の湯涌温泉を舞台にした「花咲くいろは」の中の「湯涌ぼんぼり祭り」が、実際開催され、現在では恒例行事となっている。他にも、アニメの脚本家との縁から、アニメとのコラボを実現した事例もある。能美市のウルトラマンシリーズである。ウルトラマンの脚本家の一人である佐々木守氏が能美市出身ということから、円谷プロダクション公認で九谷焼ウルトラ

マンシリーズの絵付け体験が催されている。富山県でも氷見市出身の藤子不二雄Ⓐさんの代表作品「忍者ハットリくん」のキャラクターを道路沿いに展示し、商店街の活性化に生かそうという取り組みがある。氷見線、城端線では「忍者ハットリくん」をラッピングした列車を走らせ、ローカル線に楽しさを加え、沿線を盛り上げている。

　アニメは既存の観光名所とは異なる、新しい価値観を伴った魅力の発信ができる。アニメとの出会いを縁に、聖地を訪問する観光客は国内だけではなく、世界に広がっている。アニメを石川県のコンテンツ産業として育てる取り組みに、これからも注目したい。

図表10　北陸におけるアニメの聖地・施設

	都市名	アニメ作品名	聖地、施設等
石川県	金沢市	花咲くいろは	湯涌温泉
		Angel Beats!	金沢大学
	輪島市	マジンガーZ、キューティーハニー	永井豪記念館（再開未定）
	能美市	ウルトラマン	九谷焼ウルトラマンシリーズ
富山県	高岡市	ドラえもん	おとぎの森公園
	高岡市、射水市	アニメ 君の膵臓をたべたい	雨晴海岸、内川等
	氷見市	忍者ハットリくん	比美町商店街
	上市町	おおかみこどもの雨と雪	作品に登場する古民家
	南砺市	true tears	城端等
福井県	福井市	2.43清陰高校男子バレー部	福井県営体育館等
		チア☆ダン	福井商業高等学校
	あわら市	ちはやふる	芦原温泉駅等
	美浜町	中二病でも恋がしたい！	坂尻海水浴場等

「君の膵臓をたべたい」の聖地の一つ「雨晴海岸」（高岡市）

「ちはやふる」の聖地の一つ「あらた坂」（あわら市）

地方空港の活性化

北陸新幹線金沢開業（2015年）以降、北陸地方の空港（小松空港、富山きときと空港）の利用者数が大幅に減少した。新幹線開業により、大きく利用者が減少した地方空港であるが、再活性化が検討される中で、なかなか問題解決の行方が見えない状況にある。北陸の地域資源である「地方空港」の活性化について、各地の地方空港の取り組みを含めて考えたい。

新幹線開業で空港利用者減少

北陸新幹線の金沢開業以降、北陸地方の空港利用者数が減少している。福井県からの利用者の見込めた小松空港に比べて、減少が著しいのが富山きときと空港である。富山きときと空港が公表する国内・国際線利用客数のデータによれば、新幹線開業前年の2014年の旅客者数は88万5千人であったが、2016年には46万人、2018年には43万6千人、新型コロナウイルスの感染拡大により、2020年には6万7千人に減少している。2022年においても25万人にとどまっている。

富山きときと空港の場合、羽田（東京）便への依存度が高く、新幹線開業がダイレクトに利用者減少へと結び付いてしまった。航空会社も便数減少や利用機材の縮小に動いたため、利用者数は一層減少することになった。一方、小松空港の場合、自衛隊との共用空港で

あることから、収益面では富山きときと空港とは異なっている。2022年に112万人とコロナ前の2019年の7割まで利用者は回復したものの、2024年春の北陸新幹線敦賀延伸は、小松空港の利用者数にも影響を与えていきそうである。特に、東京便の旅客者数の減少は免れないだろう。

飛行機で移動時間短縮

　北陸地方に新幹線が開業したからと言って、地方空港はいらないという人はほとんどいないだろう。なぜなら、ビジネスは東京とだけ結び付いていれば安泰というわけではないからだ。空港は地方の財産でもある。地方空港を、どのように活性化していくかが、これからの北陸地方の課題となる。

　ここで、地方空港の活性化の取り組みを紹介していきたい。まず、近県の新潟空港の事例である。新潟空港では、トキエアという格安航空会社（LCC）が2024年1月31日に、新潟—丘珠（札幌）間で就航した。今後も、新潟空港を拠点として仙台、名古屋、関西、佐渡島を、ターボプロップ機（プロペラ機）で結ぶ予定である。ターボプロップ機は、ジェット機に比べ低燃費であることから格安運賃の実現が可能となる。新潟空港を拠点とした航空会社の誕生により、鉄道では不便だった都市とのビジネス、旅行のニーズを開拓していこうとしている。

　地方空港を利用した観光、ビジネスニーズの大きさに注目した創業もある。フィールエアホールディングスは、地方空港と地方空港を結ぶことで、従来、羽田空港を拠点として結ばれてきた地方空港への路線とは異なるニーズを発掘しようとしている。例えば、金沢観光に来た訪日客が、飛行機を利用すれば、小松空港から、次に松

本空港や鳥取砂丘コナン空港へ旅することも可能となる。新幹線で
繋がれていない都市間の旅行需要の開拓である。東京起点ではない
新しい日本の旅が飛行機で可能になる。

　空港内のアミューズメントを充実させる取り組みもある。空港の
アミューズメントといえば、展望デッキから飛行機の離着陸を眺め
る楽しみ方が一般的だ。富士山静岡空港では、フライトシュミレー
ターを設置し、8コースのフライトを体験でき、パイロット気分を
楽しめる。空港内のフロアマップには、買う、食べる、楽しむとい
う3つの項目が記載されている。空港で、楽しむという視点も、こ
れからの地方空港では必要だろう。

　最後に、小松空港同様、自衛隊との共用空港である茨城空港の取
り組みである。茨城空港では、交通アクセス、交通機関との連携に

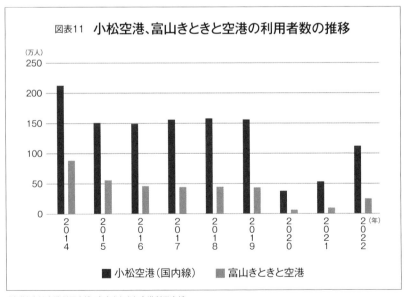

図表11　**小松空港、富山きとき空港の利用者数の推移**

（出典）小松空港利用実績、富山きとき空港利用実績

特徴がある。地方空港の多くは、県内の利用者を想定した交通アクセスを想定して空港バスを走らせている。しかし、茨城空港の場合、東京を往復する空港バスを運行している。東京(八重洲南口)から約100分、大人1650円という料金で、東京からの利用者と東京への利用者を獲得している。

　新幹線開業によって、東京便に依存してきた地方空港は苦戦を余儀なくされる。地方の財産であるはずの空港を、多様な視点から活性化していくことが、北陸地方では求められている。

Q 08 訪日客の旅行目的が変わってきたと聞きます。どのように変わったのでしょうか?

A コロナ禍以前は、団体旅行が中心でした。しかし、近年は、個人旅行へ顧客のニーズがシフトしています。旅行目的についても、VFR(Visiting Friends and Relatives)需要が注目を集めています。VFR需要とは、家族や友人に会うことを目的として旅行をする需要です。単に、観光地を訪問するのではなく、友人や家族の生活している所へ訪問するという旅です。友人のいる留学先へ訪問することや、子供の働いている所への訪問は、訪日観光客だけではなく、日本人同士でも、旅行のきっかけとなります。友人や家族に会いに行こうという旅行ニーズは意外に大きいのです。

Part.2

北陸の地域資源を生かす

すそ野広がるeスポーツ

　eスポーツのすそ野が広がりを見せている。高校の部活動や高額賞金獲得を競う世界大会の開催を通じて、プロ選手が誕生し、観戦を楽しむeスポーツファンが増加中である。これまでeスポーツは、ゲーム好きな若者をターゲットとしてファンを増やしてきた。しかし、近年では、eスポーツを、さまざまな分野で活用しようとする試みがある。eスポーツの新たな可能性について考えよう。

観戦、動画視聴者が増

　eスポーツとは、「エレクトロニック・スポーツ」の略で、広義には、電子機器を用いて行う娯楽、競技、スポーツ全般を指す言葉であり、コンピューターゲーム、ビデオゲームを使った対戦をスポーツ競技として捉える際の名称である（一般社団法人日本eスポーツ連合）。世界大会では、ゴルフなどのプロ大会に引けを取らない賞金が用意され、プロ選手を目指す若者が増加している。それに伴い、競技人口だけではなく動画を視聴するファンの数も増加傾向にある。

　日本においても、eスポーツの観戦、動画視聴者数は伸びており、eスポーツ元年と呼ばれる2018年の382万6千人から、2022年には868万人に達している。観戦、動画視聴をするファンの数は、今後も伸長することが予想されている。

　若者に人気のあるeスポーツであるが、近年では、eスポーツを

地域社会の課題解決手段として活用しようという動きが見られる。指を動かし競い合い、頭を使って考える、この効果が注目されている。

健康維持や認知症予防に

　賞金獲得を競うプロプレーヤーとそれを観戦するファンが、ｅスポーツの市場を拡大してきた。ｅスポーツは、若者を惹きつける競技として、民間企業がスポンサーとなり、活動を支援してきた。2019年には、「いきいき茨城ゆめ国体」の文化プログラムとして「全国都道府県対抗ｅスポーツ選手権2019 IBARAKI」が開催され、社会全体がｅスポーツに注目する雰囲気が作り上げられてきた。

　ｅスポーツは、「年齢、性別、国籍、障がいを超えて、全ての人が楽しむことのできる競技性のあるエレクトロニック・スポーツであること」をコンセプトとしており、若者だけではなく、広く世界中の人が楽しめることを目標としている。つまり、技を磨き世界大会で活躍するプロ選手を目指すだけがｅスポーツではなく、ｅスポーツ競技を通じて作り上げる人との繋がりにも注目する必要がある。

　近年では、地域社会の課題解決にｅスポーツが導入されている。例えば、富山県の介護施設では、高齢化社会の課題をｅスポーツで解決しようとする取り組みがある。高齢者介護や福祉の現場では、交流イベントを開催し、健康維持や認知症の予防に、ｅスポーツによる交流が取り入れられた。コープいしかわと金城大学の共同企画として「認知症予防に！ ｅスポーツ体験！」という交流会が催された。競技の高度さを競う大会ではなく、ｅスポーツを楽しむことによる認知症の予防効果が地域社会で試されている。このほか、ADHD（注意欠如・多動症）の症状がｅスポーツによって緩和する

可能性があることから、eスポーツのデジタルメディスンとしての活用も始まっている。

　eスポーツを教育に活用する方法もある。語学をゲーム感覚で学ぶことや、世界中のユーザーとeスポーツを通じたコミュニケーションを行うことでの国際交流も可能だろう。

　ゲーム好きな若者だけのeスポーツから、地域社会の課題解決や教育、国際交流の手段としてのeスポーツとなることで、eスポーツの活用領域は広がりそうだ。

　このように、eスポーツの活用方法を見直すことで、新しい市場が見えてくる。eスポーツは、若者の遊びやゲームではなく、広い世代で楽しめる競技である。eスポーツの可能性にこれからも注目していこう。

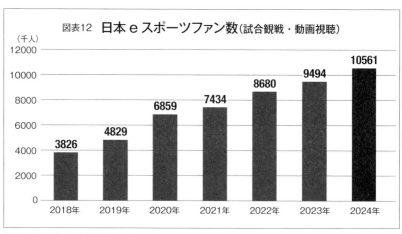

図表12　日本eスポーツファン数（試合観戦・動画視聴）

（千人）

年	ファン数
2018年	3826
2019年	4829
2020年	6859
2021年	7434
2022年	8680
2023年	9494
2024年	10561

（出典）日本eスポーツ白書2022／角川アスキー総合研究所

Q eスポーツは、賞金総額が大きいと聞きます。

A sports Earnings（2022年）によれば、世界のeスポーツの賞金総額ランキング（2021年度）は、第1位が、ゲームタイトルDota2で、約3億1445万ドル（約377億円、1ドル120円換算）、2位は、Fortniteで、約1億5485万ドル（約186億円、同）でした。日本国内の大会でも賞金総額が上昇しています。Shadowverse World Grand Prix 2021 では、賞金総額2億8千万円でした。優勝したkakip選手（日本人）の賞金は、1億5000万円だったことも話題となりました。ゴルフの国内男子プレイヤーの獲得賞金ランキング一位の中島啓太選手が1億6千万円（2023年度）であることから、eスポーツのトップ選手はプロゴルファーに引けを取らない賞金を獲得していることが分かります。

　観戦・視聴者数も増加しており、それに伴い、eスポーツのスポンサー市場も拡大中です。プロ選手が、市場をけん引する中で、その周辺領域が育ち始めたことにも注目です。eスポーツの関連機器開発だけではなく、地方創生、国際交流、ヘルスケア、ファッションの領域にもeスポーツは広がると期待されています。

ツエーゲン金沢

　金沢ゴーゴーカレースタジアム（旧金沢市民サッカー場）がツエーゲン金沢の本拠地となった。北陸初のJリーグの基準を満たしたサッカー専用競技場で、収容人数はJ2基準の1万人に拡充される。スタンド最前列とグラウンドの距離が最短約7メートルと近いことから、サッカー選手の迫力あるプレーを観戦することもできる。新スタジアムの完成、そしてツエーゲン金沢のJ2復帰へ向けての躍進が、これから県民の期待となりそうである。

新スタジアムを起爆剤に

　ツエーゲン金沢が2024年から、金沢市の整備する新スタジアムを本拠地とする。これからの活躍に期待する県民も多いことだろう。金沢市が実施したクラウドファンディング「金沢市民サッカー場再整備プロジェクト〜新サッカー場を『みんなのホームスタジアム』に〜」では、目標金額1千万円を3日で達成した。市民の期待の大きさが反映された結果だといえる。

　地方の期待を集めるプロサッカーチームであるが、事業会社としての経営に課題が残る。まず、ツエーゲン金沢が公開している経営情報を確認しよう。売り上げにあたる営業収益は8億6300万円、営業利益−200万円、経常利益300万円、純利益100万円（2023年1月期）であった。営業費用は8億6500万円であり、チーム人件費が3億2500万円であった。営業利益率−0.2％という状況は、経営

という面からは、厳しい数字である。

　プロスポーツは、「プロフェッショナルスポーツの略称であり、金銭の報酬を目的としたスポーツ」（『日本大百科全書』）のことである。したがって、競技をする人の費用が大半を占めることは、プロスポーツチームにとって当然のことである。注目したいのは、営業収益の構造である。ツエーゲン金沢に限らず、プロサッカーチームの収益源は、①広告料収入（スポンサー収入）、②入場料、③Jリーグ配分金、④アカデミー関連収入、⑤物販収入の5つである。ツエーゲン金沢についても、広告料が営業収益として、もっとも大きく3億2900万円で、実に営業収益の38%を占めている。次に大きい収益源は、Jリーグ配分金1億5600万円（18%）となっている。残念ながら、入場料収入は6300万円に過ぎず、営業収益に占める割合は約7%である。これは、グッズなどの売り上げである物販収入の8400万円よりも小さい金額である。

　財務数字から、ツエーゲン金沢の収益構造は、スポンサーの広告収入に依存しており、入場料収入やグッズ売上には、まだまだ伸びしろがある。新スタジアムは、入場料、グッズ売上の増加の起爆剤としても期待できそうだ。

無関心層のファン獲得を

　スポンサー収入に依存する営業収益の構造は、ツエーゲン金沢に限ったことではない。J1チームにおいても広告料収入に頼る収益構造は同じである。一方、欧州のサッカーリーグにおいては、放映権収入が大きく、放映がファンを増やし、さらに広告料を引き上げる好循環が生まれる収益構造となっている。日本のJリーグの場合、放映権収入に頼ることは難しく、放映権に依存することなくファン

づくりを進めることで、入場料収入とそれに伴うグッズ売上の増加を目指すことが基本戦略となる。

マーケティング論の観点から、ファンづくりを考えるならば、その第一歩はファンの類型化である。ファンを大雑把に類型化すると、熱狂的、競技経験者、無関心層の３つに分けることができる。これまで、プロスポーツチームは、熱狂的なファン、部活動等の競技経験者に、競技場に足を運んでもらうことを考えてマーケティングを行ってきた。しかし、プロスポーツチームで多くのファン獲得に成功した事例は、無関心層に向けての情報発信によるものである。例えば、横浜 DeNA や広島カープは野球ファンとしては無関心層であった女性を標的として専用座席を設けた。日本ハムはキツネダンスを球場で披露し、野球に無関心だったファンに足を運んでもらっている。

人口の少ない地域のプロスポーツは、無関心層までも標的としたマーケティングを、都市部のチーム以上に必要としている。ファンづくりによる入場料収入の増加が、チームの収益源となる構造を作り上げることを目指す必要がある。そのためにも、地域全体を巻き込み、地域をあげて協力、応援するファンづくりが大事になる。

図表13　欧州サッカーリーグの収入源多様性と日本のリーグとの比較

	入場料	放映権料	広告料	その他	合計
Jリーグ	17	10	47	26	100
セリエA	12	61	27	0	100
欧州平均	17	47	27	8	100

（出典）「Jリーグ2021年度クラブ経営情報開示資料」、「Annual Review of Football Finance 2016」

地域プロスポーツチームのスポンサーになる メリットは？

A 　地方のプロスポーツチームの最も大きい収益源はスポンサー収入です。スポンサーとなることのメリットは、次の３つが挙げられます。

　まず、消費財を製造するメーカーであれば、地元のプロスポーツチームのスポンサーとなることで、企業名や商品名の認知度アップが見込めます。つまり、広告宣伝の手段の一つとしてのメリットです。

　次に、プロスポーツチームのスポンサー同士の交流が、新たなビジネスに繋がることもあります。同じ地域に所在するさまざまな業種の会社同士が接する機会が、地域のプロスポーツのスポンサーとなることで生まれるわけです。

　最後に、地元愛のある学生の採用です。プロスポーツチームのスポンサーとなっていることで、学生が企業名を知り、新卒採用に応募することが増えています。地元にロイヤルティのある学生にリーチできる機会が増えることは、地域のプロスポーツのスポンサーとなるメリットと言えます。

北陸企業のIPO（株式新規上場）

　北陸に本社をおく企業の東京証券取引所でのIPO（株式新規上場）が続いている。石川県に本社をおく企業では、ビーイングホールディングスが2020年12月に東証2部市場に上場、サンウェルズが2022年6月27日に東京グロース市場に、同年12月26日には、ダイワ通信が東証スタンダード市場に新規上場した。北陸の企業における株式公開をテーマとする。

上場による４つのメリット

　北陸地方に本社をおく上場企業は、69社ある（2023年10月時点）。石川県が26社、富山県が27社、福井県が16社となっている。これまで、北陸地域の産業構成を反映し、機械、医薬品、電気機器、繊維、小売りに分類される業界から上場企業が誕生していたが、近年では、情報通信サービスや介護からも上場企業が誕生している。株式市場に上場するメリットには、次の４つがある。①資金調達、②社会的信用度の向上、③優秀な人材の獲得、④社内体制の整備とその見える化にある。加えて、創業者が大半の株式を所有している場合は、創業者利益を得ることができる。

　まず、資金調達についてである。銀行からの借り入れに頼る間接金融だけではなく、証券市場からの直接金融により資金調達することで、設備投資等を加速し、事業を拡大することができる。例えば、

2022年に上場したサンウェルズは、成長事業であるPDハウス（パーキンソン病の専門有料老人ホーム）を2024年3月までに25施設（2022年、12施設）に増やしている。事業規模の拡大、加速には、証券市場からの資金調達が効果的である。

　次に、社会的信用度の向上である。上場企業と非上場企業では、会社に対する信用度が異なり、顧客を獲得する上でも上場企業であることの効果は大きい。信用力の向上は、優秀な人材採用にも好影響を与える。上場企業という安心感が、新卒の学生たちにとって就職先選択に好影響を与える。例えば、介護という人気職種とは言えない業種であっても、サンウェルズの採用倍率は8倍を超えている（会社資料）。白山市に本社をおくクスリのアオキホールディングスについても、成長に必要な人材の確保は順調で、2022年に650人、2023年に814人の新卒を採用した。上場企業に就職するという安心感、これからの成長への期待が、学生たちの就職先決定の決め手になっている。

　最後に、上場を目指すことで、社内体制の整備が進むメリットがある。仮に会社の業績が良くても、劣悪な労働環境や社内のガバナンス体制に不備のある企業は、上場審査を通過できない。上場企業となることは、労働環境の整備が行き届いていることのシグナルでもある。

非公開化に踏み切る企業も

　上場はメリットばかりではない。石川県に本社をおくアイ・オー・データ機器、コマニー、倉庫精練の3社は、2022年に株式非公開化を決断している。株式非公開化とは、株式公開企業が上場を廃止することである。メリットのある株式公開を廃止するには、株式市

場で流通する発行株式を買い取る必要があり、多額の資金が必要になる。しかし、それでも非公開化に踏み切るのは、株式公開のデメリットがあるからだ。

デメリットには、次の点がある。例えば、上場企業には、四半期ごとの財務情報の開示が求められ、それに伴う情報開示コスト等、

図表14　石川県に本社をおく上場企業

	金沢市	白山市	小松市	能美市	加賀市
東証プライム	システムサポート	クスリのアオキホールディングス	小松ウオール工業	小松マテーレ	
	澁谷工業	EIZO			
	三谷産業				
	北國FHD				
東証スタンダード	津田駒工業	北日本紡績	共和工業所	歯愛メディカル	大同工業
	今村証券	高松機械工業		タケダ機械	
	大和	石川製作所			
	ハチバン	オリエンタルチエン工業			
	ビーイングホールディングス	ウイルコホールディングス			
	ダイワ通信				
東証グロース	サンウェルズ				
名証	福島印刷	ニッコー			
合計	12社	8社	3社	3社	1社
非公開化	アイ・オー・データ機器		コマニー		
	倉庫精練				

非上場企業では生じないコストが生じる。株式を購入した投資家からの株価上昇圧力や短期的な利益の追求が長期的な経営ビジョンを見失わせることもある。想定以上の株価下落が他社からの買収リスクを生じさせる場合もある。非公開企業となることで、これらのリスクは解消され、長期的な視点で経営の意思決定ができるところに、非公開化のメリットがある。

　会社を起業し、上場を目指す若者は、地方でも多くいる。地方独自の課題を解決する事業モデルが開発できれば、これからも北陸に本社をおく上場企業が誕生するかもしれない。上場はメリットばかりではないが、成長のために必要な選択肢であることは間違いない。今後、北陸地方に上場企業が増えることを期待したい。

©サンウェルズ

©サンウェルズ

金沢競馬の復活

　金沢市に金沢競馬場を構える地方競馬「金沢競馬」の売得額（売り上げ）が好調だ。2010年には、競馬場の存続が危ぶまれ、「税金投入をしない」ことを条件に存続が決まった。その金沢競馬の収支が改善している。金沢競馬場の復活には大きく2つの要因がある。まずネットを利用した「在宅投票」によって、競馬場に足を運ばなくても馬券の購入ができるようになったことである。そして、もう一つは、競馬のイメージチェンジである。最近では「ウマ娘」とのコラボがある。金沢競馬の復活と戦略に注目したい。

「税金投入せず」で存続

　戦後の復興支援として誕生した公営競技は、ギャンブルとして刑法の賭博罪が適用されない。公営競技は収益の一部から売得額（勝ち馬投票券の販売金から返還金を引いたもの）の一部を自治体へ納付しているからだ。その繰り出し金が、公営競技の存在理由であり、地方財政を支える資金源の一つであった。

　金沢競馬の場合、1991年に446億31百万円の売得額を上げたのをピークに、2012年には、92億円まで落ち込んだ。その間、売得額の減少に伴い、1999〜2006年の8年間、2009〜2011年の3年間は収支も赤字に転落した。2010年には、金沢競馬経営評価委員会が設置され、存続の可能性が検討された。このことからも金沢競馬が相当深刻な状態であったことが分かる。ここでの存続の条件は、「税金を投入しないこと」であった。存続は、競馬に関わる人の雇用

が配慮された結果の暫定存続であった。

ネット投票が救世主に

　続く赤字経営で危機が騒がれて以降、金沢競馬は合理化を進めるとともに、売得額の増加、入場者数の増加に取り組んできた。特に、売得額の増収に貢献したのが在宅投票である。2012年には、JRAのレースの販売、2017年から南関東4場（大井、川崎、浦和、船橋）とインターネット投票を可能にする共同システムSPAT4との連携により、他の地方競馬場のレースが在宅でも投票できるようになった。このことが、売得額の伸びにつながった。売得額の増加は、収支の改善につながり、金沢競馬場は2012年から黒字経営に復帰している。2022年には、226億円の売得額となった。他の競馬場との交流、在宅でも勝ち馬投票券が購入できるネット投票の広がりが、金沢競馬が復活する大きな原動力となった。つまり、競馬場に足を運ばないで、ネットで馬券を購入できる仕組みが、金沢競馬を救ったわけである。

図表15　**金沢競馬売得額の推移**

（百万円）

凡例：■自場発売　■他場発売　■在宅投票

（出典）石川県　金沢競馬経営評価委員会

「ウマ娘」とコラボで集客増

　近年では、地方競馬、公営競技に対するギャンブルといった悪いイメージの改善努力も怠っていない。例えば、スマホゲームやアニメで人気の「ウマ娘　プリティーダービー」とのコラボイベントを開催した。勝ち馬投票券の購入者だけではなく、コラボイベントで多くのファンを集めた。2023 年 10 月 22 日（日）には、3 回目のウマ娘とのコラボイベントが開催され、声優のトークショー、コラボカフェの催し効果もあり、入場者数は約 6000 人に上った。ウマ娘の人気にあやかり、金沢競馬場では、全国初となるウマ娘とのコラボポイントカードの導入を決めた。金沢競馬場に来場するたびに、ポイントがたまり、累積ポイントに応じた景品交換を特典としている。

競馬場に足を運んでもらうために

　今後の金沢競馬場の戦略で、注目していきたいのは、在宅でのネット投票だけに頼るのではなく、競馬場に足を運んでもらう仕掛けの継続である。通常、競馬ファンは中高年男性に偏っており、若者層の人気は乏しいとされる。ウマ娘とのコラボによって、若年層の競馬ファンを開拓、実際に競馬場へ来てもらうことによって、特別な体験をしてもらうことを戦略としている。金沢競馬場への集客によって、売り上げ拡大を見込んでいるのである。

　ゲームやアニメのファンである若年層を集客することで、競馬場経営の新しい稼ぎ方を探っている。今回開催されたようなコラボ戦略が、金沢競馬場の新しい戦略となる。これからも金沢競馬場の集客戦略に注目したい。

競馬場には馬の走る姿を撮影するファンも集まっている

競馬以外で、イメージチェンジに成功した
事例を教えてください。

A 　既存ブランドのイメージを見直すことで、長期的な成長を目指す戦略として、リブランディングという考え方があります。「リ（Re）」の意味する所は、再度ですから、ブランディングのやり直しという意味になります。ただ単に、会社名やブランド名を変えるのではなく、既存の事業やブランドの戦略を作り直すことによって、魅力を復活させることです。競馬以外の成功事例として、古本販売のイメージを変えたブックオフや作業着販売のワークマン等が挙げられます。これらは、売り方を変えることでイメージチェンジに成功しています。また、体重計のタニタは、健康管理をブランドの訴求点として、タニタ食堂の展開でも成功しています。体重計のメーカーとしてのブランドから、健康管理のトータルソリューションメーカーとして、既存の事業やブランドを見直すことが成長につながっています。時代に合わせて、既存事業やブランドをつくり直すことは、成長戦略に欠かせない視点です。

Section 16

地方自治体とスマホ決済

　スマートフォンを利用した決済の利用者が急増している。PayPay、楽天ペイ、d払い、auPAY等による決済は、コロナ禍における非接触型の決済に対する消費者ニーズとも合致し決済方法として定着した。この流れにのって、PayPayと連携し、期間限定の還元キャンペーンを行う地方自治体が全国で増えている。注目の集まるスマホ決済と地方自治体によるその活用と課題について考えたい。

新型コロナで一気に普及

　スマホに決済アプリを入れて利用している人は多いだろう。まず、スマホ決済の普及の経緯を振り返ろう。2019年の消費税増税後の需要喚起策として、クレジットカード、QRコード決済によるポイント還元が、非接触型の決済市場を拡大するきっかけであった。その後の、新型コロナ感染拡大により、できるだけ短時間で、店員とのやり取りを最小限にする決済方法として、スマホによるQR決済が多くの店舗で採用された。さらに、政策の後押しだけではなく、決済事業者による身銭を切った優遇競争によって、その普及、定着が加速した。例えば、PayPayは100億円還元キャンペーンを2018年12月、2019年5月の2度に渡り実施した。利用者数や利用可能店舗を急拡大する上で、通常では考えられない金額の販促費をかけて、決済アプリの市場シェア拡大の手を打った。その効果もあって、

スマホ決済の登録ユーザー数は、PayPayが6900万人を超え、日本人の二人に一人が登録ユーザーとなる独走状態となっている（PayPay株式会社プレスリリース、2023年10月5日）。

次に続く共同キャンペーンを

　利用者の多いPayPayと共同で需要喚起しようという動きは、地方自治体にも広がっている。PayPay株式会社と地方自治体が連携して実施する共同キャンペーン「あなたのまちを応援プロジェクト」である。特定の地方自治体で実施するPayPay決済利用による還元キャンペーンは、地域住民の消費者需要を刺激することに成功している。2023年4月で共同キャンペーンを実施した自治体は、426に上る。石川県でも、七尾市が第5弾を2023年6月に実施している。

　地方自治体による地域振興キャンペーンは、「地域振興券」「プレミアム商品券」の発行が主流であったが、これからはPayPayのようなスマホ決済の採用が増えることだろう。その理由は、次の3つである。消費者は特定の場所まで行って、商品券購入のために並ぶ必要がない。地方自治体にとっても商品券の発行や換金の手間、コストが削減できる。地域経済の活性化とキャッシュレス化の推進を同時に実現できる。

　しかし、北陸地方で実施済みの共同キャンペーンの結果を知ると、必ずしも手放しで喜べない実態も明らかになった。今後も続くであろう、自治体との共同キャンペーンの課題について3点、触れておきたい。

　まず、共同キャンペーンが短期間で還元終了となっていることである。特に、還元率3割と高かった射水市では2億円の予算を大幅に超過、スタートから9日間で終了した。次に、決済の利用者が大

型店に偏ったことである。地方自治体によっては、中小零細店舗の
みを対象として還元キャンペーンを実施しているところもある。し
かし、北陸地方の地方自治体では、大型店を除かず実施したことか
ら、家電量販店、大手ドラッグストアに利用が集中した。その上、
大型店近隣の渋滞も問題視された。最後に、共同キャンペーンが単
なる需要の先食いに過ぎなかったのではないかという懸念である。
大がかりな還元が、短期的な需要喚起に過ぎず、還元が終わると、
再び消費が低迷する。これでは還元キャンペーンが期待する本来の
効果とは言えない。次に続く、消費喚起がなければ、まさに一過性
のブームに過ぎない。

　今後も、地域振興券に代わる存在として、スマホ決済を活用する

図表16　**北陸地方の地方自治体とPayPayの共同キャンペーン**

		実施時期	回数
富山県	高岡市	2022年12月	第3弾
	南砺市	2021年12月	第4弾
	富山市	2021年1月	
	射水市	2022年8月	第2弾
	砺波市	2021年4月	
	滑川市	2022年12月	第4弾
石川県	七尾市	2023年6月	第5弾
	中能登町	2023年11月	第2弾
	穴水町	2022年10月	
	能登町	2022年1月	
福井県	坂井市	2023年1月	第5弾
	南越前町	2021年1月	第2弾
	勝山市	2022年11月	第3弾
	若狭町	2022年9月	

（出典）https://paypay.ne.jp/event/support-local/

地方自治体は増えることが予想される。スマホ決済による共同キャンペーンを、広い世代へのキャッシュレス浸透や、地域商業の活性化につなげていく戦略が必要となる。

コロナ後のマーケティング

ブランディング　　　　　市場

SNS+4P

販路開拓

Q12 コロナ後のマーケティングで何が大きく変わりそうですか?

A コロナ禍において、非接触の決済手段が大きく拡大しました。QRコード決済は、私たちの生活の中に入り込み、キャッシュレス化を浸透させました。従来、マーケティングの4P(製品、価格、販売促進、流通チャネル)において、消費者に対する情報発信は、TVCMが中心でしたが、最近は、若者中心にSNSが情報発信や受信の主流になってきました。実店舗での取引においても、現金ではなく、スマホのQRコード決済をするのが当たり前になっています。社会のデジタル化の進展とともに、マーケティングもSNS+4P、そしてキャッシュレス決済を前提とした取引を考えていくことが市場創造につながりそうです。

ドラッグストアの差別化戦略

　北陸地方のドラッグストア競争が激しさを増している。ドラッグストアの店舗数は、石川県が282店舗、富山県が226店舗、福井県が192店舗である（2023年10月）。店舗数を県の人口で割ると、1店舗当たりの人口が出る。石川県が3950人、富山県が4486人、福井県は3901人であった。人口減少が続く中、ドラッグストアの店舗数は伸び続けている。北陸のドラッグストアの差別化戦略に注目する。

激しさ増す出店競争

　ドラッグストアは、医薬品や化粧品を主力商品として扱う小売である。北陸では、ドラッグストアの出店競争が続いている。北陸を地盤とするクスリのアオキや Genky DrugStores だけではなく、売り上げでは両者を大きく上回るコスモス薬品やスギ薬局が出店を加速している。コスモス薬品は、税込み価格表示、現金のみの決済手段を原則とすることで、低価格戦略を強みとしている。スギ薬局は、調剤併設店舗を強みとしており、金沢市中心部に集中出店し、認知度が向上している。2020年3月から2023年3月までの出店数を確認すると、コスモス薬品、スギ薬局の北陸での出店が加速中であることが分かる。

進む「Food & Drug」化

　昨今のドラッグストアの店舗展開は、ドラッグストアという業界の枠を超えた領域に拡大している。例えば、クスリのアオキやGenky DrugStores は、店舗で冷凍食品や加工食品だけではなく、野菜や精肉等の生鮮食品まで取り扱いをはじめている。明らかに食品スーパーの顧客を奪うことを狙いとした品揃え形成である。このようなドラッグストアは、Food & Drug と呼ばれる。北陸に本社をおく、クスリのアオキや Genky DrugStores は、Food & Drugを新業態として進めている。

　実際、クスリのアオキは、金沢市内の食品スーパー（ナルックス）、京都北部の食品スーパー（フクヤ）を子会社化し、店舗を Food & Drug に改装した。地場の中小スーパーを買収することで、店舗の取得と合わせて、食品スーパーの強みである生鮮食品の仕入れや取り扱い技術を手に入れている。Genky DrugStores は、薬剤師の必要な調剤部門は持たず、一般医薬品と食品を重視した店づくりで、店舗数を拡大している。既に食品部門の割合は 5 割を超えている。Genky DrugStores のユニークな点は、人口減少が続く地域への出店をしていることである。通常、縮小する市場は、出店先として魅力が乏しい。しかし、それを逆手に取った出店が特徴となっている。例えば、2023 年 7 月に加工・物流拠点、リージョナル・プロセス・ディストリビューションセンターを小矢部市に開設した。これによって、人口減少の著しい能登地方の店舗を物流面でサポートする拠点をつくった。高齢者が増え、買い物弱者が増加する地域では、食品スーパー等の撤退が続いている。単に食品だけを取り扱うスーパーでは採算が厳しい地域でも、店舗の約半分で薬を扱う Food &

Drugであれば採算が取れる。人口減少地域は、ある意味、他社が出店したがらない地域でもあり、競争相手のいないブルーオーシャンであるとも言える。

キーワードは「地域医療」

ドラッグストアは、化粧品や医薬品等から高い粗利益を確保し、それを値引きの原資として低価格を実現し成長してきた。商品販売の競争が中心であった。店舗への集客は価格と立地、そして品揃えであった。しかし、これからのドラッグストアは、地域住民の健康を意識した店舗づくりが狙い目だろう。地域医療と呼ばれる分野の開拓である。地域医療では、調剤部門による患者の服薬情報の管理、健康をサポートすることや、管理栄養士の採用により生活習慣の改善を促す特定保健指導が行われる。地域住民の健康を支える戦略が、ドラッグストアのこれからの差別化になりそうである。

図表17　**石川県、富山県の主なドラッグストアの店舗数**

	石川県			富山県		
	2020年3月	2023年3月	増加数	2020年3月	2023年3月	増加数
クスリのアオキ	73	95	22	71	88	17
Genky DrugStores	29	54	25	0	0	0
スギ薬局	6	25	19	2	15	13
コスモス薬品	5	12	7	4	16	12

（出典）各社ホームページを参照し、筆者作成

©クスリのアオキ

©クスリのアオキ

Q
13

地元に同じ会社のドラッグストアが増えてい
ます。ドラッグストアは出店をどのように考え
ているのでしょうか?

A　　ド　ラッグストアに限らず、小売店舗の出店
は、立地が重要です。かつて地方で好
立地と呼ばれる場所は、交通量の多い道路や
角地でした。最近は、立地の選択に、認知度を向上するこ
とや物流コストを削減することが考えられています。同じ
会社の店舗が比較的近くに出店するのは、ドミナント出店
と呼ばれる戦略です。特に、近年のように、生鮮食品を品
揃えに加えるドラッグストアは、鮮度という課題に取り組
まなければなりません。店舗が近いことで、物流効率や鮮
度の維持が実現します。このことが立地の選択に影響を与
えています。

所有者不明の土地

　相続登記されずに、所有者不明となっている土地が増加している。北陸でも「所有者不明土地の利用の円滑化等に関する特別措置法」成立（2018年）に合わせて、北陸地区所有者不明土地対策連携協議会が設置された。国土交通省は所有者の分からない土地を公共目的に利用できる範囲を広げ、防災施設や再生可能エネルギー発電施設の整備を促す方針だ。所有者不明土地の問題は、今後、地方都市においてクローズアップされるはずだ。

「土地は財産」崩れる

　所有者不明土地とは、不動産登記簿を調べても所有者が分からない土地や、分かっても所有者に連絡が取れない土地のことである。少子高齢化は、空き家の発生問題だけではなく、相続発生後の土地所有、未登記の問題も生じさせている。なぜこのような所有者不明土地が増加しているのだろうか。都市部であれば、土地に一定の価値があり、相続発生後であっても相続登記や売却が進む傾向にある。一方、地方においては、土地売買や利活用の選択肢が少なく、相続発生後も未登記の土地が増加する傾向にある。実際、所有者不明土地を生じさせる原因は、相続発生後の未登記（登記が義務化されていなかったこと）にある。かつて、我が国においては土地の所有に関する問題は、それほど大きくないと信じられてきた。特に1990年頃のバブル期においては、土地は財産であり、地価は上昇するも

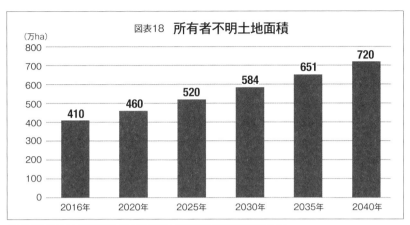

図表18 所有者不明土地面積

（万ha）

（出典）所有者不明土地問題研究会『所有者不明土地問題研究会最終報告』2017年

のという認識があったからである。

　しかしながら、東日本大震災後、所有者が不明なために、復興、復旧、再開発が進まない問題が表面化した。実際、所有者不明の土地は、九州本島の土地面積（約367万ha）を上回る約410万haに上ることが報告書で明らかになった。対策を講じなければ、2040年には約720万haに上ると推計されている。登記簿上の所有者不明土地（2016年調査）は20.1%であり、地目別では、宅地14%、農地18.5%、山林25.7%となっている（所有者不明土地問題研究会『所有者不明土地問題研究会最終報告』2017年）。

個人でなく地域の課題

　所有者不明土地の問題は、固定資産税の徴収ができないことだけではない。管理の行き届いていない土地への不法投棄の発生、景観を損ねることや地域全体の環境・治安の悪化にもつながる。超高齢化社会を迎えている地方都市ほど、何も手を打たなければ所有者不

明土地の増加は免れないであろう。所有者不明土地の発生を未然に防ぐ対策や仕組みを整える必要がある。

　北陸地方と同じ日本海側の都市である山形県鶴岡市では、空き家・空き地・狭い道路の問題を、土地所有者とともに協力し、地域活性化や地域問題の解決に取り組むことを目的とした NPO 法人つるおかランド・バンクを立ち上げた。相続による所有者不明土地をなくすことや、空き家・空き地を活用することで、地域の環境改善、住みたい街づくりを目指している。空き家、空き地、相続後の未登記の問題は一つ一つが個人の小さな問題であることから、たとえ放置しても他人に迷惑は掛からないと思いがちである。しかしながら、所有者不明土地といった、一見、小さな問題が積みあがることで、街全体の賑わいが失われ、美観や景観を損ない、長く住みたいと感じない街や地域を生じさせることになる。今後、特に地方で増加するであろう所有者不明土地について、それが個人の問題ではなく地域社会の課題であるとの認識を広く浸透させ、対策を打っていくことが必要である。

空き家や利用しない土地の処分方法はありますか?

A 　住む予定のない家や将来の開発を見込んで先祖が購入した土地や山林等を相続した人もいます。「空き家を解体するための費用がもったいない」、「解体して更地にすると固定資産税が上がる」という悩みも多いです。

　バブル期は、不動産が将来、富を生む「富動産」であったのに、今は負担の大きい「負動産」になったと表現することもあるくらいです。今日でも、価値のある不動産は都市部に限られており、地方の不動産は所有していても処分に困るだけとなっている場合があります。そういった不動産をタダ(0円)で譲りますというサイトが登場しています。0円で譲渡しても、不動産取得税や登記の費用は掛かります。場合によっては、贈与税の対象となることもあります。しかし、不動産を流通させることで、新たなビジネスを考える人は必ずいます。売れないと思っていた山林が、キャンプブームで購入者が現れる場合もあります。所有し続けるのではなく、不要であるなら流通市場に出してみることも検討してはどうでしょうか。

空き家の流通活性化

空き家への新たな課税が新税として認められる。京都市が導入を目指す「非居住住宅利活用促進税」が2026年にも承認される見込みだ。空き家の所有者に対する課税は、今後、京都市以外でも広がりそうだ。空き家の流通活性化の問題について考えたい。

京都市で導入予定の新税

京都市が条例に基づき創設する空き家対策を目的とした法定外税が認められる見込みである。空き家とは、人の住んでいない住宅であるが、空き家にもさまざまなタイプがある。例えば、①別荘などの二次的住宅、②賃貸または売却のために空き家になっている住宅、③転勤・入院などのために居住世帯が長期にわたって不在の住宅や、建て替えなどのために取り壊すことになっている住宅等である。従来、空き家として問題視されてきたのは、建物の管理状態が非常に悪い特定空き家（廃屋）であった。しかし、京都市が創設する新税は、日常的に住まいとして利用していない非居住住宅であり、京都市の所在地に住所を有する者がいない住宅が新税の課税対象となる。具体的には、セカンドハウスなどの別荘を有する所有者にも相応の税負担を求めることになる。この新税の導入の狙いは、空き家を中古

市場に流通させることで若者世帯の市内居住を促進することや、空き家を解消することで地域の防犯、防災、治安の維持を実現すること、そして地域コミュニティーを活性化することとされている。空き家の固定資産税評価額に応じて税率は設定されており、家屋価値の低い空き家（固定資産税評価額100万円未満）は制度導入後5年間課税対象外となっている。一方、家屋価値の高さ、立地床面積で税率が上がっている。つまり、十分居住できるが空き家となっている物件を市場に流通させることを目的としている。

　京都市が創設する新税から分かることは、空き家にも多様な問題があることである。通常、空き家として問題となってきたのは、人口減少や高齢化によって、人口が地域から流出したため、解体、処分したくてもできない状態にある空き家（廃屋）や所有者不明の空き家である。このような空き家は、人口減少の加速する地方で重大な問題となっている。一方、京都市の創設する空き家対策は、中心市街地や観光地に存在する、日常的に人が住んでいない空き家への課税がターゲットとなっている。

多様化する空き家問題

　図（次ページ）のように、石川県でも空き家は増加しており、2003年以降は、全国平均を上回る空き家率となっている。しかし、空き家対策と言っても、その性質は異なっている。中心市街地と過疎化の進む郊外、人口減少地域と観光地等の別荘需要のある地域等、空き家問題は多様化している。さらに、空き家が増加する一方で、新築住宅も増えている。ここにも空き家増加の原因がある。これからは、地域特有の空き家発生の原因を検討した空き家税制が必要であろう。

最後に、課税によって優良な空き家の市場流通が促進されるのか
は、制度導入後の動向を待つしかない。今回、京都市で導入される
非居住住宅利活用促進税が効果的であると実証された場合、同様の
空き家問題を抱える地域や地方自治体での導入も進むことが予想さ
れる。

　優良な空き家の市場流通を促進することや空き家減少による住環
境の改善は、北陸地方の自治体にとっても、今後の重要な関心とな
るだろう。

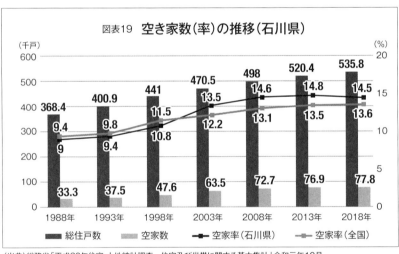

図表19　空き家数(率)の推移(石川県)

（出典）総務省「平成30年住宅・土地統計調査　住宅及び世帯に関する基本集計」令和元年10月

Q15 空き家活用の事例を教えてください。

A 活用事例として、ユニークな事例を紹介します。南砺市では、「世界遺産に住まんまい家（け）？」という空き家活用プロジェクトを実施しました。世界遺産・相倉の合掌造り集落にある市有家屋の入居者を募集するプロジェクトです。リフォームした家屋を、YouTube で紹介する動画を作成し、情報発信した結果、東京からの移住希望者がいたそうです。

この他、空き家となっている古民家をカフェに転換する事例や金沢の町家を民泊として活用する事例もあります。

古民家をカフェとして活用

移住者を募集した合掌造りの家

北陸新幹線の通勤・通学定期

　北陸新幹線が敦賀まで延伸、開業した。新幹線開業によって、東京方面からの観光需要に期待する声が大きい。しかし、新幹線の延伸が、地域住民の通勤、通学の足となることにも注目したい。

定期券購入に補助金制度

　小松市は、2024 年春の北陸新幹線の小松開業に合わせ、小松駅から通勤・通学する若者を対象に新幹線定期券の購入費用を補助する（『北國新聞』2023 年 6 月 22 日）。新幹線も、在来線同様、通勤定期（FREX）、通学定期（FREX パル）がある。石川県で、新幹線定期に補助金制度を導入するのは、小松市が初めてとなる。先行して県内全線開業した富山県の新幹線駅では、高岡市、黒部市の 2 市が現在、新幹線定期購入に補助金制度を設けている。高岡市では、通勤定期において、新高岡駅を利用する高岡市民向けだけではなく、高岡市に所在する企業等へ通勤する高岡市民以外にも新幹線定期に対して補助金制度を設けている。高岡市の補助は、一か月 1 万円、三か月 3 万円という設定である。黒部市でも、黒部市民を対象として、黒部宇奈月温泉駅を利用した通勤定期で月 1 万 5 千円、通学定期で

2万円の新幹線定期購入の補助制度を設けている。

　例えば、新高岡駅から金沢駅の通勤定期は、52140円（一か月）である。参考として、IRいしかわ鉄道とあいの風とやま鉄道を利用した場合の高岡駅から金沢駅までの通勤定期は、26210円である。一か月当たり、1万円の補助があれば、通勤定期代は15930円の差となる。当然、新幹線定期の方が高額であるが、新幹線なら金沢駅－新高岡駅間の乗車時間は13分しかかからず、在来線を利用する場合（高岡駅－金沢駅約50分）と比べて、4分の1となる。時間に、どの程度金銭的な価値があると考えるかで、新幹線定期を利用するかどうかが決まりそうである。時間に価値を置く社会人にとって、この補助金制度は有効だといえる。

地方移住も十分見込める

　通勤定期の利用については、勤務先が新幹線通勤を認めた通勤手当を支給するかどうかでも、その利用は左右される。2016年の税制改正で通勤手当の非課税限度額が、月10万円から15万円に引き上げられた。通勤手当の上限を15万円とする地方企業は数少ないだろうが、首都圏の企業の中には新幹線通勤を認めることで、実家のある故郷から通勤する例がみられる。新幹線による首都圏への通勤であれば、東京駅－静岡駅（東海道新幹線）、佐久平駅（北陸新幹線）、那須塩原駅（東北新幹線）からの新幹線通勤でも、非課税限度額の範囲内となる。佐久市では、月25000円を上限とする新幹線定期に補助金制度を設けており、佐久平駅の利用促進だけではなく、移住促進も狙いとしている。

　地方自治体の新幹線定期補助金制度の活用は、次の3点が狙いとされている。まず、新幹線の利用促進である。地域住民が通勤、通

学で利用することによって、遠方からのビジネス、観光以外の利用者増加を見込むことができる。次に、地域住民の市外、県外への流出防止である。新幹線によって、勤務先や大学への通勤、通学の範囲は広がる。以前であれば、引っ越しが必要であった距離が、新幹線であれば通勤、通学の範囲内となる。最後に、移住促進である。テレワークを機に、地方移住が注目されたが、新幹線による地方移住も十分見込むことができる。

　新幹線の開業は、首都圏からの観光客の大幅増加を見込むことができる。その一方で、日常生活における地域住民の新幹線利用は、「めったに利用しない」乗り物となりがちである。新幹線という高速インフラを、地域住民が積極的に活用する仕組みを作ることも新幹線の石川県内全線開業の際、求められることである。

図表20　**新幹線定期購入補助金の実施例**

	新幹線定期補助制度	定期券タイプ	対象	補助額
高岡市	○	通勤	高岡市民、高岡市内所在の企業等への通勤者	1か月1万円、3か月3万円
富山市	× （令和2年受付終了）	通学（大学）	富山市民	月2万円
黒部市	○	通勤、通学	黒部市民	通勤月1万5千円、通学月2万円
小松市	○	通勤、通学	小松市民が石川県外通勤、通学、公立小松大学に市外から通学	通勤、通学上限1万円、市外から公立小松大学へは5000円

※詳細は、地方自治体HPを参照

Q 16 北陸新幹線の敦賀延伸で、JRから分離される 並行在来線の経営が心配です。

A 北陸新幹線の開業と同時に、北陸地方の並行在来線は、第三セクターとして分離、経営移管することになっています。金沢開業の際は、富山県を走る並行在来線は、「あいの風とやま鉄道」、石川県は「IRいしかわ鉄道」に移管されました。敦賀延伸では、福井県の在来線は、「ハピラインふくい」が引き継ぎます。北陸地方の3社については、経営状況は、良好とは言えませんが、地域の足である公共交通機関の維持や発展は地域における重要な課題となっています。例えば、IRいしかわ鉄道では、西松任駅を新駅として設置します。駅が増えることで、周辺地域の沿線人口増加や商業施設等の開発が進むと考えられます。厳しい経営状況の予想される、ハピラインふくいについても、JR西日本から福井駅高架下の商業施設、駐車場を取得し、賃料収入を得ることで、鉄道以外の収入源を得ることになっています。今後も、沿線人口や鉄道利用者の増加を目指し、さらに沿線開発などで収入源の多様化に取り組むことが必要です。

	営業利益（2022年）
IRいしかわ鉄道	7341万7千円
あいの風とやま鉄道	▲2億3205万3千円

（出典）IRいしかわ鉄道、あいの風とやま鉄道

赤字ローカル線

　2023（令和5）年8月、北陸鉄道石川線が鉄道として存続することになった。富山県では、氷見線・城端線をあいの風とやま鉄道が条件付きで将来引き受けることになった。都市部に先行して、高齢者の増加する地方と、その中心部への交通手段としてのローカル線が赤字に苦しんでいる。既にローカル線の「あり方」については議論、提言されているが、再度「あり方」について考えたい。

代替手段より費用少なく

　石川中央都市圏地域公共交通協議会が「北陸鉄道石川線・浅野川線のあり方検討」（2023（令和5）年7月）においてまとめた資料によれば、北陸鉄道石川線の利用者が89万人（2021年）にまで減少し、1億4千万円の赤字に陥っている。石川線の赤字は常態化しており、北陸鉄道は高速バスの利益を、赤字の補填に充てる苦しい経営が続いている。

　近年、ローカル鉄道の存続廃止の検討には、クロスセクター効果が重視されている。クロスセクター効果とは、ローカル鉄道を廃止した場合に、追加的に必要となる多様な行政部門の分野別代替費用と、運行に対して行政が負担している財政支出を比較することにより把握できる地域公共交通の多面的な効果のことである（国土交通省）。資料によれば、石川線を廃止することで、行政が公共交通を

維持するために、コミュニティーバス運行やタクシー券配布等を行う場合、最小4億8千万円、最大10億16百万円の費用負担となると試算されている。石川線を存続させる方が、行政が代替部門を担うよりも費用負担は少ないという結論が出ている。このことから、存続が結論となった。

　赤字ローカル線の存続は、行政が公共交通機関の機能を追加で負担する場合よりも費用負担は小さいとはいえ、運行する鉄道会社にとって赤字が継続、拡大すれば、いつかは廃線を決断する時が来る。いかに赤字を縮小させ、収益を拡大するのかを検討していく必要がある。例えば、北陸鉄道が提案するのは上下分離方式の採用である。上下分離方式とは、線路や駅舎を地元自治体が保有し、運行する鉄道会社は使用料を支払い電車を運行する方式である。線路や駅舎の維持管理、修繕、固定資産税の支払いから解放されることで、運行する企業にメリットは大きい。例えば、2024年度から、近江鉄道が上下分離方式による運行に移行する。鉄道会社にとって、赤字要因の一部である線路や駅舎への負担を分離することで管理、修繕などの費用は減るメリットがある。

　しかし、下（線路）を自治体の保有としても、上を走る電車の乗客増は別の問題である。鉄道会社は、経営戦略として乗客の増加を目指さなければならない。例えば、石川線の乗客数の増加という点では、西金沢駅で、JR北陸線に乗り入れ金沢駅まで直通することや、野町駅から香林坊方面への延伸なども検討材料となっている。鉄道の役割は、目的地への大量輸送、速達性、定時性にある。費用という要因が大きく実現は困難であるかもしれないが、金沢市中心部への乗り入れが、もっとも乗客増に効果があるだろう。

沿線のブランド化を目指そう

　鉄道の場合、往復で乗降客を増やすことも必要である。往路は満員でも復路はガラガラでは収益拡大の機会が半減する。かつて阪急電鉄の小林一三氏が、大阪(梅田)と神戸(三宮)を結ぶ阪急神戸線を開業する際、都市と都市を結ぶ鉄道の沿線開発にも着手した。例えば、沿線に大学を誘致することで、平日昼の乗客数を増やした。梅田に百貨店を開業し、沿線からの梅田への週末の乗客を増やす等、鉄道の乗客数増加を沿線の賑わい創出によって達成した。鉄道ビジネスを、電車の運行と狭くとらえるのではなく、沿線の住宅開発、観光開発、学校誘致等、沿線で新しいビジネスを創造して阪急ブラ

図表21　**石川線におけるクロスセクター効果の試算**

分野	石川線が廃止された場合に追加的に必要となる行財政負担項目	施策実施費用	分野別代替費用	
			最小値	最大値
医療	①-1 病院送迎貸切バスの運行	14百万円/年	14百万円/年	52百万円/年
	①-2 通院のためのタクシー券配布	31百万円/年		
	①-3 医師による往診	52百万円/年		
	② 医療費の増加	24百万円/年	24百万円/年	24百万円/年
商業	①-1 買物バスの運行	19百万円/年	19百万円/年	55百万円/年
	①-2 買物のためのタクシー券配布	55百万円/年		
教育	①-1 貸切スクールバスの運行	46百万円/年	46百万円/年	507百万円/年
	①-2 通学のためのタクシー券配布	507百万円/年		
福祉	通院・買物以外での移動目的のためのタクシー券配布	63百万円/年	63百万円/年	63百万円/年
財政	土地の価値低下等による税収減少	3百万円/年	3百万円/年	3百万円/年
建設	通勤者の自動車への転換に起因する渋滞緩和のための道路整備	310百万円/年	310百万円/年	310百万円/年
分野別代替費用の合計			**480百万円/年**	**1016百万円/年**

(出典)石川中央都市圏地域公共交通協議会「北陸鉄道石川線・浅野川線のあり方検討」令和5年7月、p.17

ンドを作り上げた。

　地方都市においても、公共交通機関のあり方として、沿線のまちづくりがもっと検討されるべきだろう。鉄道という地域資源がブランドとして意識されるような明確な将来像が描かれることが必要である。

Q17　バス路線も廃止や減便が増えています。何か対策はないのでしょうか？

A　バス運転手のなり手が減っています。2022年の北陸鉄道グループバス運転手の必要人数366人に対して、319人の採用でした。47人の運転手不足となりました。その結果、2023年4月のダイヤ改正では、路線、系統の廃止、減便等が実施されました。減便により、平日で約160便（約8%）、土日祝日で約200便（約15%）もバスの本数が減少しています。

　路線廃止や減便は、運転手数を確保できないことだけではなく、残業規制が強化される「2024年問題」も理由とされています。働き方改革関連法によって、2024年4月1日から、時間外労働の上限規制が、ドライバー職にも適用されることによって、運転手の時間外労働時間が年間960時間に制限されます。

　バス運転手は、中高年男性に偏っていることから、女性や若者のなり手を増やすことが解決策となります。女性を増やすために、パウダールームや女性専用休憩室の設置を考えてもよいと思います。若者の運転手不足には、小中高生を対象にしたバス会社の見学等で、職業や仕事に夢を与える取り組みが有効でしょう。

Part.3

北陸の地域資源を強みに

農業の針路

　石川県の農家戸数、農業人口の減少が続いている。円安進行による輸入品の物価高の中で、日本人の主食である米の価格は比較的安定している。一方、全国的に見ても農業従事者や農家の戸数は激減している。この傾向は、北陸地方、石川県でも同様である。我々が、生きていくうえで欠かせない食料を生産する農業であるが、その担い手不足は深刻化している。農業の新しいあり方について考えたい。

従事者の高齢化進む

　農林水産省の「農業構造動態調査」によれば、2015年の農業従事者数は197.7万人であったが、2020年には、152万人となり、5年間で45.7万人減少している。石川県についても例外ではない。農業従事者数は3万3310人（2015年）から2万2402人（2020年）に減少している（2020年［令和2年］石川県統計書）。このようなデータは消極的、積極的、両面からとらえられる。例えば、農業就業者数の減少は、離農者が増加したという消極的な要因だけが原因ではない。農業においても機械化が進行し、省人化による効率運営が可能になったことが、農業従事者数を減少させているという見方もできる。さらに、家族経営から法人経営への移行が進み、その結果、農家数や従事者数が減少したことも考えられる。農業に携わる人の数が減少したのは、農業の省人化、法人化が進み、経営の効率化や合

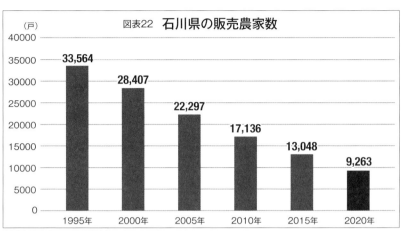

（戸）　図表22　**石川県の販売農家数**

（出典）2020年　石川県統計書

理化の結果であるという理解である。しかし、この理解を積極的に
とらえられないのは、農業従事者の高齢化のデータがあるからであ
る。農業従事者の平均年齢は、2000年には61.1歳であったが、
2017年には66.1歳となり、平均年齢は65歳を超え、2020年には
68歳となっている。日本の農業従事者は約7割が65歳以上であり、
米作に限れば、さらに高齢化が進んでいると言われている。この問
題は、耕作放棄地の増加や相続税対策のため建設するアパートの増
加というかたちとなって現れている。

高齢化と農業

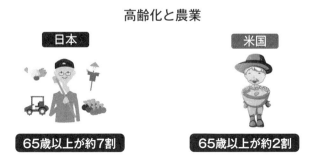

成長ストーリーを描く

　食料は輸入に頼ればよいという考え方もあるだろう。しかし、昨今のように円安が進行して物価上昇を直接感じるのは、普段の生活で欠かせない食料品の価格上昇である。主食である米の値段が安定していることは、安定した日常生活を送ることのできる一因でもある。

　日本の農業を考えるうえで、特に米の生産では、次の２つの方向で農家の収入安定が目指されている。まず、ブランド化である。石川県では、「ひゃくまん穀」、富山では「富富富」、福井では「いちほまれ」という地域ブランド作りが試みられてきた。次に、６次産業化である。６次産業とは、農業（１次産業）・製造（２次産業）・販売（３次産業）を掛け合わせて「６次産業」と呼んでいる（農林水産省）。農産物を作るだけではなく、加工し、販売することまで含めて事業化することで、地域独自の差別化を実現するのが６次産業化の狙いである。石川県内では、能美市が６次産業化推進事業補助金を助成し、地域を挙げて推進している。

　ここで、経営的視点で農業の発展のために示唆したいのは、農業に成長ストーリーを作ることの必要性である。農業従事者の高齢化は、若者の就農への関心の低さが原因である。農業が衰退産業とみなされており、就農することの魅力を感じることができないからである。農業の成長ストーリーを語ることができる社会になることで、若者が集まる新しい農業が生まれるはずである。成長産業としての農業として、生産では、IT化による「おいしさの向上」、国内だけでなく、輸出を見込んだ農産物の生産、開発、マーケティングなど、未来展望を掲げる成長ストーリーこそ、今の農業に必要なことではないだろうか。

Q18 農業の将来にもっと夢を持ちたいと思っています。どんな可能性があるのでしょうか？

A 　農業は、他の産業と連携することで、地域社会の活性化につながると期待されています。農産物の生産、販売だけでは差別化が図られないことから、6次産業化することでブランド化を行い、売り上げを伸ばす取り組みが行われています。6次産業化とは、農業（1次産業）・製造（2次産業）・販売（3次産業）を掛け合わせると、1×2×3＝6であることから、6次産業と呼ばれます。

　管理方法や品質管理の課題など農業が抱える問題を先端技術で解決し、収穫量の増加に結びつけていこうという動きが見られます。「スマート農業」の導入です。スマート農業とは、IoTやAI、ロボット技術などの先端技術を農業に取り入れることで農作業の効率化や省力化、さらに、適切な栽培管理による高品質化や収穫量の増加を目指す取り組みです。高齢者や少ない人数であっても、負担を軽く、そして高品質な作物を栽培するための技術開発は、日進月歩で進んでいます。

スキー場の新ビジネスモデル

　雪の多いイメージのある北陸地方であるが、近年は暖冬傾向にある。小雪、無雪は生活者にとっては、雪かきのない冬を送ることが出来る良い季節となるが、雪がなくて困る業界もある。その代表例が、スキー場である。暖冬、スキー・スノボ人口の減少をスキー場はどう乗り越えていくべきだろうか。

スキー・スノボ人口の減少

　豪雪地帯のイメージのある北陸地方であるが、近年は暖冬傾向にある。2019年は、記録的な暖冬となり、北陸地方のスキー場の中には、営業日数がほとんどないスキー場が出たほどである。冬季の営業だけが収益源となってきたスキー場にとって、暖冬は営業日数の減少を招く、大きな経営リスクである。

　スキー場経営の悩みは、暖冬だけではない。スキー・スノボ人口の減少という悩みも長く続いている。『レジャー白書2021』によれば、スキー・スノボ国内人口のピークは1998年の1800万人であったが、2020年には、430万人にまで減少している。約20年間で、ピークから4分の1にまで減少したわけである。スキー・スノボ人口が減少から回復する見込みが小さいと判断したスキー場の閉鎖も生じている。北陸地方では、雁が原スキー場（福井）が2020年3月、

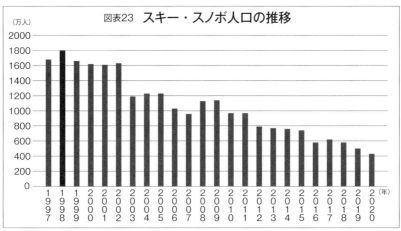

（万人）　　　　　　　　図表23　**スキー・スノボ人口の推移**

（出典　日本生産性本部『レジャー白書　2021年』）

暖冬のために一日も営業できずに運営会社が自己破産、白山瀬女高原スキー場（石川県）が 2012 年、スノーバレー利賀（富山県）が 2013 年に閉鎖した。

　スキー人口の減少や営業日数の減少に対して、スキー場は、リフト・ゴンドラ代を値上げすることくらいしか打つ手はない。暖冬やスキー人口減少を乗り越える新しいビジネスモデルがスキー場経営では求められている。

ニセコ、白馬の成功事例

　苦境の伝わるスキー場経営に成功事例はないのであろうか？実は、スキー人口の減少の中で、新しいビジネスモデルが誕生している。その代表事例は、ニセコ（北海道）、白馬（長野県）である。ニセコは、オーストラリア等からの富裕層スキーヤーの集客が成功要因である。訪日外国人スキーヤーの一人当たりの旅行支出は、22 万 5 千円に上り、スキー以外の訪日外国人旅行支出（15 万 3 千円）を大きく上

回る（観光庁「訪日外国人消費動向調査」2018年）。ニセコには、世界的に知名度のある5つ星ホテルのパークハイアットが開業している。世界ブランドのホテルの存在が、外国人富裕層の訪日宿泊先を選択する際の決め手となっている。

　白馬のスキー場では、新しいビジネスモデルの創造がある。その着眼点は、グリーンシーズンとウインターシーズンにスキー場の経営戦略を分けて考えたことである。まず、ウインターシーズンでは、白馬バレーの10のスキー場の共通自動改札システムを導入している。一枚の共通ICチケットで、白馬バレー内のすべてのゲレンデを滑走できる。日本人スキーヤーと異なり、長期滞在する訪日外国人スキーヤーにとって、複数のスキー場を回る楽しみが生まれる。スキーヤーには、アプリによる天候情報やリフト、ゴンドラの稼働情報等を発信している点も、スキーを楽しむ人々へのありがたいサービスとなっている。営業日数の増加については、小雪対策として人工降雪機を導入しており、冬季の営業日数確保に努めている。

南砺市たいらスキー場は、クロスカントリー場にローラースキーのコースを設け、夏の需要を作り上げている

　さらに、白馬のスキー場で注目したいのは、積雪のないグリーンシーズンの集客である。冬季偏重の収益構造を是正し、グリーンシーズンにおいても、観光客が楽しめるリゾートを目指している。その最大の資源は、豊かな自然、景観である。グリーンシーズンの集客は、冬季しか稼げなかった旅館や飲食店の収益構造も通年型となり、地域社会全体が潤う好循環を生んでいる（『日本スキー場開発2022年7月期第2四半期決算説明資料』を参考）。

　暖冬、スキー人口に悩むスキー場の経営は、新たなビジネスモデルの創造が必要である。これまで通り、冬季偏重の稼ぐモデルのスキー場では、経営の限界が見えている。北陸観光資源としてスキー場を蘇らせる上で、ウインターシーズンのスキー旅行やグリーンシーズンの自然体験、訪日客、国内観光客へのスキー観光を含めた長期滞在の提案が、北陸に新たな魅力を生み出すのではないだろうか。

イオックスアローザスキー場（南砺市）の山頂からの風景

広がる太陽光発電

　電気料金の上昇により、家庭や工場に太陽光パネルを設置し節電しようという動きが出てきている。再生可能エネルギーの代表である太陽光発電について、企業や家庭では自家消費を目的とした設置が増え始めている。太陽光発電の設置について、地球環境問題への貢献という点から考えたい。

再生可能エネルギーに関心

　欧米先進国に比べ、日本のエネルギー自給率は低く、現在でも、石油、石炭、天然ガス等の化石燃料に依存する状態である。特に、国内のエネルギー供給の脆弱性を浮き彫りにしたのは、東日本大震災以降の原発停止である。例えば、2011 年 3 月には、東京電力管内では計画停電が実施された。さらに、昨今の電気料金の上昇は、石炭などの化石燃料に依存する火力発電による電力供給、原発が停止していることが原因でもある。

　再生可能エネルギーに対して、国民の関心が高まったのは、2016 年に発効されたパリ協定からである。ここでは、温室効果ガスの排出量削減・抑制を目標として定めることが求められ、日本においても、中期目標として 2030 年度の効果ガスの排出を 2013 年度の水準から 26% 削減することを目標として定めている（資源エネルギー庁）。

　再生可能エネルギーとして、我が国で注目を集めたのが太陽光発電である。2012年7月には、経済産業省が「再生可能エネルギーの固定価格買取制度（FIT：Feed-in Tariff）」を始めた。この制度は、再生可能エネルギー（例えば、太陽光、風力等）を電源として発電した電気を電力会社が一定期間固定価格で買い取る制度である。この制度の開始により、日本国内において、住宅のみならず、耕作放棄地等の遊休地でメガソーラーの開発が進んだ。結果、日本における再生可能エネルギー電力比率（水力を除く）は10.3%となり、太陽光発電の導入容量だけで見ると、72GWで世界3位の水準まで高まっている（資源エネルギー庁）。

北陸は「適した」地域

　再エネ比率アップの取り組みとして、太陽光発電による電力供給力の向上が目標として掲げられている。例えば、東京都では、新築住宅への太陽光発電パネルの設置を義務づける条例が成立した（2022年12月15日）ことで、2025年4月から大手ハウスメーカーの供給する新築住宅を対象に、太陽光パネルを原則、設置することになる。新築だけではなく、既存住宅についても、新たに設置する太陽光パネルに補助金を助成することによって、導入を促す。

　このような家庭向けの太陽光発電設置は、東京都だけではなく北陸でも始まっている。北陸電力グループが、一般家庭向けにEasyソーラーというサービスを開始している。初期費用を抑え、一般家庭の屋根に太陽光パネルを設置し、パネルの発電を家庭の電気として自家消費してもらう。家庭では電気代の抑制につながり、設置10年後には、太陽光パネルは設置した家庭に無償譲渡されるというメリットもある。温室効果ガスの抑制、CO_2削減に取り組めるこ

とから、家庭でできる地球環境問題への対応といえる。

　最後に、北陸で、本当に太陽光で発電が見込めるのかという疑問に触れたい。北陸地方は曇り空の日が多く、冬になれば雪が積もることから、太陽光発電には不向きな地域であると思われがちである。実際、都道府県の日照時間ランキングからも分かるように、北陸地方は日照時間が長いとは言えない。しかし、太陽光発電は日照時間だけではなく気温によっても発電量は増減する。通常、太陽光パネルは高温に弱く、気温の低い地域のほうが発電量は大きくなる。比較的気温の低い日の多い北陸地方は、日照時間は短いものの、気温では太陽光発電に適した地域である。つまり、北陸地方でも、家庭の屋根に太陽光パネルを設置することで環境問題に貢献することができる。温室効果ガスの削減、CO_2削減、カーボンニュートラル等の専門用語を耳にすることが増えたことからも、地球環境問題への関心は高まっていることが分かる。今、環境問題は関心の段階から実行へ向かっている。つまり、企業だけではなく、一個人や家庭でも環境問題を意識し、その解決に向けて取り組む時代が来ている。

図表24　**都道府県別日照時間ランキング**

都道府県（気象官署）	年間日照時間（時間）
1　山梨県	2,216
2　愛知県	2,209
3　岐阜県	2,196
4　群馬県	2,191
5　和歌山県	2,178
：　：	：
34　東京都	1,909
35　石川県	1,896
36　奈良県	1,887
37　岩手県	1,883
38　青森県	1,877
39　秋田県	1,834
40　新潟県	1,833
41　京都府	1,817
42　山形県	1,790
43　島根県	1,785
44　福井県	1,777
45　富山県	1,738
都道府県平均	1,990

（出典　気象庁　観測年2019年）

Q 19 北陸地方の電気代が値上がりしています。なぜですか?

A これまで北陸地方は、電力料金の低い地域であったため、北陸電力が家庭向けを含む規制料金の値上げ幅は大きくなりました。値上げの大きな原因は、ロシアのウクライナ侵攻に伴うLNG(液化天然ガス)燃料費の上昇、石炭価格の上昇、そして円安の進行です。

　家庭でできる節電には、電気をこまめに切ることや、省エネ性能の高い家電製品への買い替え、LEDライトへの蛍光灯や電球の取り換え、将来的には家庭向け蓄電池の導入や自家消費型太陽光発電の設置が考えられます。

　節電には、電気使用者の意識改革が有効です。デマンドレスポンス(Demand Response:DR)による節電意識の浸透を目指すことです。DRとは、需要側で電気の使用をコントロールしようという考え方です。電源料金は、毎日、需要と供給により価格が時間ごとに変動しています。電源料金の変動を、使用者が簡単に知ることができれば、電源料金の高い(需給のひっ迫する)時間帯は、できるだけ電気を使わないようにして、安い時間帯に掃除や洗濯、食洗器の利用をする。こうするだけで同じ電気機器の使用であっても、電気料金は変わってきます。使用者が電源料金を事前に知ることで、需要側で電気の使用をコントロールするのがDRと呼ばれる節電方法です。

ドローンの活用

　ドローン（無人航空機）の活用を本格的に検討する時代が来た。ドローンが注目され始めた2015年に、航空法の改正が行われ、ドローンの飛行ルールが示された。飛行区域の制限や目視の範囲内での飛行であることがその飛行条件であった。しかし、ドローンの飛行許可基準を緩和し、飛行、操縦の要件が示された。今後、ドローンを活用したビジネスが拡大する可能性がある。

飛行許可基準を緩和

　ドローン、いわゆる無人航空機のビジネスに拡大の機運がある。海外では物資の輸送やインフラの点検等に、ドローンの活用が進められている。しかしながら、日本においては、その利用は制限されてきた。日本における航空法の規制が、ドローンの飛行区域、飛行方法を制限してきたからである。これまでドローンは目視の範囲内での飛行が条件とされていたため、人口密集地区へのドローンを利用した荷物の配送はできなかった。その他、イベント会場での飛行も禁止されていた（国土交通省『無人航空機（ドローン・ラジコン機等）の安全な飛行に向けて！』2015年）。2021年まで、日本におけるドローン飛行は、目視の範囲内での操縦飛行の段階（レベル１）から目視の範囲内での自動・自律飛行（レベル２）の段階であり、その用途も限られていた。そのため、ドローンによる活用が期待される

ものの、目視できる範囲内であること、無人地帯での飛行であることが、ドローンのビジネス活用の機会は制限されてきたのである。

　ドローン飛行は規制緩和によっては、目視外の無人地帯での自動飛行（レベル3）の段階、そして、2022年に有人地帯における補助者なしの目視外飛行（レベル4）が可能になった。レベル4での飛行は誰でも可能なわけではなく、飛行、操縦のために、①ドローンの機体登録、②機体認証（原則として、リモートIDを義務化）、③操縦ライセンス、④運行ルールへの対応が要件となっている。これらは飛行の安全を担保するための仕組みである。

ビジネスの領域拡大

　ドローン・ビジネスへの期待は大きく、その市場規模は年々、拡大傾向にある。ドローンの活用は、北陸でも始まっている。加賀市では、全国で初めて3D地図を利用し、住宅や道路など有人地帯上空を飛行する実験が行われた（『北國新聞』2021年5月21日）。ドローンを活用して、薬の配送実験、過疎地や離島への配送が実証実験される等、まず、軽量荷物の物流からドローン配送が始まっている。ドローン配送は、トラックドライバー不足への対応としても期待され、全国各地で社会実験が実施されている。

　屋外ではなく、屋内でドローンを活用する動きもある。夜間の屋内警備をドローンで実施するというものだ。人手不足が続く中、夜間の警備にかかる人件費削減をドローンによる監視で賄おうというものである。このほか、ドローンの空中撮影技術を利用して、橋梁の点検や空中からの太陽光発電所の不具合点検にも活用の範囲は広がっている。

　高齢従事者の増える農業でも、ドローンによる農薬散布、生育状

況の確認、鳥獣被害対策等で活用が期待されている。

　ドローン・ビジネスは、人が行うと多大な労力や危険が伴う領域で、ビジネスを拡大している。

　最後に、ドローンのビジネスで注意したい点をあげておきたい。まず、安全である。もちろん、機体の性能は向上し、空中での衝突防止機能の搭載等の技術開発が進んでいる。しかし、ドローンの飛行ルールに制限が設けられたのは、落下による被害対策である。空中を飛ぶドローンが突然落下することで人的被害をもたらすリスクは大きい。ドローンの機体の整備点検、ドローン操縦のための資格、認証制度が検討された理由である。

　注目されるドローン配送についても、法に触れる商品の輸送にドローンが利用されることのないよう監視する必要がある。ドローンの機体とその所有者を管理することで、ドローンの悪用を防ぐこと

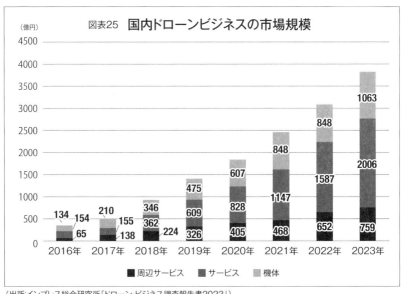

図表25　国内ドローンビジネスの市場規模

（出所：インプレス総合研究所『ドローン・ビジネス調査報告書2023』）

が必要である。

　ドローンのビジネスへの応用とその活用範囲の拡大への期待は大きい。悪天候な日が多い北陸地域では、有人地帯でのドローンの故障による墜落の懸念がある。しかし、安全な飛行が担保できれば、ドローン・ビジネスの可能性は大きく広がるはずだ。

check

　(株)ドローンショー・ジャパン(金沢市)は、ドローンをショービジネスで活用している会社である。ドローンの活用は、夜空で光の演出を行うショービジネスの市場を開拓している。ドローンの活用は、配送や監視、そしてエンターテインメントへと領域は広がっている。

「KANAZAWA LIGHTS 2023」
(2023 年 10 月〜 11 月)金沢港クルーズターミナル

提供:株式会社ドローンショー・ジャパン

定年延長と高齢者雇用

年齢と雇用の問題は、日本社会における重要な経営課題でもある。人手不足が深刻化する中、戦力として注目されるのが「高齢者」である。定年を延長することで高齢者に働き続けてもらう企業も増えている。北陸地方においても、定年制と高齢者雇用は、これからの社会を設計するうえで、欠くことのできない次代のキーワードである。

法改正によって実現

定年制とは、企業が従業員との雇用契約を定年年齢と定めた年齢に達したことを理由に終了させる制度である（Weblio 辞書）。日本的経営の三種の神器と呼ばれるのが、終身雇用、年功序列、企業別組合である。定年制は、終身雇用と年功序列に関連した制度として、今日の日本に定着している。

日本の民間企業では、従業員に長く勤務してもらうことと、年齢に応じた賃金を支払うことで、従業員に対して雇用と賃金に対する安心感を、そして一つの会社で働き続けることの強い動機づけと会社に対するロイヤルティを形成してきた。ここに、定年制という制度が入ることで、相対的に高賃金となった高年労働者に年齢によって退職してもらい、会社全体の給与の総支払額が増えることを抑制したのである。一方、若い時期に低賃金であるものの年齢に合わせ

て、賃金が上昇する年功序列型賃金は、日本人のライフスタイルにも適合していた。例えば、子供が大学進学等でお金が掛かる時期に、賃金がピークに来る設計が行われていることがよい例である。

　定年となる年齢についても、適当に決められていたわけではない。日本人の平均寿命を考慮した年齢で設定されている。日本人の平均寿命は、1950年には男性が58歳、女性が61.5歳、1980年には男性が73.35歳、女性が78.76歳、そして、2020年には男性が81.64歳、女性が87.74歳となった(厚生労働省調査)。平均寿命の伸びは、定年制を見直し、健康な高年齢者には、これまで以上に長く働く機会を与えていこうという考えをもたらした。それは、法改正によっても実現している。

　高年齢者雇用安定法の改正(2021年4月)により、60歳未満の定年制は禁止となり(第8条)、定年を65歳未満に定めている事業主は、①65歳までの定年引き上げ、②定年制の廃止、③65歳までの継続雇用制度(再雇用制度・勤務延長制度等)を導入のいずれかの措置を講じなければならなくなった(第9条)。

高齢者を戦力に

　厚生労働省石川労働局の調査報告(2021年1月)によれば、石川県では65歳までの雇用確保措置の実施企業は100%となり、65歳定年の企業も16.6%と、対前年度2ポイント上昇している。注目したいのは、66歳以上でも働ける制度のある企業が31.3%(対前年2.9ポイント増)、70歳以上でも働ける制度のある企業は29.1%(対前年2.4ポイント増)、そして、定年制廃止企業は2.4%(対前年度0.3ポイント減)となったことである。石川県内の企業が、高齢者雇用の必要性を認識していることがデータからも理解できる。

図表26　**66歳以上で働ける制度のある企業の状況**　(単位 %)

	301人以上 （46社）	31〜300人 （533社）	全企業 （579社）
定年制の廃止	0	2.6	2.4
66歳以上定年	1.4	2.6	2.4
希望者全員66歳以上まで継続雇用	9.1	8.7	8.8
基準該当者66歳以上まで継続雇用	8.4	11.6	11.3
その他制度で66歳以上まで雇用	11.3	5.8	6.4

(出典)石川労働局「2020年　石川県内の高年齢者の雇用状況」集計結果の概要

　日本人の平均寿命が男女ともに80歳を超える時代を迎え、雇用制度の再設計が必要である。人手不足が深刻化する日本社会における課題解決の糸口の一つは、定年延長である。定年延長は、人事面、賃金面で、高齢者の理解を得る必要もある。高齢者雇用では健康面への配慮も欠かせない。高齢者の健康に配慮した勤務日数、勤務時間の設計や高齢者のやる気を失わせない人事制度も合わせて検討していくことが必要である。

　少子高齢化、人手不足の進む日本社会において、高齢者を戦力としていくことが、ますます必要となる。高齢者の活躍する場や機会を提供することこそ日本経済の活性化に結び付くことだろう。

Q 20 高齢者を標的にしたマーケティングに関心があります。どのように考えればよいでしょうか?

A 日本国内の市場で、これから間違いなく大きくなるのは、高齢者市場です。少子化が進む一方で、超高齢化社会が進行することは確実だからです。高齢者をターゲットとしたマーケティングを総称してシニアマーケティングと呼びます。高齢者を標的とする際、まず若者市場と高齢者市場は何が違うのかを確認するとよいでしょう。例えば、若者市場では、SNSで情報収集、情報発信が当たり前です。総務省情報通信政策研究所の調査によれば、20代、30代のスマホを通じたSNS等の一日の視聴時間がテレビの視聴時間を抜いています。一方、高齢者と呼ばれる65歳以上ではどうでしょうか?まだまだテレビの視聴時間が長いことが分かっています。高齢者にアプローチする上では、テレビ、新聞というメディアを活用することが必要です。さらに、高齢者市場は、若者市場と比べて、女性が多いという特徴もあります。高齢者女性向けの商品、サービスの市場がこれからますます大きくなるはずです。高齢女性向けの旅行プランや化粧品、健康食品、ファッション等の市場は開拓の余地があると思います。日本国内では、高齢者雇用だけではなく、高齢者市場も注目していくべきでしょう。

攻めのDX

「DX（Digital Transformation:デジタルトランスフォーメーション）」の国内市場が拡大している。実際の我々の生活においてもDXは浸透し始めている。アナログからデジタルへの時代から、デジタルで攻めの経営を実行する時代が到来している。攻めのDXが新しいビジネスモデルを創造している。

新しい価値を提案

　DXとは、「企業がビジネス環境の激しい変化に対応し、データとデジタル技術を活用して、顧客や社会のニーズを基に、製品やサービス、ビジネスモデルを変革するとともに、業務そのものや、組織、プロセス、企業文化・風土を変革し、競争上の優位性を確立すること」と定義されている（経済産業省『DX デジタルトランスフォーメーション レポート～ IT システム「2025 年の崖」の克服と DX の本格的な展開～』2018 年 9 月）。

　この定義を、もう少し易しく表現すると、DX とは「進化するデジタル技術（例えば、AI、IoT、ブロックチェーン等）を、新商品やビジネスに活用することで、人々の生活を、よりよいものに変革していくこと」である。デジタル化によって、企業は低いコストで情報の加工・発信・受信・変換をすることができる。デジタル化の先

図表27　**DXの国内市場規模（投資金額）**（単位:億円）

	2019年度	2030年度予測	2019年度比（倍）
交通/運輸	2190	9055	4.1
金融	1510	5845	3.9
製造	971	4500	4.6
流通	367	2375	6.5
医療/介護	585	1880	3.2
不動産	160	900	5.6
その他業界	550	2090	3.8
営業・マーケティング	1007	2590	2.6
カスタマーサービス	572	1190	2.1
合計	7912	30425	3.8

(出典)富士キメラ総研「DXの国内市場調査」2021年7月20日

にあるビジネスの創造が、DX によって実現し始めている。

　DX の活用は、さまざまな分野で広がりを見せている。富士キメラ総研によれば、DX の国内市場規模は、2019 年度の 7912 億円から、2030 年度には 3.8 倍となる 3 兆 425 億円まで拡大する見通しを示している。職種としては、営業・マーケティング、カスタマーサービスにおいて DX が活用されることが予想されている。このように、多種多様な業界で DX の市場規模の拡大を予想する根拠は、従来までの「守りの DX」から「攻めの DX」へ DX による価値創造へ向かうと考えられているからである。「守りの DX」とは、世間一般で見られる紙からデジタルデータへ、アナログからデジタルへの移行である。主に、社内業務のデジタル化による効率化やペーパレス化が代表例である。一方、「攻めの DX」とは、デジタル化によって、企業が顧客に向けて新しい価値を提案する等、ビジネスモデルの変革を目指すものである。企業の競争力強化や新しい経営戦略の策定は、攻めの DX である。DX は、業務効率化を主とする「守り」から、価値提案による競争力強化の「攻め」へ向かっている。

経営戦略の要に

　「守りのDX」は、社内における煩雑で手間のかかった作業の効率化を実現し、時間とコストを削減することを目的としている。紙からデジタルへの変更によるペーパレス化、経営データの可視化による業務のコスト削減と省人化、効率化の実現である。身近な事例を紹介すると、北陸鉄道（金沢市）がバス停の時刻表をデジタル化した「スマートバス停」を試験運用している。バス会社がダイヤ改正のたびにバス停の時刻表を人の力で張り替えるのではなく、遠隔操作でバス停の時刻表を変更することで、人による作業の省力化、時間の削減、さらにダイヤだけではなく日常の運行状況のお知らせをバス停に表示することができる。アナログからデジタルへの移行で、省人化、効率化を実現する。

　「守りのDX」に続くのは、「攻めのDX」である。「攻めのDX」は新しい顧客価値を創造することで、売り上げや利益の拡大を狙うものである。つまり、新しいビジネスモデルの開発である。例えば、建機メーカーのコマツは、建機の販売だけではなく、建機の稼働状況、建機の位置などを可視化することで、保守管理を効率化することに成功している。これは、スマートコンストラクションと呼ばれている。工事現場で建機が故障で止まることで工期を延長することになれば、本来必要のないコストが生じる。建機の稼働をDXを活用して管理することで、仮に故障しても短時間で修理対応することが可能になる。建機を売るだけではなく、建機を利用する土木・建設の現場の問題を解決する。ここに新たな顧客価値が生まれる。これが「攻めのDX」である。

　DXは、我々の生活をより便利に、より効率的にすることは間違

いない。特に、新しい顧客価値を創造する「攻めのDX」が企業の経営戦略の要になるだろう。

Q 21 紙を使うのがアナログで、コンピューターを利用するとデジタルという認識で良いですか?

A 世間一般のイメージとしてのアナログとデジタルの違いは、紙の利用か、コンピューターの利用かで区別していると思います。アナログは、デジタルの対義語です。IT用語辞典によれば、「デジタルとは、「機械で情報を扱う際の表現方法の一つで、情報をすべて整数のような離散的な値の集合として表現し、段階的な物理量に対応付けて記憶・伝送する方式のこと」です。物事や現象をコンピューターで扱える形にすることがデジタル化です。デジタル化することで、多くの人が、低いコストで情報を加工、発信、受信、変換できるようになります。デジタル化によって、情報は複製が容易で、劣化せず、しかも伝達速度が速くなります。

　アナログとデジタルの違いとして、情報の価値や過多があります。アナログであれば、情報の発信者や受信者は限られており、情報には上流と下流があるとされてきました。一方、デジタル化では、情報の発信者が多くなります。誰もが価値ある情報を低コストで手に入れることができるのも、デジタル社会の特徴です。

キャッシュレス化

　QRコード決済の急速な浸透で、日本におけるキャッシュレス比率も上昇している。経済産業省の調査では、2022年度のキャッシュレス比率は36%となっている。10年前が15.1%であったことから、10年で2倍以上の伸びとなっている。現金決済からキャッシュレス化へと決済手段は変容している。

優遇競争で普及、定着

　経済産業省では、2025年には4割程度のキャッシュレス比率となることを見込んでいる（経済産業省が実施した「キャッシュレス実態調査」2022年12月）。まず、キャッシュレス化が浸透した経緯から触れたい。2019年の消費税増税後の需要喚起策として、クレジットカード、QRコード決済によるポイント還元が行われた。これが非接触型の決済市場を拡大するきっかけであった。その後、新型コロナ感染拡大により、できるだけ短時間で、店員とのやり取りを最小限にする決済方法としてQRコード決済が多くの店舗で採用された。QRコード決済の普及を加速させたのは、決済事業者による優遇競争である。例えば、PayPayの100億円還元キャンペーンがQRコード決済アプリをスマホに入れたきっかけという消費者は多いだろう。

図表28 キャッシュレス決済額及び比率の内訳の推移

		2016年	2017年	2018年	2019年	2020年	2021年	2022年
クレジットカード	決済額(兆円)	53.9	58.4	66.7	73.4	74.5	81	93.8
	比率(%)	18	19.2	21.9	24	25.8	27.7	30.4
デビットカード	決済額(兆円)	0.9	1.1	1.3	1.7	2.2	2.7	3.2
	比率(%)	0.3	0.4	0.4	0.6	0.8	0.9	1
電子マネー	決済額(兆円)	5.1	5.2	5.5	5.8	6	6	6.1
	比率(%)	1.7	1.7	1.8	1.9	2.1	2	2
QRコード決済	決済額(兆円)	-	-	0.2	1	3.2	5.3	7.9
	比率(%)	-	-	0.1	0.3	1.1	1.8	2.6
キャッシュレス合計	決済額(兆円)	60	64.7	73.5	81.9	85.8	95	111
	比率(%)	20	21.3	24.1	26.8	29.7	32.5	36
民間最終消費支出	額	299.9	303.3	305.2	305.8	288.6	292	308.5

(出典)経済産業省

メリット大きく

　キャッシュレス化の進む消費者の決済行動を、マーケティングの視点からとらえると、決済手段の多様化は、客層の拡大に結びつく。例えば、訪日外国人観光客であれば、日本円に換金する手間が省けるというメリットがあり、それが消費の拡大につながる。日本人の観光客であっても、ATMで現金を引き出す手間が省けるというメリットがある。現金のみであれば、使わなかったお金が、キャッシュレスによって使用されるわけである。

　キャッシュレス化のメリットは、客層の拡大だけではない。店舗内のマネジメントで現金を扱わないメリットがある。例えば、金沢市の屋台村「とおりゃんせ KANAZAWA FOODLABO」は、出店するすべての店舗でキャッシュレス決済のみとなっている。夜間に営業する店舗に現金をおかないことは、夜間金庫の利用のために、

多額の現金を持ち歩くことがなくなり、その安心が経営にもたらすメリットは大きい。

北國銀行は、キャッシュレス化を推進している地方銀行の一つである。ATM数を減らし、キャッシュカードのデビットカードへの移行を進めている。ATMから現金を引き出し、アプリに入金する手間の必要なキャッシュレスとは異なり、デビットカードで決済することで、所有する口座から直接、利用金額が引き落とされる点が決済方法の強みとなっている。ポイントもつくことから、クレジットカード同様のメリットもある。

買い物をするために、ATMから現金を引き出さなければならない現金社会から、現金を持ち歩く必要がないキャッシュレス社会への移行は、高齢化社会における決済の課題も解決する。高齢者が、現金を引き出す、持ち歩くよりも、デビットカード一枚で、買い物、病院等での決済が済む方が、より便利で、安全な社会を誕生させる。

メリットの多いキャッシュレス化にも課題はある。まず、完全に現金を持たない社会への移行が難しいことである。これは、すべての店舗や利用先がキャッシュレスに対応しているわけでないことが原因である。次に、キャッシュレスであることによる使いすぎの不安である。残高の管理もネットで行うことになり、その結果、いつの間にかお金を使いすぎるリスクがある。キャッシュレス社会は、利用可能な店舗の拡大、そして、利用者の残高管理の見える化をどのように実現するかに課題がある。

これからの社会の方向性から、キャッシュレス決済の普及によるメリットは、デメリットを大きく上回る。特に、高齢化の進む地方こそ、キャッシュレスを推進していくことが必要である。

キャッシュレス化の進展は、スマホ決済の普及
が大きいと思います。キャッシュレス化以外に
スマホによって拡大した市場はありますか？

A　　常に持ち歩くスマホは、さまざまな市場を拡大しています。情報収集や閲覧、買い物、決済でもQRコードによって少額決済の市場を開拓しました。キャッシュレス決済以外では、シェアリングエコノミー市場の拡大が挙げられます。シェアリングエコノミーとは、個人等が保有する活用可能な資産等（スキルや時間等の無形のものを含む）を、インターネット上のマッチングプラットフォームを介して他の個人等も利用可能とする経済活性化活動です（総務省）。具体的には、メルカリのビジネスが当てはまります。不用品をメルカリのサイト（プラットフォーム）で出品することで、必要な人が購入します。メルカリは、出品者と購入者の取引を仲介することで稼いでいます。取引終了後にはお互いが、相手を評価し合います。これによって悪質な出品者や購入者を排除する仕組みを作っています。このような仕組みは、スマホの普及がなければ実現は難しかったと思います。中古品だけではなく、空き家の民泊利用や駐車場のシェアもスマホの存在がビジネスを拡大したと言えます。

自販機マーケティング

　自動販売機といえば、清涼飲料やチケットの販売機をイメージするが、昨今、変わり種の自販機が増加している。金沢市の大口水産は、2022年6月に近江町市場に「刺し身」の自販機を設置した。餃子の自販機販売を全国展開する雪松は、北陸地方でも石川県に3機、富山県に6機、福井県に2機を設置している（2023年10月現在）。新しいマーケティングツールとしての自販機に注目したい。

小売店と異なる強み

　日本自動販売システム機械工業会によると、2021年末現在の自販機の普及台数は、400万3600台（前年比1％減）であった。全体の56.3％が飲料自販機、32.4％が両替機、自動精算機、コインロッカー等の自動サービス機である。自販機の大半を占める飲料自販機、自動サービス機は、設置場所が飽和状態であり、その一方で、不採算ロケーションからの撤退が続いており、年々、減少傾向となっている。自販機台数が減少する中にあって、自販機台数を伸ばしているのは、食品自販機で、前年比104％の伸びとなっている。金沢市・近江町市場の刺し身自販機や餃子メーカーの自販機が全国的に増えていること等、変わり種自販機の伸長が今後も注目されよう。

　もともと自販機は、一般小売店とは異なる無人販売のチャネルとしてマーケティング上、注目されてきた。例えば、営業時間に制約

のある小売店舗に対して、自販機は24時間営業の販売チャネルである。価格についても、飲料等はスーパー等で安売り商品として販売されるのに対して、自販機は定価販売が通常であり、値引き競争と無縁である。一般小売店とは異なる強みを持つ販売チャネルとして、自販機には、存在価値がある。

図表29 **自販機の設置台数の推移**

（千台）

（出典）日本自動販売システム機械工業会「普及台数」2021年版

顧客視点の品揃え実現

　この自販機市場に、清涼飲料メーカー以外が参入することで、自販機とその関連市場は活性化する気配がある。例えば、長野県の餃子メーカーは、餃子の自社自販機の設置を進めている。ブランド力のないメーカーの商品であっても、自社自販機であれば新商品の追加が容易である。自販機の売上情報は、地域の好みを把握することにも役立つ。その自販機の売上情報を利用すれば、地元食品スーパーへの新商品提案も説得力を持って実行することができる。メーカ

ーが顧客と直接つながる、D2C（Direct to Consumer）の販売チャネルとして自販機は活用できる。つまり、自販機は、従来までの販路の補完という存在から新商品提案のための根拠ある情報収集のツールとして、その存在感を増している。自販機による売上情報が実店舗の品揃え提案に活用されはじめている。

売れ筋商品をすすめるＡＩ搭載機

　自販機のマーケティング機能をさらに拡充する動きもある。購買者が「誰か」を知ることで、地域や顧客特性にあった品揃えを実現し、自販機経由の売り上げを伸ばそうとする試みである。

　例えば、AI 機能を搭載した自販機が JR 東日本駅構内に登場している。これまで、商品別の売り上げは自販機にデータとして蓄積できたが、顧客の属性については不明であった。従来までの自販機では、購入者の性別すら分からなかったのである。しかし、AI（人工知能）自販機は、センサーにより、性別、おおよその年齢、リピーターかどうかの顧客情報を蓄積し、その情報に基づき取扱商品の変更を実行できる。自販機を利用する顧客像を想定し、最適な品揃えを実行することができれば、死に筋商品を排除し、売れ筋を拡充した自販機の品揃えが可能となる。顧客属性に基づき、AI が判定した売れ筋商品、おすすめ商品を集めた、攻めの品揃えが自販機でもできるわけである。

　自販機は、メーカーが顧客視点の品揃えを実現するマーケティングのツールとして、その役割を拡大している。これからも自販機を活用したマーケティングが、意外な業界で広がるかもしれない。

Q23 次世代自販機という言葉を聞いたことがあります。どのような自販機なのでしょうか?

A 　**次**世代自販機と呼ばれる自販機の多くが AI（人工知能）を活用した自販機です。これまでの自販機は、無人チャネル、24時間営業を強みとしていましたが、誰が買っているのかを把握することができませんでした。マーケティングを考えるとき、購入者が誰かを識別できることは非常に重要です。なぜなら、購入者に合わせた商品の品揃えが可能となるからです。次世代自販機では、AIのカメラが匿名性を担保した上で、購入者の年齢や性別をおおよそ判定します。自販機のデータで、誰が何を購入しているのかがわかれば、売り上げを伸ばすためのアクションも、データに基づいて判断できます。この他にも、次世代自販機では、気象情報と商品の売り上げ、キャッシュレス決済の導入によって、購入者の購買動向や決済方法をデータ収集することができます。マーケティングは、直感で実行するものではなく、データに基づいて戦略を立てるものへと進化しているのです。

武蔵が辻バス停側の刺し身の自動販売機

急成長するAR技術

　AR（Augmented Reality・拡張現実）の市場が急成長している。昨今、ARやVR（Virtual Reality・仮想現実）という用語を耳にすることが増えた。しかし、いったい何に利用されている技術なのか、よくわからないという読者が多いのではないだろうか。実はAR技術が、われわれの生活に入り込み始めている。

現実世界に入り込む

　AR とは、拡張現実と訳されており、仮想空間の情報やコンテンツを現実世界に重ね合わせて表示することなどにより、現実を拡張する技術や仕組みである（IT トレンド用語『NTT Business Online』）。

　もう少し説明を加えると、AR は、現実の風景に、バーチャル（仮想）の視覚情報を重ねて表示する技術であり、目の前に映る世界を仮想的に拡張するものである。「ポケモン GO」という大ブームとなったスマホゲームが、AR を利用した身近な事例である。現実の背景に、ポケモンのキャラクター画像が表示される。このスマホゲームが AR で実現しているといえば、イメージが付くと思う。ポケモン GO がリリースされた 2016 年が、AR 元年と呼ばれている。世界規模で AR を利用したサービス支出は増加しており、2020 年には 30.7 億ドル（約 3500 億円）の市場規模に達している。AR 技術は、

ゲームの世界を超えて、さまざまな形で現実世界に入り込み始めている。

モノ・コトを両立

　AR は、アミューズメントやエンターテインメントの世界で注目されており、昨今では、AR を利用し、実際に身体を動かし対戦する「HADO（ハドー）」というテクノスポーツも登場している。HADO は、ヘッドマウントディスプレーとアームセンサーを装着し、3 人 1 チームで対戦するゲームであり、AR を利用し、エナジーボールを投げ、それを避けたり、防御する、いわばドッジボールを進化させたゲームである。e スポーツのように、プレイヤーがコントローラーを利用し、TV 画面上で対戦するゲーム（マインドスポーツ）ではなく、実際に身体を動かし、エナジーボールを投げるフィジカルスポーツである。開催国は世界に広がっており、累計プレイヤーは 350 万人に上る。AR は、新しい体験や楽しみ方を創り出す技術といえそうだ。

　AR は、ゲームの世界でのみ活用が広がっているわけではない。われわれの身近な生活の中でも入り込み始めている。とりわけ、小売店のマーケティングでの活用が始まっている。例えば、バーチャル試着という活用がある。購入前の商品を自分の写真に重ねることで、試着した際のイメージを知ることができる。AR を利用し、試着を楽しんだ消費者は、実際に商品を購入する割合が高くなると期待されている。試着だけではなく、家具の購入の際、自宅の部屋の写真に家具を重ねることで、家具を置いた際の部屋のイメージや配置を考える際にも利用され始めている。実店舗で気に入った商品を、部屋に置くと大きすぎたという不満の解消に役立つだけでなく、店

員が商品を薦める際にも、実際の活用シーンをイメージして助言することができる。モノとコト（体験）を両立したマーケティングが可能となるだろう。

　金沢市では、AR技術を使って、市内の文化施設の所蔵品デジタルアーカイブを備えた「金沢ミュージアムプラス」というウェブサイトを運用し始めた（2023年10月20日付『日経産業新聞』）。3D技術やAR技術を活用し、所蔵品を実際に見て触れているかのような体験ができる。AR化によって、所蔵品をさまざまな角度から見ることもできる。このAR技術を用いたサービスは、金沢市立中村記念美術館、前田土佐守家資料館からスタートする。

　ARで観光や街の賑わい創出に活用する事例も見られる。例えば、金沢城公園の鼠多門にスマホをかざすと、AR体験できるイベントも催された。観光の新たな楽しみ方や体験に、ARは活用され始めている。

　このほか、ARは人材教育にも活用され始めている。仕事を学ぶ

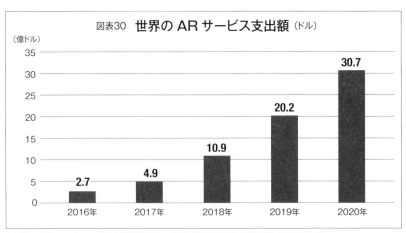

図表30　世界のARサービス支出額（ドル）

（出典）IHS Technology、総務省「世界と日本のICT市場の動向」『平成30年版 情報通信白書』

上で必要な商品知識を、AR を利用し、働きながら身に付けること
が試みられている。AR 技術を活用したサービスが広がりを見せて
いる。今後も注目していきたい。

AR（Augmented Reality）とVR（Virtual Reality）はどう違うのでしょうか?

A AR は、現実の世界にバーチャル（仮想＝
現実ではない空間）の世界のデジタル情
報を加える技術です。例えば、家具を購入予定
の人が、自分の部屋で家具の写真を組み合わせて、大きさ
や設置した時のイメージを、購入前に確認することができ
るサービスがあります。これは、AR 技術を利用したもので
す。一方、VR は、バーチャル（仮想）の世界に自分が入り込
んでいるかのような体験ができる技術です。VR ゴーグルを
装着して、バーチャルの世界を体験する技術があります。
さらに、XR(Extended Reality ／ Cross Reality、クロスリ
アリティー)という用語も登場しています。これは VR、AR
等のような仮想技術を複数組み合わせ、融合することで新
たな体験を実現する技術とされています。インターネット上
の仮想空間である「メタバース」は、XR 技術を用いたサービ
スです(参考　IT トレンド)。

注目集まるMaaS

地域が抱える課題を解決する手段として、MaaS（マース:Mobility as a Service)に注目が集まっている。必要なものは新技術だけでない。ユーザーと企業が一緒になって社会を変える、そういったイノベーションが地域を変えていく。次世代移動サービスとして期待されている、MaaSに注目したい。

観光、高齢者の移動でニーズ

MaaS とは、次のように定義されている。地域住民や旅行者一人一人のトリップ単位での移動ニーズに対応して、複数の公共交通やそれ以外の移動サービスを最適に組み合わせて検索・予約・決済等を一括で行うサービスである（国土交通省：日本版 MaaS の推進)。

地域住民や観光客が、出発地から目的地まで移動する際に、検索、予約、決済を一元化し、より速く、より安く、より快適に、目的地までの移動を実現するサービス、それが MaaS である。

MaaS の導入は、観光、高齢者の移動ニーズにおいて注目されている。観光分野では、旅行者の移動ニーズへの対応、高齢者の移動については、免許返納をした高齢者の医療機関等への移動サービスとして MaaS の活用と実証実験が実施されている。

金沢市でも「金沢市次世代交通サービスのあり方に関する提言書」

図表31

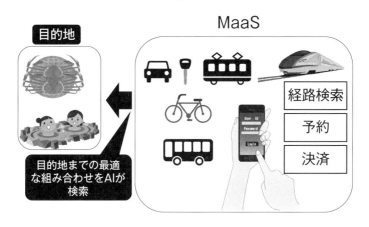

（2021年2月）が作成され、今後、地域が抱える課題をMaaSによって解決していこうという機運が盛り上がり始めている。

脱炭素社会の切り札に

　MaaSの活用は、目的によって分類できる。まず、地域住民の課題や社会問題の解決を目指したMaaSである。例えば、富山県朝日町では、スズキ、博報堂、朝日町の3者が、共同で「ノッカルあさひまち」を2021年10月1日から開始している。人口減少、高齢人口の増加している自治体において、高齢者の移動へのニーズは大きく、とりわけ、自動車免許の返納後の高齢者にとって移動手段の不足や欠如は生活の質を低下させる要因となっている。特に、公共交通機関の利便性の低い地域の住民ほど自宅に引きこもりがちになる。外出機会の減少は、医療機関への受診の減少、孤独死等の社会問題を生じさせかねない。MaaSと医療、そして商業とを連携させることで、外出機会を増加させることや、外出し、買い物をするこ

とによる健康増進が目指されている。高齢化社会における住民生活の質改善の問題に、MaaS の活用で応えようとしている。このように、地域社会の課題解決、住民の生活の質改善を目指した MaaS の活用は、「地域活性化 MaaS」と呼ばれている。

　次に、観光客の移動ニーズに応えた MaaS がある。加賀市では、観光客の移動満足度の向上を実現する「加賀 MaaS」の実証実験が行われた（2020 年 11 月〜 2021 年 3 月）。魅力的な観光地情報の発信に合わせて、観光客への移動の利便性を MaaS で高めることで、入り込み客数の増加や滞在時間の延長が期待されている。このような観光客の移動ニーズに応え、観光需要と来訪者の満足度を高めることを目指した MaaS の活用は「観光 MaaS」と呼ばれている。

　最後に、MaaS が脱炭素社会の切り札としても注目されていることに触れたい。車社会を前提とした、これまでの街づくりから、今後は環境に配慮した街づくりへ転換していくことが予想されている。これを MaaS の活用によって実現しようというのが、「環境 MaaS」である。まだ聞きなれない言葉であると思うが、AI オンデマンド交通、スローモビリティ、シェアサイクル等が、環境 MaaS の推進では注目されている。オンデマンド交通では、いつ来るかわからない公共交通機関の不便さを解消することが目指されている。スローモビリティでは、時速 30 キロでの EV バスの走行、自動運転の導入により、交通事故のない安全な社会の実現を目指すコンセプトである。

　このように MaaS は、世界が注目し、社会が求めている。今後も、その活用に注目していきたい。

Q 新交通システムについて教えて下さい。

A 代表的な新交通システムには、モノレールやゆりかもめのような新交通、LRT（Light Rail Transit, 次世代型路面電車）、BRT（Bus Rapid Transit, バス高速輸送システム）があります。近年、地方都市では、LRT と BRT による交通戦略が採用されはじめています。

新交通システムの導入を検討する理由は、①超高齢化社会、人口減少社会の到来、②まちなかの活性化と歩行者の増加、③渋滞緩和、④環境問題（CO_2 の排出削減）です。

例えば、富山市では、JR 富山港線の LRT 化、市内環状線化、南北接続によって、LRT を軸としたコンパクトなまちづくりが進められています。新潟市では、BRT を採用し、中心部の渋滞解消、郊外のバス路線網の維持を目指しています。

新交通システムの導入にあたって、公共交通機関の役割という観点からも触れておきます。公共交通機関の役割は、定時性と速達性、そして利便性です。これらを実現するために、様々な技術の導入も新交通システムでは進みそうです。例えば、BRT の導入では、バス車両の接近によって交通信号を青に変える PTPS（Public Transportation Priority Systems）やバスの走行位置を把握し、バス停への到着時間や終点までの所要時間を表示できる MOCS（Mobile Operation Control Systems）の活用があります。乗降時の運賃払いによる遅延を防ぐために、クレジットカードのタッチ決済を採用する会社も増えそうです。

まちづくりも、車中心から新交通システムを中心としたものに変わってくるでしょう。

ライダーを狙え

　石川県における二輪車の台数が増加中である。北陸地方は、雨が多く、冬に雪が降ることから、二輪車よりも、軽自動車が通勤の足となってきた。コロナ禍におけるレジャーとして、二輪車によるツーリングの人気が集まり始めている。これからはライダー向けのマーケティングを考えるのも面白い。

北陸でも二輪車が増加

　バイクと一括りにされる二輪車であるが、道路交通法では、排気量50cc以下を「原動機付自転車」(原付)、50cc超〜400cc以下は「普通自動二輪車(普通二輪)」、400cc超は「大型自動二輪車(大型二輪)」としている。つまり、二輪車と言った場合、原付は除かれる。北陸地方でも二輪車の台数が増加している。総務省によれば、石川県で10606台、富山県9958台、福井県6859台(2021年)であった。2020年の台数と比較すると、石川県+347台、富山県+327台、福井県+324台であり、2020年以降、急速に自動二輪車台数が増加している。

　もともと北陸地方をはじめとする日本海側の県は、冬季に降雪があることから、通勤で二輪車を利用する場合は稀であった。北陸地方は、自動二輪車の登録台数は都道府県別でも少ない地域であった。

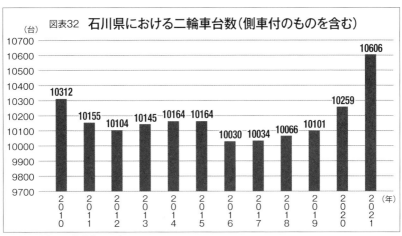

（台）　図表32　**石川県における二輪車台数（側車付のものを含む）**

（出典）総務省による統計ダッシュボード

　しかし、この数年で、北陸地方でも二輪車の台数は増加傾向にある。二輪車台数の多い地域は、公共交通機関が不便であることや、雨天、降雪の少ない都市であった。こうした地域では、通勤（通学）の足として二輪車がその役割を果たしてきたのである。それゆえ、北陸地方のように雨天、降雪のある地域では、二輪車ではなく、軽自動車が通勤の足となってきた。しかし、北陸地方における、昨今の二輪車台数の増加は、軽自動車から二輪車へ通勤の足がシフトしたというよりも、二輪車が軽自動車とは異なる用途で利用され始めたと理解できそうである。その傾向を示すのが、2020年以降の台数の大幅増加である。

　一般に、二輪車は高齢者よりも若い世代が選択する乗り物である。マスク着用や行動制限で、キャンプ等のレジャーが人気になるとともに、コロナ禍におけるレジャーとして、二輪車によるツーリングが全国的に人気となった。レジャーとしてのツーリングが、二輪車の増加要因と考えられ、この人気は、通勤でほとんど利用のない北

陸地方にも広がっている。二輪車によるツーリングは、車のように駐車場で困ることや渋滞に巻き込まれることもない。二輪車好きの愛好家たちが集まり、グループで目的地まで移動することを楽しみ方の一つとしている。

Ｂ級グルメにも関心

　二輪車の増加やレジャーとしてのツーリングの人気に、北陸地方の観光業界も注目していく必要がある。千里浜なぎさドライブウェイは、二輪車でも走行できることで人気スポットとなっている。能登半島を一周する国道 249 号、福井県では三方五湖レインボーライン、富山県では、世界遺産の相倉合掌造等を目的地にライダーたちがツーリングのコースを組むとされている。人が来れば、当然、食への関心も広がる。若いライダーには、高級料理ではなく、金沢カレーやブラックラーメン、ソースカツ丼等のＢ級グルメが、食の目的地となっている。ライダーたちが SNS で写真を拡散することも、地域の魅力発信となる。

　北陸地方は、天気の悪い日が多く、どうしても自動車を前提とした観光戦略が考えられてきた。しかし、昨今の若者世代のツーリングブームを集客の機会とする上でも、二輪車に注目した観光戦略として何かできないかを考えていくことが必要だろう。目的地までの交通手段である乗り物別に、マーケティングを考えると、新しい市場の発見につながるだろう。

ライダーの多くがツーリングで写真撮影を楽しみ、SNS で投稿している

Q **26** 観光戦略では、観光地までの交通手段を考えることが必要だと分かりました。観光地の活性化に必要なことを教えてください。

A 　国内観光客や訪日客に選ばれる観光地の条件は何か、を考えるとよいと思います。観光の目的は、現地へ行かなければ得られない体験を求める傾向にあります。都市で生活する人であれば、美しい自然やおいしい空気も魅力的な観光資源に映るはずです。訪日客は、日本らしい街並みを見学することや日本の食文化に触れる体験を求めています。地域に根差した食文化や自然、景観は、地元で生活する人たちが想像する以上に、貴重な観光資源となっているのです。

富裕層マーケティング

　北陸地方に、富裕層をターゲットとしたビジネスが誕生している。全国でリゾートホテルを展開するリゾートトラストが、金沢市で、2027年をめどに、会員制リゾートホテルを建設する。富山県では、富山きとき空港の利活用の一貫として、ビジネスジェットの受け入れ態勢を強化する。北陸では、富裕層を標的としたマーケティングが広がりそうだ。

特別なサービス楽しむ

　野村総合研究所の実施した国内の富裕層調査（2021年）では、純金融資産保有額が1億円以上5億円未満の「富裕層」、および同5億円以上の「超富裕層」を合わせると148.5万世帯であった。その内訳は、富裕層が139.5万世帯、超富裕層が9.0万世帯であったと報じられている。日本国内でも、1億円以上の金融資産を保有する富裕層が約150万世帯、金融資産にして364兆円が、日本の総世帯数5413万世帯のわずか約2.7％に集まっている。日本全体の金融資産（1632兆円）の約22％が富裕層の金融資産になる。

　以前は、富裕層マーケティングと言えば、百貨店の利用客や外商ビジネスが思い浮かんだ。富裕層の分類を参考にするならば、富裕層のさらに上を行く超富裕層を標的としたマーケティングも考えていきたい。よく知られている富裕層が関心を持つ分野は、子供の教

育、住まいの安全、食文化、芸術作品の購入、資産運用等である。これらの分野には、会員制や紹介制度を採用し、特別な客層を優遇するビジネスが存在する。例えば、資産運用ではプライベートバンク、食事についても紹介制度を導入する富裕層向けの寿司屋等が、まさに富裕層ビジネスである。

図表33

純金融資産保有額の階層別にみた保有資産規模と世帯数

2021年　　マーケットの分類（世帯の純金融資産保有額）

保有資産規模と世帯数	マーケットの分類
105兆円（9.0万世帯）	超富裕層（5億以上）
259兆円（139.5万世帯）	富裕層（1億以上5億未満）
258兆円（325.4万世帯）	準富裕層（5千万以上1億未満）
332兆円（726.3万世帯）	アッパーマス層（3千万以上5千万未満）
678兆円（4213.2万世帯）	マス層（3千万未満）

（出典）野村総合研究所ニュースリリース2023年3月1日

　富裕層マーケティングの基本は、通常より余計なお金を費やしても得たい時間や場所、そして体験の創造である。富裕層にとっての魅力は、単にブランド（物）を所有することだけではなく、特別な時間、特別な体験を含んだ、特別なサービスを楽しむことである。豊かな自然、個性的な食文化が存在し、交通面ではプライベートジェットが着陸できる空港や新幹線が北陸までの時間を短縮させている。北陸には、富裕層ビジネスを展開するチャンスが広がっている。

北陸こそ最適な土地

　ゴルフ倶楽部金沢リンクス（金沢市粟崎浜町）にゴルフ場併設の会員制リゾートホテルが誕生する。リゾートトラストは全国で、会員制リゾートホテルを運営する企業であるが、その進出先には、明確な基準がある。まず、既存会員である富裕層の声である。既存の会員にアンケート調査を実施し、会員権を所有して宿泊したい都市を候補地として抽出している。今回の金沢進出も、既存会員に実施し

たアンケート調査に基づいているとされている。次に、人気のある都市でも首都圏、京阪神圏、中京圏からの時間的な距離が遠い場合は、候補地から外れる。リゾートトラストの候補地選びでは、三大都市圏から2時間を目安にしているとされる。東京－金沢間に新幹線が走り、首都圏の富裕層をターゲットとできることが、金沢市に会員制リゾートホテルの建設を決断する決め手となったのだろう。報道によれば、リゾートトラストの会員制ホテルの中でも最上級クラスを金沢市で建設、展開するとしており、富裕層をターゲットとしたビジネスが、今後、展開されることが期待できる。

　新幹線開業後、空港需要の落ち込みの大きい富山きとき空港では、北陸で唯一国際運航ビジネス機の受け入れが可能な空港として、海外富裕層の訪日拠点となることを戦略とし始めている。立山町には、「ドン・ペリニヨン」の5代目醸造最高責任者リシャール・ジョフロワ氏が、2021年に酒蔵をオープンし、世界基準の日本酒作りが始まっている。富山の水が世界から注目されたのである。雄大な自然と食文化としての日本酒を売りとした富裕層ビジネスが富山県で誕生する。

　金沢市内では、近年、富裕層をターゲットとした高級腕時計店のオープンが続いている。Rolex、Tudor、BREITLINGが香林坊に出店している。富裕層は、他とは異なる価値、ステイタスを好む傾向がある。高級ブランド店の出店では、そのブランドのイメージにふさわしい都市、地域を選択する傾向がある。高級時計店が、金沢市香林坊周辺を出店地として選択したことも、金沢市が富裕層ビジネスの可能性にあふれているからに他ならない。

　北陸こそ、富裕層を標的としたマーケティングには、最適な土地である。富裕層ビジネスと地域資源を組み合わせることで、北陸地

方の魅力が増すに違いない。

Q 27　富裕層の価値観に特徴はありますか?

A 　富裕層となった経緯は人それぞれです。例えば、もともと資産家であり、相続で財産を引き継いだ場合もあれば、株式投資やビットコインなどの暗号資産で大成功した富裕層もいるでしょう。スポーツ選手や芸能人のように特殊な才能を持つ人、会社の経営者で上場を実現した人などです。

　具体的な人物を挙げて、富裕層の消費を考えると、一般人とは異なる価値観があることに気づきます。例えば、ZOZOの創業者の前澤友作さんは、宇宙旅行や智水庵（京都市）の購入、絵画コレクターとして芸術作品を購入しています。もちろん、プライベートジェットも所有しています。その一方で、お金配りという活動も行っています。前澤さんはベーシックインカム（所得や性別、年齢に関係なく国民一人一人に生活するために必要な現金を支給する制度）に肯定的だそうです。多くの人は、ベーシックインカムを導入すると、人は働かなくなる、怠けるだけだと否定的です。しかし、前澤さんは、ベーシックインカムを導入すれば、人は好きな仕事に挑戦する、と導入に前向きだといいます。お金がないために、好きでない仕事をしているだけで、一定のお金が支給されれば、人は好きなことを仕事にする、やりたかったことに挑戦するという考えです。好きなことを仕事にして、稼いだお金で社会をより安全に、より良くしていこうという価値観こそが富裕層の価値観かもしれません。

©リゾートトラスト

Part.4

北陸経済の強み

北陸の人口と経済動向

　経済は、短期的な動きだけに気を取られていると本質を見逃すことになるので、なるべく長い目で見るようにするべきである。

　日本国内は首都圏への一極集中が続き、他の多くの地域は県内総生産（GPP）や人口シェアを落としてきたが、北陸の場合は1人当たりで見ると他の地方圏ほど悪くはなかった。2010年代については、デフレやコロナ禍の影響もあり、地域的な格差が広がるような状況ではなかった。

1人当たりでの比較が有用

　前著『北陸から見る日本経済』（2020年11月刊）では、1955～2014年度の県内総生産データを利用して、戦後60年間の北陸経済の足どりを分析した。その結果、北陸3県の全県計に対する比率は2.8％から2.4％に低下したが、これは東京圏への一極集中のためであり、北海道・東北、中国、四国、九州など他の地方圏に比べると低下幅は少ないことが分かった。また、人口の相対比率の変化を調整するため1人当たりで見ると、北陸3県の平均成長率は大都市圏を含む全県計を上回ることも確認された。今後の人口減少社会では、やがて東京圏を含むすべての地域で人口減少となるが、減少率には差があるので、1人当たりで比較することが重要になるだろう。

　SNA（国連によるGDP等の国際基準）が改訂され、概念が拡張されたので、これまでよりふくらんでいる近年のGDP（国内総生産）

は表のとおりである。

図表34-1　県内総生産（GPP）・国内総生産（GDP）の推移（名目、年度）

		2011	2015	2016	2017	2018	2019	2020
GPP	富山	44	48	46	48	49	49	47
	石川	43	48	48	48	49	47	45
	福井	33	34	33	35	37	37	36
	3県計 （比率）	120 (2.3)	129 (2.3)	127 (2.2)	131 (2.3)	135 (2.3)	133 (2.3)	128 (2.3)
	全県計 （伸率）	5,238	5,628 (3.8)	5,663 (0.6)	5,803 (2.5)	5,845 (0.7)	5,796 (▲0.8)	5,588 (▲3.6)
GDP	GDP （伸率）	5,000	5,407 (3.3)	5,448 (0.8)	5,557 (2.0)	5,566 (0.2)	5,568 (▲0.0)	5,379 (▲3.4)

GPP:県内総生産、GDP:国内総生産、単位:1,000億円、（　）内は%

徐々に縮小する人口占有率

　2024年3月の時点で、GDPは2023年10～12月期の改定値まで公表されているが、GPPは2020年度が最新のデータである。これは国の場合は海外との比較のため早期推計が求められるのに対して、地域データはそこまでの必要性がないからである。

　2010年代、日本はデフレからの脱却が課題で名目成長率は低く、19年から景気後退のままコロナ禍の影響を受け、経済は振るわなかった。3県計の全国に対する比率がほぼ2.3で推移しているように、北陸の景気も似たようなものだった。

　人口の視点で見てみよう。国勢調査が始まった1920年以来、国の人口は増加してきたが、少子化のためこのところ減少している。

ただ、首都圏は依然増加し、シェア（占有率）も拡大している。北陸3県は、国より早く減少に転じ、シェアは徐々に縮小している。

図表34-2　全国・首都圏・北陸3県の人口・シェアの推移

		1920	50	60	70	80	90	2000	10	20
全　国	人口	56.0	84.1	94.3	104.7	117.1	123.6	126.9	128.1	126.1
首都圏	人口	7.7	13.1	17.9	24.1	28.7	31.8	33.4	35.6	36.9
	シェア	13.7	15.5	18.9	23.0	24.5	25.7	26.3	27.8	29.3
北陸3県	人口	2.1	2.7	2.8	2.8	3.0	3.1	3.1	3.1	2.9
	シェア	3.7	3.2	2.9	2.7	2.6	2.5	2.5	2.4	2.3

人口:100万人、シェア:%

金沢市中心部のビル群

経済は長い目で見たほうがいいのはなぜですか。

A　　経済を知る指標は数多くありますが、短期的に激しく変動する指標が多いと思います。例えば日経平均などの「株価」や円・ドルなどの「為替レート」の変動の激しさは、毎時・毎日のように報じられるとおりです。そのような取引に参加している人でもない限り、一喜一憂している必要はありません。

　株価は景気の良さなど経済の実態を反映するものなので、5年、10年といった中長期の変化を見ることによって経済状況の変化を確かめたり、最近の株価のレベルをどう評価すべきかを考えたりすることの方が有用性があります。株価が何年ぶりに2万円台を回復したとか、4万円を突破したとか騒がれるのは、バブル末期の1989年末に史上最高値3万8915円87銭を記録して以来、30年以上もそれ以下の水準で推移したからです。

　GDPによって国の経済活動のレベルを見る場合も、高度成長期、安定成長期、長期停滞期と変化する中で平均的な成長率が大きく低下してきたことを知る必要があります。そのうえで最近数年間のうちでは高い方なのか低い方なのか、上昇気味なのか下降気味なのかといった捉え方をするのが経済の実態を知るうえで重要な視点になります。

県民所得から見る北陸経済

　経済には時間とともに好不況が変化する「景気循環」という流れがある。同時に生産・分配・支出という3つの側面があり、それらは統計的に把握されている。分配に関しては、県民所得の推計を通じて地域の特徴をつかむことができる。

　北陸は女性の就業率が高く、サラリーマンのような雇用者や、農業者・個人事業主を加えた就業者の比率が高い。他の地域と統計数値を比較する場合は、こうしたことを念頭に置く必要がある。

他の地方圏より高い生産性

　日本経済は3大都市圏、特に東京圏（首都圏）のウエートが大きいが、地方も特色ある経済圏を形成している。石川、富山、福井の3県からなる北陸は製造業に強みがあり、女性の就業率が高いことなどが知られている。

　県民所得の内訳を見てみよう。県民所得は、①県民雇用者報酬（賃金・俸給、雇主の社会保険負担など）、②財産所得（利子、配当、家賃など）、③企業所得（利潤など）を合計したものである。すなわち雇用者・個人事業主・農業主・アパート経営者などの個人のほか法人企業の利潤なども含む県経済全体の所得水準を表わすことになる。

　2011～20年度の「総額」と「1人当たり」について、上位と下位の5自治体、および北陸3県を見てみよう。「総額」でも「1人当たり」でも、3大都市圏が上位に、山陰・四国・九州が下位になっている。

北陸３県は「総額」では中・下位となっているが、それは人口が少ないためである。「１人当たり」では大企業の本社が集まっている東京都や愛知県を除くと、上・中位となり、５位までにランクされるこ

図表35-1　県民所得の対比表

総額（兆円）				1人当たり（万円）			
2011年度		2020年度		2011年度		2020年度	
1 東京都	68.9	1 東京都	732	1 東京都	522	1 東京都	521
2 神奈川県	27.8	2 神奈川県	274	2 愛知県	337	2 愛知県	343
3 大阪府	25.0	3 愛知県	259	3 神奈川県	307	3 福井県	318
4 愛知県	25.0	4 大阪府	250	4 静岡県	306	4 栃木県	313
5 埼玉県	20.2	5 埼玉県	212	5 富山県	299	5 富山県	312
30 富山県	3.3	30 富山県	3.2				
32 石川県	3.1	33 石川県	3.1	11 福井県	289		
41 福井県	2.3	39 福井県	2.4	26 石川県	263	26 石川県	277
43 徳島県	2.2	43 徳島県	2.2	43 長崎県	224	43 愛媛県	247
44 佐賀県	2.1	44 佐賀県	2.1	44 鹿児島県	224	44 鹿児島県	241
45 島根県	1.8	45 島根県	1.9	45 宮崎県	212	45 鳥取県	231
46 高知県	1.7	46 高知県	1.7	46 鳥取県	208	46 宮崎県	229
47 鳥取県	1.2	47 鳥取県	1.3	47 沖縄県	202	47 沖縄県	217
全県計	383	全県計	394	全県平均	299	全県平均	312

ともある。これは、山陰・四国・九州などに比べて北陸３県は人口の差はないものの生産性で上回っているからである。

よく働く北陸の人々

次に北陸３県の特徴を見てみよう。北陸の人は良く働くと言われるが、それは数字にはっきり表れている。サラリーマンのように企業に雇われて月給で生活している雇用者が全人口の何％かを見ると、全県計が46.5％であるのに対して福井52.6％、富山49.1％、石川48.1％と３県ともかなり上回っている。農業者や個人事業主のように月給を稼ぐのでなく自分で収入を得ている人も加えて、働いている人全部を示す就業者でみると、全県計が52.1％であるのに対して石川県54.1％、富山県54.5％、福井県55.3％となっており、やはり多くなっている。

図表35-2　総人口に対する雇用者数・就業者数の比率（2020年度）

	総人口	県民雇用者		県内就業者	
		数	比率	数	比率
富　山	103.5万人	50.8万人	49.1%	56.3万人	54.5%
石　川	113.3万人	54.5万人	48.1%	61.3万人	54.1%
福　井	76.7万人	40.3万人	52.6%	42.4万人	55.3%
全県計	12,614.6万人	5869.4万人	46.5%	6570.0万人	52.1%

１人当たり県民所得を2011〜20年度について比較すると、富山・福井に比べて石川がやや少ない。時期を通じて所得の伸びが大きくないのはデフレの影響であり、20年度は新型コロナ禍で低下した。

図表35-3 **1人当たり県民所得の比較（単位:万円）**

	2011	2015	2016	2017	2018	2019	2020
富 山	299	323	313	324	336	332	312
石 川	263	296	295	297	303	293	277
福 井	289	310	301	313	328	337	318
全県計	299	327	328	337	339	334	312

　では1人当たり雇用者報酬ではどうか。注意を要するのは、県民所得が子どもから高齢者まですべての県民の平均額であるのに対して、雇用者報酬は雇用者として働いている人だけの平均額である点である。

　1人当たり県民所得で富山・福井が全県計なみであるのに対して、石川が低くなっているのは、雇用者・就業者比率の高低が影響している。1人当たり県民雇用者報酬で石川が富山・福井を上回っているのは平均給与の差が反映していると考えられる。

図表35-4 **1人当たり県民雇用者報酬の比較（単位:万円）**

	2011	2015	2016	2017	2018	2019	2020
富 山	420	444	447	446	446	443	441
石 川	429	447	452	456	461	461	455
福 井	410	425	425	435	444	453	437
全県計	454	462	468	474	481	481	475

恵まれた子育て環境

　人の意識は、時代を創造する原動力となり、経済が右肩上がりの時代には成長率を押し上げる効果を発揮した。経済が低迷すると、心配ごとの連鎖が事態を必要以上に悪化させる力が働く。現状では、若者が将来不安を抱えているので、これ以上少子化が進まないよう、意識改革が必要である。この点、北陸は子どもを育てやすい環境であることを活かしていくべきである。

少子化の背景

　人々の「意識」が経済を変える「先行指標」になることはよく知られている。「先行指標」とは先触れとなる指標のことで、「新規求人数（学卒を除く）」の増減や「東証株価指数」の変化などが代表的なものである。「消費者態度指数」や「中小企業売上見通し」など意識に関わるものも含め、景気動向指数（CI）の先行系列に採用されている。

　「意識」の先行性は、短期的な景気変動ばかりでなく、長期的な経済社会の傾向変化でも際立った役割を演じる。ずっと日本経済のボトルネックになってきたのが「少子化」だが、この問題の根底には「結婚や子育てに対する意識の変化」が大きく関わっている。

　戦後の第一次ベビーブーム世代（1947〜49年生まれで団塊の世代と呼ばれる）以降、伝統的な家族観のもとで、男性は20代後半までに、女性は20代前半までに結婚し、子どもを二人持つのが普通

だった。「夫婦子ども二人」が標準世帯とされ、住宅政策や税制などの基本になった。1970年代前半の第2次ベビーブームはこうした規範のもとで実現したものである。

　その後、成長率の低下、高学歴化、個性の尊重といった時代変化を受けて、若い世代の意識は急速に変化した。それまでは20代のうちに結婚をと考えていた若者が、経済的な理由などから理想通りにはいかないと悟り、30歳を過ぎてもいいと意識するようになると、年齢的な歯止めが効かなくなった。やむなく晩婚化を是認する風潮がますます晩婚を加速させる結果になった。合計特殊出生率の動きを見ていると、「二人が標準」という考え方が第2次ベビーブームのあと「（理想は二人だが）一人でもいい」という意識に変わっていった様子がよくわかる。こうした子供に対する意識の変化が、さらに人口減少を加速させている。

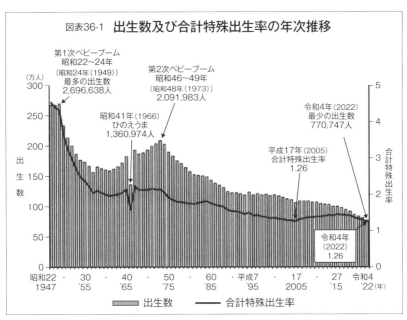

図表36-1　**出生数及び合計特殊出生率の年次推移**

（出典）厚生労働省

若者の意識を変える

　最近、追い打ちをかけるような衝撃的な事実が判明した。日本の若者の結婚や子供を持つ意欲は欧米に比べてもともと低いのだが、21年に実施した国立社会保障・人口問題研究所の意識調査から、近い将来、「3人に1人は子供を持たない人生を送る」見通しであることが明らかになった。すでに公表された将来推計人口では、2070年に8,700万人（日本人7,761万人、外国人939万人）となっているが、若者の意識を先行指標として新たな推計を行えば、かなりの下方修正が必要になることも予想される。

　国の推計では、将来の人口減少を外国人の増加が補う形になっている。石川県の場合も1980年に3,650人（県人口の0.3％）だった外国人が2023年には16,617人（同1.5％）と急増しており、この傾向が続くと見込まれるが、外国人の動向は相互の経済状況いかんによって変化しうるものなので、当てにはできない。

　本来、日本の人口減少は日本人によってカバーすべきであり、それには若者の意識を変えることが最も有効な手段である。若者の懸念材料となっている国民年金であれば、保険料を払わない人が増えること自体が保険の持続性を弱めることを熟知させねばならない。2023年春の折衝から給与の増加は軌道に乗りつつあるので、この方向が定着するようコンセンサスを形成する必要がある。仕事については、基本的に人手不足なので心配は無用と自信をもって伝えたいものである。家族・子どもが宝ものであることに反対する人は少ないと思われるので、経済的条件が整えば意識も変わり、若者が自らの行動で流れを変えることができるようになるはずである。

　人口問題を良い方向へ導く正道は、安心して家族を形成し、人生

の喜びをそこに見出せるような社会環境を整えることであり、それによって若者の将来不安を払拭することしかない。

明るい将来示す地域に

　日本の若者の意識を国際比較すると、自己肯定感、意欲、学校・職場の満足度が低いことが分かる。こうしたことが経済・社会や家庭生活に反映していると考えられる。

　ではなぜ意欲や満足度が低いのか。それを考える背景として地域の自然環境、教育、文化、雇用などあらゆる条件について検証が必要である。北陸の場合、自然に恵まれ、教育レベルが高く、文化に強みを持ち、雇用環境が良いなど好条件がそろっている。その結果が「住みよさ」や「魅力度ランキング」の上位となって示されている。子育て環境にも恵まれているわけであり、日本の明るい将来を示せる可能性のある地域として、大いに元気を発揮したいものである。

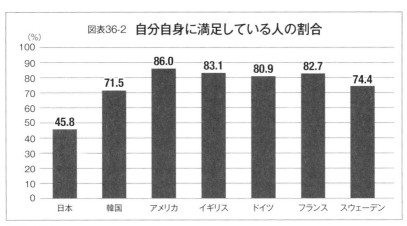

図表36-2　**自分自身に満足している人の割合**

（出典）内閣府

交通網整備の効果

　経済発展には交通の発達が必要条件となる。北陸も海運・陸路を通じ、時代とともに交通網が整備されてきた。近年は北陸新幹線の金沢への延伸が大きなけん引力となった。クルーズ船の寄港も経済の活性化に寄与している。

　2024年は3月に大きな話題が待っていた。北陸新幹線の敦賀延伸である。ところが、年明けとともに勃発した能登半島地震がとてつもない衝撃を与えることとなった。

時代とともに距離感縮まる

　経済発展の必要条件の一つに交通の発達がある。北陸も交通の発達とともに経済などが飛躍的な発展を遂げたことは間違いない事実である。

　江戸時代は海路の役割が大きく、コメや海産物などの重要物資を日本海航路（北前船）で運搬した。このため沿岸各地には港が栄えた。陸路では北國街道が整備され、大名の参勤交代や人々の商用、寺社詣でなどでにぎわった。明治以降は鉄道網の整備が進められ、北陸本線の開通などによって次第に各地との往来が便利になった。道路網の整備も進み、国道などの舗装率の向上もあってトラックや自動車の交通量も増していった。

　戦後、鉄道の高速化が進み、夜行列車の整備によって東京などとの往来も活発になった。能登半島へも鉄道が敷かれ、秘境とされた

半島を目指して 1960 年代には第 1 次ブーム、70 年代には第 2 次ブームとなって観光客が詰めかけた。

　当時からカニや寿司を目指して金沢に来る客がいたし、片山津をはじめとする加賀温泉郷などへは関西各地から職場仲間が慰安旅行に団体でやってくることも多く、にぎわいを見せた。東京など関東からはまだ距離感があって、簡単に来ることができる観光地ではなかった。やがて上越新幹線から越後湯沢乗り換えで「ほくほく線→北陸本線」につながる特急「はくたか」に乗車するコースで金沢まで 4 時間となると、北陸が近く感じられるようになった。

北陸新幹線のインパクト

　さらに時間短縮が実現したのが北陸新幹線の金沢開業で、「かがやき」に乗って 2 時間半で東京・金沢間が結ばれたのが 2015 年 3 月 14 日であった。その効果はあらゆる面に及んだ。駅前をはじめとする地価の上昇はかなりの期間続いた。金沢市内で最高路線価は 1973 〜 94 年が片町、95 〜 09 年が香林坊だったが、開業が近づいた 10 年からは金沢駅前の堀川新町に移った。沿線の長野、富山に比べても金沢の基準地価は突出している。金沢の文化都市としての強みに終着駅効果が加わったためとされる。

図表37　**北陸新幹線沿線主要都市の駅地価**(㎡当たり)

	長野	富山	金沢	福井
2023基準地価	11万3,768円	20万2,762円	31万6,483円	11万3,305円

　北陸と首都圏や関西、名古屋を結ぶ交通手段は多様化しており、目的に応じて選択できるのが便利である。

時間優先であれば、空港までのアクセスの問題はあるが、小松空港・能登空港・富山空港からの飛行機便がある。陸路では、首都圏へは北陸新幹線が便利である。2024年3月の敦賀開業後は、乗り換えの必要があるが、関西方面へさらに時間短縮が実現する。

　経費節約優先であれば、夜行便が多くなるが長距離バスが運行されている。マイカーならば乗車人数が増えるほど割安になる。経路も北陸道などの有料道路を利用するか、一般道で行くかによって経費に差が出る。

　2020年6月オープンした金沢港クルーズターミナルへの大型船の寄港が増えたことでインバウンド（外国人客）を含む観光客が急増している。23年3月〜11月の実績を見ると、MSCベリッシマ（定員4,418名）、ダイヤモンド・プリンセス（同2,706名）、クイーン・エリザベス（同2,081名）といった大型船の複数回を含め計42隻が寄港し、乗船定員累計で7万人を超えている。観光施設としてのクルーズターミナル見学者も子供連れを含め急増している。

2023年10月1日にJR小松駅で行われた新幹線車両の歓迎セレモニー。大勢の住民が出迎えた

Q 29 能登半島地震は、北陸の交通にどのような
影響を与えますか。

A 　能登半島では、かつての国鉄時代は鉄道が
奥地まで通じていました。1987年、国鉄
の分割民営化後は第三セクター「のと鉄道」が引
き継いで運営していましたが、七尾線穴水―輪
島間が2001年3月、能登線穴水―蛸島(珠洲市)間が05年
3月に廃線になりました。現在は七尾―穴水間が運行され
ています。七尾以南はJR線に繋がっています。

　鉄道廃止後は代替バスが運行され、道路網の整備が進め
られました。能登有料道路が13年3月に「のと里山海道」と
なって無料開放され、大動脈となっていますが、他の国道・
県道などとともに地震で寸断され、被災地の復旧活動に支
障をきたしました。

　北陸新幹線は、地震による大きな被害はなく、24年3月
に敦賀開業となりました。沿線の観光地(加賀温泉郷、芦原
温泉など)では宿泊客の増加が期待されますが、能登からの
避難者収容に協力している宿泊施設との調整が問題になり
ました。

　金沢から関西方面へは特急「サンダーバード」、名古屋方
面へは特急「しらさぎ」で直行(乗り換えなし)することがで
きましたが、3月16日からは敦賀で新幹線からJR特急に
乗り換える必要があります。ただしトータルの所要時間は
短縮されます。

円安の利害得失

　産業振興と輸出による景気回復を第一とする政府・企業の立場から円安志向となっている。確かに北陸がインバウンドで稼げる観光資源に恵まれていることは利点である。しかし、円安による輸入額拡大が貿易収支の赤字化を招いていることに加え、日本人の海外旅行にブレーキがかかること等を考えると、行き過ぎた円安には問題があることに気づく必要がある。

激しく変動する為替相場

　為替レートの変動が与えるプラス・マイナスの影響は広範に及ぶ。戦後、1ドル=360円に固定された為替レートは1970年代に変動相場制に移行し、85年のプラザ合意後の1年間に250円程度から150円程度に急激な円高となった。その後も上下動を繰り返しつつ長期的には円高傾向で、2011年10月末に75.3円という史上最高値を記録した。10年代後半は110円前後で推移したが、22〜23年にかけて急激な円安となっている。

　日本経済は急激な円高による輸出不況を何度も経験したので、円高を敬遠し、円安を待望する空気が一般化した。それは日本経済が輸出に依存する体質だったからである。政府や企業にとって大きな関心は経済活性化の起点になる輸出振興にある。

　しかし、このところ輸出に関して円安の恩恵を十分に受けてきた

とは言えない。むしろ近年は、円安に加え原油や農産品などの価格高騰により輸入額が急拡大し、2022年度は貿易収支が大幅な赤字になった。

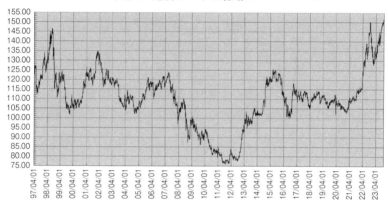

図表38-1　**円ドル為替レートの推移**（1997～2023）

出入国者数が逆転

　円安の影響が顕著に表れるのは旅行者数の動向である。戦後しばらく、日本人の海外渡航は限られ、外国人入国の方が多い状況が続いたが、高度成長により生活水準が向上した日本人は海外旅行ブームに沸き返った。実に1971年から2014年までの44年間は、出国日本人数が訪日外客数を上回り続けた。例えば、1980年は訪日外客数132万人に対し出国日本人391万人（3.0倍）、2000年は訪日外客数476万人に対し出国日本人1,782万人（3.7倍）といった調子だった。その後、出国日本人数がそれほど増加していないのに対して、外国人観光客の急増は「インバウンド」という新語を生み出すほどとなり、ついに2015年には逆転して出国日本人1,621万人に対して

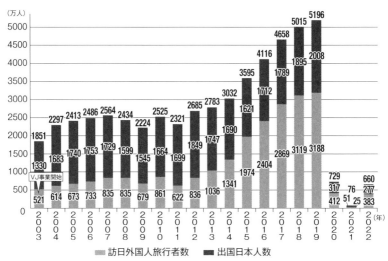

図表38-2　**訪日外国人旅行者数・出国日本人数の推移**

（出典）日本政府観光局（JNTO）

訪日外客数 1,974 万人となった。こうした訪日外客数の急増には日本政府の「ビジット・ジャパン事業」によるテコ入れもあるが、最大の要因は間違いなく円安である。

　北陸でも、2015 年 3 月の「北陸新幹線の金沢開業」による経済活性化の背景には「インバウンドの拡大」が大きな要素を占めていた。低成長下での地域振興策として打ち出され、大きな話題を集めたことが思い出される。

　その後、思いもかけないコロナ禍の 3 年間に日本人、外国人ともに旅行客が激減したのは図表に示した通りである。最近の統計によれば、外国人旅行者は急回復し、2023 年は 2,507 万人とコロナ前（19 年）の 8 割近くまで盛り返した。

　一方、日本人の出国者数は 962 万人で 19 年の半分にも達していない。海外旅行ツアーなどの料金を見ても円安の影響等で高騰して

おり、このままの状況では気軽に海外旅行に出かけることは難しくなっている。社会生活基本調査に示されているように、石川県民の「観光旅行（海外）」はコロナ禍で激減しており、回復へのハードルは高いとみられる。

適正な為替レートとは

　以上のように、為替レートの変動が与える影響はプラス・マイナス両面にわたっており、輸出に有利だから円安を支持するといった単純な思考で済む問題ではなくなっている。確かにインバウンドで稼げる観光資源を持つことは北陸の利点だが、このまま円安が続くようでは、学生の卒業旅行もハネムーンも熟年世代の楽しみもお預けといった状況が続くことになりかねない。賃金と物価の好循環のもと、デフレからの本格的脱却を果たし、着実な景気回復が期待される。このような状況においては、適正な為替レートについても再考の余地があるのではないかと思われる。

武家屋敷跡を散策する外国人観光客＝金沢市長町1丁目

観光資源の宝庫

　北陸は観光資源の宝庫で季節ごとに観光客を魅了している。加賀市出身・深田久弥の名著『日本百名山』に導かれ、夏には多くの登山家が白山、立山などの名峰を目指す。秋も澄んだ空気を吸って登山・ハイキングを楽しむのに絶好の季節である。2024年春の北陸新幹線敦賀延伸によって、加賀温泉郷や芦原温泉が身近になるほか、荒島岳へのアクセスも向上することが期待される。

百名山ブームに乗って

　北陸の観光資源として登山・ハイキングをはずせないのは、大聖寺町（現加賀市）生まれの深田久弥（1903-71）の存在が大きい。石川県民としては尊敬すべき郷土の大先輩である氏の名著『日本百名山』は、1964年に初版が出て、その後文庫にもなって多くの人の愛読書となっている。今やプロの登山家ばかりでなく一般の人々にも知られ、目指す山をこの中から選ぶような風潮も広がっている。

　白山や立山・剱岳のような高山は夏山の代表的な存在であるが、ハイキングも含めて気軽に山の空気を楽しむには秋が最適かもしれない。食欲の秋、読書の秋、スポーツの秋などと言うが、澄んだ秋空のかなたに青い山脈を眺めるのも最高の気分である。登山は、老若男女が誰でも楽しめる健康志向の趣味として静かなブームとなっており、かつて山ガールのファッションが一世を風靡（ふうび）したこともあ

った。

　石川県では、古くから信仰の山として全国から登山者を集めている白山の存在が抜きんでている。2013年に始まった白山白川郷ウルトラマラソンは、世界遺産白川郷の合掌造り住宅を抜け、白山手取川ジオパークを走るコースとして人気の的だったが、新型コロナと大雨の影響で4年間の中止を経て、道路復旧のめどが立たないことから廃止が決定となった。白山はハクサンフウロ、ハクサンコザクラなど高山植物の宝庫としても知られているので、今後も登山客の人気の山であり続けるだろう。

　富山県を代表する立山・剱岳は、黒部渓谷や黒部ダム、トロッコ列車などと一体となって多数の観光客を集めている。

　24年3月の北陸新幹線敦賀開業によって石川県の片山津・山代・山中などの加賀温泉郷や福井県の芦原温泉への集客が見込まれる。登山愛好家には、福井を経て越美北線（九頭竜線）沿線に登山道が整備されている、福井県唯一の百名山である荒島岳を目指す機会を提供してくれる。

クロユリを眺める登山客＝白山室堂ビジターセンター

人生の思い出づくりに

　秋になると平地では過ごしやすい気温になるが、高山では気温の低下や急激な天候悪化に注意を要する。毎年のように準備不足や不注意による登山中の事故が発生しているので、十分な装備や事前の調査が肝要である。

　山に登るときは誰でも頂上を目指すものであるが、天候変化や体力の関係で頂上は無理だと思ったら躊躇せず途中で引き返すことを心掛けねばならない。行けるところまで行けばいいと気持ちを切り替えれば、気軽に山を目指せると同時に危険に遭遇することもなくなるはずである。

　最近は「ゆるやま登山」が推奨され、多くのコースが紹介されてい

図表39　北陸を代表する「日本百名山」

県	山名 標高	深田久弥の言葉
石川県	白山2702m	私のふるさとの山は白山である―語り出せばキリがない―それほど多くのものを私に与えている―孤高の気品、美しいものの究極、非現実的な夢幻の国の景色
富山県	立山3015m	私がその頂を一番数多く踏んだ山の一つ―独立した山というより波濤のように連なった山―現在では近代的な観光地になって、人々は労せず都会の服装のまま高山の気に接しられる
富山県	剱岳2999m	登頂不可能の峰とされ日本アルプスで最後まで残った一雄々しい岩峰と純白の雪―これほど力強い構図は類がない―修験者が開いた剣岳は近代的クライミングの試練場となった
福井県	荒島岳1523m	中学2,3年のころ、菜の花の盛り、子供ごころにも美しい山だなと印象に残った―もし福井県から選ぶとしたら―能郷白山か荒島岳か―山の気品のある点では荒島岳が上だった

備考1. 白山は岐阜との県境
備考2. 他に薬師岳2926m・水晶岳（黒岳）2986m（以上、富山県）、白馬岳2932m・五竜岳2814m・鹿島槍ヶ岳2889m・鷲羽岳2924m（以上、富山・長野県境）、黒部五郎岳2840m（富山・岐阜県境）がある

るので、初心者でも気軽に山の空気を味わうことができる。新緑や紅葉の季節には、山歩きの楽しみは倍加する。

　イギリスの登山家マロリー（1886-1924）は、"なぜエベレストを目指すのか"と問われ"そこにそれがあるからだ"という名言を残した。プロの登山家でなくても山の魅力は万人に共通のものだから、体力に応じて、たとえハイキング程度であっても山を楽しめれば人生の思い出づくりに最適と言えよう。

白山は、どこから見えますか。

A　**ど**こからでも見えそうですが、金沢市中心部の平地からは見るのが難しいです。というのは、南の方角には大門山（1572m）、奈良岳（1644m）、大笠山（1822m）、笈ヶ岳（1841m）などが2702mの白山の前に立ちふさがっているからです。高いビル、例えば県庁の最上階からは見えます。

　車に乗っていると、金沢の周辺からも角度によっては美しい山の姿を見ることができます。北陸道や国道8号線からは、晴れているか、曇りでも空気が澄んでいる時は、長い間、なだらかな稜線を見せる白山の姿を楽しむことができます。ただし、運転には十分気を付けねばなりません。

経済の見える化から考える

実体がどれだけ複雑でも金額で示すことができれば「見える化」には成功したと言える。国を挙げてGDP（国内総生産）の推計に取り組むのは、それによって国力を把握することができ、その価値が非常に大きいからである。金額で把握しにくい「家事・ボランティア等の無償労働」や「イベント等の経済効果」も推計されているが、主観が絡む「住みよさ」等の金額換算は難しい面があり、今後の課題である。

GDPで国力把握

経済は複雑化し、見えにくくなっているが、そうなるとますます可視化したい、できれば金額で表示できるようにしたいという欲求が強まることになる。実際に経済学や統計技術が進歩するにつれて、分野によっては、そうした要望に応えられるようになってきた。

経済といえばまず思い浮かぶGDPにしても、もとはといえば国力がどの程度なのかを知って、戦争に備えたい政治家や軍部のニーズに応えるために研究が進められたものである。第1次世界大戦のころからイギリスやアメリカが先頭に立って推計技術が開発された。第2次大戦の頃には研究の蓄積があったのである。戦後、日本の首相が、冷静に国力を計算できていれば開戦の決断はありえなかったと（冗談めかして）GHQ首脳に言ったと伝わるが、それは取り返しのつかない後知恵というものである。

　ロシアのウクライナ侵攻にしても、GDPの差（ロシアはウクライナの10倍）を見れば、力関係は明らかだが、ロシアの14倍の国力を持つアメリカをはじめ、日本・西欧などの平和を求める国際世論が、戦争を抑止する力になかなかなれないのは残念である。国際政治の複雑さは、経済分析で「見える化」できるものではないのかもしれない。

家事、奉仕は含まれず

　話を経済に戻そう。GDPにはほとんどの経済活動が網羅されているが、実は除外されているものがある。代表的なのは炊事・洗濯などの家事労働で、賃金の支払いがない無償労働であるために計上されていない。だから、雇いのお手伝いさんと結婚して妻にすると、給与が必要なくなり、その分GDPが減る、などという分かりやすいたとえ話がある。家事労働の価値を「見える化」すべきとの世界的な風潮に後押しされて、わが国でも1997年に初めて金額を推計し、GDPの20%以上という試算結果が得られた。もう一つGDPに計上されない例を挙げると、ボランティア等の無償で行われる活動がある。その価値を金額換算すると5兆円、つまりGDPの1%程度になると推計されている。

　最近よく話題になるのがイベント等の経済効果である。これも主催者が開催の意義を強調する手段として利用されるほか、一般にも関心が高まっていることが背景にある。たとえば2023年のプロ野球ペナントレースで阪神タイガースがセ・リーグで優勝したことによる経済効果が969億円と試算され、同年春のWBC日本優勝の654億円を上回ったことが話題になった。北陸では、金沢マラソンが、2016〜18年の各年に20.1〜21.5億円の波及効果があったと

試算されている。北陸新幹線は、インバウンドを含む利用者数が予想以上になったことで事前の予測を超え、678億円（2016年度）の波及効果があったと発表された。春のお花見、大型連休の行楽、秋の紅葉見物なども莫大な経済効果を誘発することは間違いないだろう。

「住みよさ」の指標は今後の課題

一方、金額換算による「見える化」が非常に難しいものには、例えば「住みよさ」や「暮らしやすさ」に関する各種指標がある。北陸は「安

図表40　**経済の「見える化」への取り組み例**

各種の経済活動など	GDPに含まれる	生産面（国内総生産）	産業別の生産活動：535.5兆円（2020年度）
		分配面（国民所得）	雇用者報酬・財産所得・企業所得：375.7兆円（同上）
		支出面（国内総支出）	消費支出（民間・政府）、投資（住宅・企業設備・政府）、純輸出（輸出と輸入の差額）：535.5兆円（同上）（以上、内閣府「国民経済計算統計」による）
	GDPに含まれない	無償労働 家事等	家事（炊事・掃除・洗濯・家庭雑事等）、介護・看護、育児、買い物等：138.5兆円（2016年、内閣府推計）
		無償労働 ボランティア等	ボランティア、献血、婦人活動、消費者活動、住民運動等：4.6～5.2兆円（2016年、同上）
		イベント等の経済効果（例） 金沢マラソン	直接効果（マラソン参加者の県内消費など）、及び1次2次の波及効果：20.1億円（2017年大会、金沢学院大学・金沢工業大学・金沢星稜大学による試算）
		イベント等の経済効果（例） 北陸新幹線	観光需要拡大による石川県への直接・1次・2次の経済波及効果：678億円（2016年度、日本政策投資銀行による推計）
		住みよさなど	安心度・利便度・快適度・富裕度など「住みよさ」・「暮らしやすさ」に関する各種の指標が出版社・調査会社（東洋経済新報社など）から公表されている。

心度」「利便度」「快適度」などを点数化した総合指標で全国トップクラスであることはよく知られた事実だが、これらは金額で評価されたものではない。どうしても主観が絡む問題を金額によって「見える化」するのが可能かどうかは、依然として未解決の課題になっている。

Q31 ボランティア活動の価値は、どのように計算されるのですか。

A 基本的な計算式は、次のように簡潔で分かりやすいものです。

| ボランティアの評価額 | = | ボランティアに従事した時間 | × | 時間当たり賃金 |

「ボランティアに従事した時間」はすぐ分かりますが、問題は「時間当たり賃金」です。これには2通りの考え方があります。1つは「その人がもし有給で働いていたらいくら稼げたか」と考え、その金額で計算するものです。もう1つは、介護・アンケート集計などを専門にしている人に頼んだらいくらなのかと考えて、それを当てはめるものです。前者を機会費用法、後者を代替費用法といいます。それぞれボランティアの人数分を計算して総額を推計します。

先進小国との経済力比較

北陸の経済などを客観的に判断する一つの方法は国内の他地域と比較することである。場合によっては、海外との比較からも有力な判断材料が得られることがある。ルクセンブルク、スイス、シンガポールの3国を例にとって考察を加えると、製造業の先端産業や、非製造業で後れを取っているIT・金融業で追い上げを図るのが有力な方策であることが分かる。

生活水準は2、3倍の開き

生活水準の高い海外諸国を参考にして地域振興を考えてみたい。「1人当たりGDP」では2022年のベストテンは、①ルクセンブルク②ノルウェー③アイルランド④スイス⑤カタール⑥シンガポール⑦アメリカ⑧アイスランド⑨デンマーク⑩オーストラリアとなる。この中から規模（人口・面積）の大きい国と産油国を除き、北陸3県と比較する国として、ルクセンブルク、スイス、シンガポールの3国を選んでみる。

面積では石川県はルクセンブルクやシンガポールより広い。北陸3県の広さはスイスの30％ほどである。人口でも石川県はルクセンブルクの2倍近い。北陸3県の人口はスイスの3分の1、シンガポールの2分の1程度となっている。

ただ、1人当たりの生活水準では現状において2、3倍の開きが

ある。日本が全盛を誇っていた1990年代には1人当たりGDPで
ルクセンブルク、スイス両国とはトップを競っており、シンガポー
ルは15位以下で日本の半分程度だった。その後の20～30年で日
本経済が地盤沈下した影響が表れており、これは北陸との比較でも
同様である。

金融、IT、観光で優位性

　ルクセンブルクはユーロ圏であり、欧州の金融センターの地位を
占めている。情報通信、医療、環境技術などの先端産業に力を入れ
ている。スイスは時計などの精密機械が知られる。金融、情報通信
などのサービス部門の比率が高く、アルプスなどの観光では世界的
な知名度を誇っている。シンガポールは、近年、飛躍的に成長して
いる。独立は1965年で、かつては日本の援助対象国だった。エレ
クトロニクス、化学、バイオなどの生産を増加させ、運輸、通信で
アジアの中継基地としての地位を不動のものとし、金融センターと
して急速に発展している。

雄大かつ牧歌的な風景が広がるスイス・アルプスの山麓

これらの国に共通するのは、多民族・多言語国家であり、輸出入比率が高いことである。日本との交流人口を見ると、シンガポールでは在留邦人数 36,797 人（2019 年）に対して在日シンガポール人 3,037 人（2020 年）と 12 対 1 の比率になっている。これはルクセンブルク、スイスでも同様である。日本から行くだけの経済的価値がある国を意味している反面、日本の吸引力が弱いことを示している。

　独立国と日本国内の地域とでは対応方針に差があるのはやむを得ない面があるが、北陸が地域振興策を考える際に参考にすべき点がないか、考えてみよう。製造業では、輸出競争力のある建設機械などに力を入れるのが基本になるが、半導体などではかつての市場支配力を取り戻す努力をする必要がある。今後については先端産業で競争力を得ることが重要である。競争激化が予想される非製造業では、どこの国でも考えることだが、後れを取っている金融や IT でキャッチアップを試みる必要がある。

スポーツ文化推進の先頭に

　特に成長が見込めるのは観光である。新幹線など交通手段の整備で上げ潮ムードが高まり、もともと海、山、歴史、文化、伝統工芸、食材、温泉、宿泊施設など観光資源が潤沢である点では胸を張れる。かつて能登ブームがあったことなどを考えれば、震災復興を契機にして日本人客を呼び戻すのは難しいことではない。

　それに加えて、世界的に日本への関心が高まっているうえに、円安、コロナの鎮静化、富裕層の人口増加、など好条件がそろっているので、北陸の地域特性が広く知られれば外国人観光客（インバウンド）が飛躍的に拡大する可能性がある。

　もう一つは、スポーツ振興を通じた地域の活性化である。近年に

おける各競技での日本人選手の活躍は目覚ましく、経済活性化につながる一筋の希望となる可能性がある。気になるのは、国、地域を通じた対応の遅れである。

　北陸はスポーツ文化推進の先頭に立つことを目標に掲げてはどうか。有望な競技に狙いを定めて、施設の整備、選手の育成に力を入れるべきである。世界大会の開催地に名乗りをあげることも考えられる。

　スポーツを目指す学生には、選手としても一流、学業でも一流を目指してほしい。文武両道を理想とする奨学金制度を設け、国内ばかりでなく海外からも有望な人材を集めるようにしてはどうか。

図表41-1　1人当たりGDP上位国の例（2022年）

	面積 （百km²）	GDP （億ドル）	人口 （万人）	1人当たり GDP（万ドル）	主要産業
ルクセンブルク	26	868	63	12.8	金融、情報通信、医療
スイス	413	8419	866	9.2	金融、観光、時計
シンガポール	7	4244	585	8.3	金融、運輸、通信

図表41-2　石川県・北陸3県の1人当たり県内総生産（2020年度）

	面積 （百km²）	GDP （億ドル）	人口 （万人）	1人当たり県内 総生産（万ドル）
石川県	42	425	113	3.76
北陸3県	126	1208	293	4.12

地域からの経済活性化

マクロの財政・金融政策の中心となるのは国（中央政府）であるが、国の政策が行き詰まっている時は地方自治体（地方政府）に期待される役割がある。それは地域固有の課題に取り組み、地域から経済の活性化につながる産業を発展させることである。そのためには人手不足解消の核となるIT人材の育成を強力に進める必要がある。

期待される地方の役割

昭和は遠くなり、バブル経済の時代を知らない世代が増加している。バブル後の30年余り、国は増税を極力控え、借金（国債発行）を重ねつつ多くの経済対策を講じてきたが、明るい未来は見えていない。世界の中での日本の地位は低下する一方で、高度成長末期から40年間維持してきた「GDPナンバー2」の地位も2010年には中国に奪われた。人口が10倍以上の中国で成長率が高まれば日本以上のGDPになるのは不思議ではないが、円安の影響が大きいとはいえ人口が日本より少ないドイツに、2023年のGDPで抜かれることが明らかになった。

このような惨状を看過していいものではない。地方の立場で何か画期的な発想の転換ができないものか、考えてみよう。

国と地方の財政状況を比較すると、国が多大な債務を抱えて身動

きが取れなくなっているのに対して、地方はやや状況が異なること
に注意が必要である。約1700の地方公共団体（都道府県・市町村）
の普通会計をいわば1つの財政主体とみなし、歳入・歳出の姿を一
元的に示す「地方財政計画」（令和5年度当初）によれば、歳入の根幹
をなす地方税のウエートは46.4％で、国から地方交付税や国庫支出
金などにより39.6％の財政移転を受けている。不足分を補填するた
めの地方債は7.4％となっている。国から4割近い補助を受けてい
る点、および総額に対する借金の割合が国（31.1％）に比べて少ない
点が地方財政の特徴となっている。

図表42-1　**地方の歳入内訳**（令和5年度当初）

地方税	地方交付税等	国庫支出金	地方債	その他
42.9兆円	21.3兆円	15.2兆円	6.8兆円	6.2兆円
(46.4%)	(23.1%)	(16.5%)	(7.4%)	(6.7%)

下線は国から地方への財政移転。

IT・情報分野の人材育成

　かつてアベノミクスの「3本の矢」のうち「金融」（大胆な金融政
策）・「財政」（機動的な財政政策）に関しては集中的に施策が講じら
れたが、効果的な「成長戦略」（民間投資を喚起する成長戦略）を実施
するには至らなかった。その後も物価高や円安といった難題に取り
組む中で、依然として経済活性化への具体策が効果を発揮していな
い。マクロ政策の推進を任務とする国がこうした状況であれば、民
間投資の喚起につながる成長戦略は地方自治体にこそ期待される政
策であり、国に遠慮している場合ではない。

　国の政策は、企業への補助金・交付金や家計補助といった緊急援

助的な、いわば後ろ向きの歳出が多く、新たな視界を切り開くような前向きの歳出ではなかった印象がある。こういう時こそ地域固有の課題を抱えている各自治体が、前向きで具体的な方針を打ち出すべきではないかと思われる。

現在、あらゆる分野で足かせとなっているのが人手不足の問題である。図表42-2に見るように、石川県でも多くの分野で有効求人倍率が高くなっているが、わが国が技術的に後れを取っている主因は、ITなど情報技術に関わる文系・理系の人材がともに不足していることである。そういう意味で高等教育機関でのIT人材育成の必要性は高まる一方である。各家庭でも子どもが情報部門の教育を受けることは将来へのもっとも有望で確実な選択肢であることを知る必要がある。

県・市町村・教育機関・企業・家庭が一丸となってIT・情報部門の人材育成にまい進することが、あらゆる部門の効率化による人手不足解消を通じて経済を活性化させる最も確実な方法である。

図表42-2　**石川県の職業別有効求人倍率**（2023年12月）

管理的職業	専門的・技術的職業（*）	事務	販売	サービス職業（*）	保安職業
1.85	2.08	0.63	4.56	4.64	6.12
農林漁業	生産工程	輸送・機械運転	建設・採掘	運搬・清掃・包装等	介護関係
0.99	1.80	2.87	6.75	0.98	5.19

県計は1.50。介護関係は（*）のある職業の一部を合計したもの。

Q 経済は誰が支えるべきなのでしょうか。

A **18**世紀以降、古典派のアダム・スミスの「市場での自由な取引が基本であり、政府は余計な口出し（規制）をしないのが効率のいい経済」という考え方が主流でした。つまり、企業や個人といった民間の経済活動を尊重すべきだと考えられていたのです。

　その後、自由主義への批判が現れ、19世紀にはマルクスの「放っておくと貧富の格差が広がるので、立場の弱い労働者が団結して政府をつくるべき」という説が流行しました。20世紀には、1929年世界恐慌などの経験を経て、「不況の時は政府が公共事業を拡大し、景気を刺激する必要がある」と説くケインズ経済学が広まりました。ただ、その後に「それだと政府支出の拡大を止められず赤字が拡大する」といった批判が出ました。

　このように経済の主体が誰なのかについては長い論争があり、結着していないのです。

　政府にも国と地方があり、中央集権・地方分権という二つの考え方があって、どちらの役割を重視すべきかについては国によって考え方に差があるのが実情です。戦前の日本は中央集権国家でしたが、戦後は、地方分権への流れが加速してきています。

Part.5

北陸文化の厚み

文武両道で故郷に錦を

　最近スポーツ選手の活躍が目立つ。中でも地域に密着している点で北陸を代表するのは相撲である。大相撲の地方巡業でも「故郷に錦を飾る」力士の晴れ姿が地元に明るい話題を提供する。

　かつて故郷への貢献を目標に勉学に励んだ若者が日本の発展に寄与した。現代の若者にも、文武いずれの道においても、国や地域への貢献を目指して、大いに向上心を発揮してほしい。

活躍の場を広げるスポーツ選手

　例年、大相撲の地方巡業の一環として金沢場所が開催され、地元の人たちの熱気に包まれる。相撲ほど地域と深く結びついたスポーツはない。テレビで本場所の実況を見ていると、東西の幕内力士土俵入りで「○○山、△県△市出身、□□部屋」のようにアナウンスされるので、そのたびに出身地が印象付けられる。よく「江戸の大関より土地の三段目」などと言われるように、地元出身力士は格別の存在である。

　石川県出身の横綱は、江戸時代の第6代・阿武松、昭和の第54代・輪島の2人である。記憶に残る力士としては大関・出島、関脇・舛田山、関脇・栃乃洋など、最近では遠藤（最高位・小結）、輝、炎鵬などが活躍しており、大の里は幕内優勝にからむ活躍を見せている。

　毎場所、力士にとって地元の声援がどれほど励みになっているか

は想像に難くない。それに応えて好成績を続け、番付を上げること
が目標となり、それによってますます地元ファンの期待も高まる。
まさに力士と地元が一体となって相撲人気を盛り上げているように
感じられる。

　高校野球でも、地元の熱狂ぶりは夏／春の風物詩となっている。
米国メジャーリーグの大谷翔平選手のように活躍する舞台が海外に
移っても、岩手県花巻市の熱い視線に変わりはない。こうした選手
たちは、昔風に言えば「故郷に錦を飾る」ことができた存在とみなせる。

究極の人生目標

　この言葉はかつて別の意味で使われていた。これほどスポーツが

図表43　**若者に故郷を意識させた言葉**

仰げば尊し （作詞:不詳）	たがいにむつみし　日ごろの恩 わかるる後にも　やよわするな 身をたて名をあげ　やよはげめよ 今こそわかれめ　いざさらば
ふるさと （作詞:高野辰之）	こころざしをはたして いつの日にか帰らん 山はあおき故郷　水は清き故郷
壁に題す （作:月性）	男児志を立てて　郷関を出ず 学若し成る無くんば　また還らず

盛んでなかった時代、若者が将来のために全精力を傾注するのは学問の世界だった。卒業式で斉唱する「仰げば尊し」の2番の歌詞にある"身をたて名をあげ やよはげめよ"という一節は、まさに卒業後の努力目標を示すものである。唱歌「ふるさと」の3番の歌詞にある"こころざしをはたして いつの日にか帰らん"という言葉は、都会で成功した暁に「故郷に錦を飾る」ことが究極の人生目標であることを分かりやすく示している。江戸時代末期の僧月性の漢詩は、目標を果たすまでは決して帰郷するまいという堅い覚悟を示すものである。

経済活性化につながる

　現代では、若者の意識は多様化し、スポーツなどに力を入れる学生が増加したことは誰もが認めるところだ。バブル後は、経済が停滞する中で多くのスポーツ競技で選手たちが気を吐いている姿が目立っている。それ自体は喜ばしいことだが、多くの学生にとって、スポーツは健全な肉体をつくる手段であって、人生の最終目的ではないと思われる。より重要なのは、学んだ知識をもとに教養や判断力を身につけ、自分自身の人生目標をしっかりと見定めることである。そのうえで国や地域への貢献など大きな志を持って勉学に励むことが重要である。近年、そうしたタイプの学生が目立たなくなったことが懸念される。その結果、幅広い分野で人材を輩出することなく、経済がなかなか活性化しない原因になっているとすれば、非常に残念なことである。本来、「健全な精神は健全な肉体に宿る」ものであり、その逆もまた真なりと言えるものであるから、文武両道を極め、あらゆる分野で郷土を代表する人材が育ってほしいものである。

Q33　文武両道を極めるとは、どういうことですか。

A　いくら頭が良くても健康な体でなければ、社会で思うように仕事を続けることはできません。才能に恵まれた芸術家や小説家が病に倒れて惜しまれながら夭折した例は、古今東西いくらでも挙げることができます。逆に体力に優れていても考える力がなければ、スポーツで活躍することは難しいでしょう。短期的に目立っても、選手生活を全うしたり、ましてセカンドキャリアまで含めて満足な人生を送れたりする人は珍しいと思われます。

　最近は健康維持のためにジムやプールで汗を流すサラリーマンも珍しくありません。公園や川堤などでジョギングに励む人の姿も目立ちます。仕事が忙しい人ほど体に気を遣うようです。

　スポーツの世界では、気づいたことをメモして以後の練習や試合に役立てている選手の姿などが紹介されています。研究熱心な姿勢が成功の秘訣といった合意が形成されているような印象です。

　高校通算140本塁打を放った花巻東高の佐々木麟太郎選手が、学問の名門スタンフォード大へ入学するのは、強い意志を感じさせる決断でした。同大野球部のエスカー監督は「彼は文武両道の目標をきちんと持っている」と述べ、期待感をにじませたそうです。

県民の行動変化

　コロナ禍は人々の生活に広範な影響を及ぼした。家で過ごす時間が
増えたことから睡眠・食事などの時間が増え、仕事などの時間が減った
のは一つの側面である。質的に変化したのは、いわゆる自由時間で、
IT機器への依存や散歩などの健康維持指向が目立ち、ボランティアや
旅行・行楽などが激減した。

「巣ごもり生活」の特徴

　人々の行動は時代とともに徐々に変化するものであるが、コロナ
禍による「巣ごもり生活」は短期間に広範な影響を及ぼした。ここで
は2021年の「社会生活基本調査」を前回調査（16年）と対比させるこ
とでその点を検証してみよう。

　まず生活時間を見ると、コロナの影響で5年前に比べて在宅時間
が長くなり、「睡眠・食事などの1次活動」が24分増加しているの
が目立つ。その分、「仕事・家事などの2次活動」が19分、「自由に
使える3次活動」が6分減少した。

　次に3次活動について、5年間の変化に注目しつつ、種類別の生
活行動を詳しく見ていこう。唯一増加した項目は『学習・自己啓発・
訓練』である。特に「パソコンなどの情報処理」（11.4 → 15.0％）や「家
政・家事」（9.6 → 12.0％）が目立って増えた。

　『ボランティア活動』では、「まちづくり」、「子供」、「安全な生活」などが上位になっているが、5年前との比較ではすべての活動で行動者率（その行動に参加した人の比率）が下がっている。やはりコロナのまん延で外での活動に消極的だったことが分かる。

　『スポーツ』は全体での減少幅が小さく、特に「ウォーキング・軽い体操」は突出して行動者率が高くなっている。その他の種類は小幅な減少が多く、ボウリング・水泳は大幅な減少だった。

　『趣味・娯楽』は全体で微減だったが、「CD・スマホなどによる音楽鑑賞」や「スマホ・家庭用ゲーム機などによるゲーム」はかなり増加し、「映画館以外での映画鑑賞」も高率を保つなど、家でIT機器を使って楽しむことが非常に多くなった。逆に外出型の「遊園地・動植物園・水族館などの見物」や室内多人数型の「カラオケ」は半減以下となっている。

激減した海外旅行

　最も低下が著しかったのが『旅行・行楽』である。「行楽（日帰り）」で57.3→34.6％、「観光旅行（国内）」が50.9→21.3％、「帰省・訪問などの旅行」も23.9→13.0％であり、「観光旅行（海外）」に至っては6.2→0.3％へと壊滅状態だった。

　この調査は5年ごとに実施されるので、ちょうどコロナ前と渦中の2時点を比較するのに好都合だった。その結果、睡眠・食事などの1次活動時間が増加したこと、自由時間ではIT機器への依存が顕著だったことなどが観察された。IT機器への依存は近年の趨勢だったが、コロナで急加速したことが示された。

　このようにコロナ禍は生活行動を委縮させることを通じて経済を停滞させたが、コロナ禍からの回復後は日常生活を取り戻すことに

なり、消費需要が拡大したことがGDP統計などから読み取れる。特に旅行者の増加によって観光業が急速に回復するなど、経済全般に明るい展望が期待できる状況になっている。

　次の調査は2026年に行われる予定だが、コロナ禍からの回復状況を反映した生活時間の過ごし方になっていることが期待される一方、能登半島地震の影響がどのような形で人々の生活に表れるかも分析対象になると思われる。

（ここでは『社会生活基本調査』の「石川県結果」を分析対象としたが、全国的な傾向も大筋において同様だったことを付記しておく）

図表44　コロナ禍による石川県民の生活行動の変化

項目	行動者率 (2016→21年)	行動者率の高い行動 (2021年)	特徴
学習・自己啓発・訓練	34.1%→**35.6%**	①パソコンなどの情報処理 ②家政・家事 ③英語	「巣ごもり」で行動者率が唯一増加
ボランティア活動	31.6%→**20.7%**	①まちづくり ②子供 ③安全な生活	ほとんどの分野で活動が大幅に停滞
スポーツ	69.1%→**63.4%**	①ウォーキング・軽い体操 ②器具を使ったトレーニング ③ジョギング・マラソン	運動不足解消のための軽い動きを心掛ける風潮
趣味・娯楽	88.0%→**86.2%**	①CD・スマホなどによる音楽鑑賞 ②映画館以外での映画鑑賞 ③スマホ・家庭用ゲーム機などによるゲーム	自宅でできるIT機器を使った活動は増加し外出型の活動は減少という二極分化
旅行・行楽	73.9%→**44.7%**	①行楽（日帰り） ②国内観光旅行 ③帰省など	いずれも大幅減少。特に海外旅行は6.2→0.3%に激減

『社会生活基本調査』の「石川県結果」(2016・21年)による。
行動者率：その行動に参加した人の比率

Q 生活時間に着目するのはなぜですか。

A 　**経**済について分析する場合、共通の尺度として「お金」に着目し、金額でとらえることができれば、いろいろなことが同じベースで比較できるので便利です。ムダ遣いしてはいけないものとして「お金」を考える場合、それと同列のものとして「時間」を考える発想が"時は金なり"という格言に示されています。そういう意味で生活時間は「お金」では表せない指標として便利なものであり、重視されるのです。

　各種の調査がありますが、NHKは1941年に「戦時下国民生活時間調査」を実施しました。戦後は1960年から5年おきに「国民生活時間調査」を実施しています。最新の調査は2020年で、過去の調査と比較して「週休2日制は定着した？」「コロナ禍で睡眠時間は増えた？減った？」「在宅勤務はどこまで広まった？」などの分析を行っています。

　政府（総務省統計局）の「社会生活基本調査」は1976年から5年ごとに実施されており、2021年調査から分かる都道府県ランキングを見ると、例えば「早起き」では平均が6時38分ですが、石川県は30位の6時38分となっています。早いのは青森県の6時17分、遅いのは東京都の6時59分で、42分の差があります。

施設整備で県都の魅力アップ

　石川県には金沢を中心に各種の施設が集積している。分野別に見ると、文化施設は豊富に存在しており、互いに連携して文化のレベル維持・向上に努めている。人口当たりの高等教育機関数の多さは教育の充実に繋がっており、金沢が「学都」と呼ばれる背景になっている。重伝建数も全国一であり、スポーツ施設や宿泊施設も整っている。こうした各種施設の充実は地域の文化に厚みを与え、魅力度を高めている。

文化に厚みもたらす

　金沢の魅力をひとことで表すとすれば広い意味での「文化」に「厚み」があるという表現が適切であろう。文化は形に表しにくいものだが、文化を支える各種の施設の充実度を見ることで、ある程度は類推できると考えられる。

　金沢の文化施設は充実している。全国でも珍しい国の施設（国立工芸館）が2020年秋に金沢に移転したことは話題になった。県や市などが運営に関わる博物館・美術館などは豊富な展示品をそろえ、各種の企画を盛んに実施している。市内各地に歴史・芸術・文学などをテーマにした各種の展示館が設置されている。これらの施設では相互の連携が盛んで、共通の割引入場券などが販売されているので、一定期間に計画的に見て回ることもできるようになっている。

図表45-1　**金沢の主な文化施設**

管理運営	名称	所在地	開業年
(独法)国立美術館	国立工芸館	金沢市出羽町	2020
石川県	石川県立美術館	金沢市出羽町	1983
	石川県立伝統産業工芸館	金沢市兼六町	1984
	石川県立歴史博物館	金沢市出羽町	1986
	石川四高記念文化交流館	金沢市広坂	2008
(公財)金沢文化振興財団	金沢市立中村記念美術館	金沢市本多町	1975
	寺島蔵人邸	金沢市大手町	1976
	金沢くらしの博物館	金沢市飛梅町	1978
	金沢市老舗記念館	金沢市長町	1989
	金沢ふるさと偉人館	金沢市下本多町	1993
	泉鏡花記念館	金沢市下新町	1999
	金沢湯涌夢二館	金沢市湯涌町	2000
	金沢蓄音器館	金沢市尾張町	2001
	室生犀星記念館	金沢市千日町	2002
	前田土佐守家資料館	金沢市片町	2002
	徳田秋聲記念館	金沢市東山	2005
	金沢文芸館	金沢市尾張町	2005
	金沢市立安江金箔工芸館	金沢市東山	2010
	金沢湯涌江戸村	金沢市湯涌荒屋町	2010
	鈴木大拙館	金沢市本多町	2011
	谷口吉郎・吉生記念金沢建築館	金沢市寺町	2019
(公財)金沢芸術創造財団	金沢21世紀美術館	金沢市広坂	2004
	金沢能楽美術館	金沢市広坂	2006
(公財)藩老本多蔵品館	加賀本多博物館	金沢市出羽町	2015

開業年：原則として現在地での改称後の開業年
（独法）は独立行政法人、（公財）は公益財団法人

学都を自認する金沢

　金沢をはじめ県内には多くの高等教育機関が設置されており、人口当たりの機関数は国内でも有数である。このため金沢は学生の多い町として「学都」を自認している。若い人が集まることで町の賑わいが生まれ、書店・文房具店・喫茶店などの立地も増えるし、入学

図表45-2　石川県内の主な高等教育機関

区分	名称	本部の所在地
国立大学	金沢大学 北陸先端科学技術大学院大学	金沢市角間町 能美市旭台
公立大学	金沢美術工芸大学 石川県立看護大学 石川県立大学 公立小松大学	金沢市小立野 かほく市学園台 野々市市末松 小松市四丁町
私立大学	金沢工業大学 金沢星稜大学 金沢医科大学 北陸大学 金沢学院大学 金城大学 北陸学院大学	野々市市扇が丘 金沢市御所町 河北郡内灘町 金沢市太陽が丘 金沢市末町 白山市笠間町 金沢市三小牛町
高専	(国立)石川工業高等専門学校 (私立)国際高等専門学校	河北郡津幡町 金沢市久安
短期大学	金沢学院短期大学 北陸学院大学短期大学部 金城大学短期大学部 金沢星稜大学女子短期大学部	金沢市末町 金沢市三小牛町 白山市笠間町 金沢市御所町

式・卒業式のほか学園祭などの行事も行われる。

　神社や寺院などの宗教施設も数多く、歴史・伝統を誇っている。2021年8月現在で全国に126カ所指定されている重要伝統的建造物群保存地区(重伝建)のうち8カ所が石川県内にあり、日本一の多さとなっている。

図表45-3　石川県内の重要伝統的建造物群保存地区

金沢市東山ひがし (茶屋町)	金沢市主計町 (茶屋町)	金沢市卯辰山麓 (寺町)	金沢市寺町台 (寺町)
輪島市黒島地区 (船主集落)	加賀市加賀橋立 (船主集落)	加賀市加賀東谷 (山村集落)	白山市白峰 (山村・養蚕集落)

跡地利用に工夫が必要

　スポーツ施設も多く、野球場・サッカー場・相撲場・陸上競技場などで全国規模の大会が頻繁に開催される。2015 年から金沢市内をコースにして毎年秋に開催されている金沢マラソン（フルマラソン 1 万 3000 人）も市民を中心に各地から参加者を集めている。

　ホテルなどを会場にした学会の開催も盛んである。会員に喜ばれる開催地として全国でも有数の人気を誇っている。

　金沢市内の敷地の広い施設が移転などした場合、その跡地の利用について議論されることがある。駅前の都ホテルは 1963 年開業、金沢初の都市型ホテルとして親しまれてきたが、2017 年に閉館となり、18 年には建物の解体が完了した。その後、60m という高さ制限を緩和する動きが進められ、金沢市も土地所有者と手を組んで再開発の動きを推進している。金沢歌劇座の改修については移転も含めて議論が行われている。日銀金沢支店は 2023 年秋に金沢駅西に移転したが、これまであった香林坊の建物および土地の利用方法については議論が進められている。本多町の旧県立図書館跡地についてはオープンスペースとしての活用方法などが議論されている。

　こうした各種施設が整っていることでは、金沢は全国的にも有数の都市であることは間違いなく、有効に活用することで文化の厚みを形成している。パリや京都などの世界的観光都市が現在隆盛を誇るのも、過去において積み重ねられた数々の改造計画のたまものであり、金沢も人々のあこがれとなるような都市を目ざして、絶えざる努力を惜しんではならない。

新県立図書館の魅力

　金沢市にできた新しい県立図書館は、万巻の書籍と最新の設備を備え、子供から大人までが楽しめる全世代型の知的空間であり、「天下の書府・学都金沢」の名に恥じない。

　気持ちよく読書をするには活字の大きさが重要な要素である。文庫・新書は時代とともに1ページの字数を減らしてきた。新聞も活字が大きく、読みやすくなった。県立図書館に大活字本コーナーがあるのも、高齢社会のニーズを取り入れた適切な対応である。

近代的な知的空間

　2022年7月16日、待望久しかった新しい県立図書館がオープンした。開館からの3日間（連休）で計1万7千人が来館するなど、年間100万人の目標に向けて順調な滑り出しを見せた。

　今回の事業は、金沢市本多町にあった旧図書館が老朽化したため19年に着工したもので、県の予算書によれば、基本的に県の単独事業として実施されており、「知の殿堂」建設に向けた県の意気込みが感じられる。

　図書館に入ってみると、まず広さに圧倒される。開架式書棚が全館を一望できるように円形に配置されているので、自分がどこにいるのか迷う心配がない。読みたい本を探したり、借りたり、返却したりする仕組みも整っており、窓口を通してもいいし、パソコンを使って自分で手続きをすることもできる。

　館内で本を読む環境も整っており、気に入った椅子などを見つけて読書を楽しむことができる。普通の話し声で会話をしてもいいので、子供連れでも安心だ。

　最近、子供の世界では「書籍離れ」が指摘され、仕事では「ペーパーレス化」を進める動きが盛んである。また町の本屋さんがみるみる減少していると言われる。一方でデジタル化・情報化によって知らず知らず「スマホ脳」となることが、好ましくない現象と指摘されたりしている。

　このような時代に、子供から大人まですべての世代の人たちが贅沢な時間を楽しめる夢のような知的空間が生まれたことは意義深く、さすが「天下の書府」であり、「学都金沢」の象徴とも言うべき施設である。

大活字本コーナーを設置

　充実した設備に加え本の配置や読む場所などに工夫がなされ、目的に応じた楽しみ方ができるよう設計されている。その一つが大活字(デカ文字)本のコーナーであり、親しみやすい小説や随筆などが1,000冊近く、読んだり借りたりできるようになっている。

　例えば『鬼平犯科帳』(池波正太郎)は、A5判(15cm×21cm)に22ポイントという大きな活字で組まれ、1ページが21字×8行＝168字しかないので、各300ページくらいの本に編集されているのを1〜2時間で読むことができる。読書が好きな人が年間100冊などと目標を立てたりしても、なかなか達成できないものだが、大活字本であれば、それほど苦労することなく成就できそうだ。

　これに関連してもう一つ指摘しておきたいのは、「ページをめくる快感」が読書を長続きさせる秘訣だという事実である。1時間で

何ページも進まないようでは読む意欲がそがれるが、『鬼平犯科帳』
は面白い上にどんどんページをめくっていき、スピード感をもって
読み進められるので、何十冊もあるシリーズでも、先へ先へと進む。

　このコーナーには与謝野晶子訳『源氏物語』（全15巻）のような古
典もある。日本人なら一度は読んでおきたい名作だが、なかなか通
読できるものではない。まして活字が小さいと読む意欲も減退して、
途中で挫折した人も多いことと想像される。しかし、デカ文字文庫
は小学校低学年の教科書ほどの活字の大きさなので、目に負担がか
からず、気持ちよく読むことができる。

時代のニーズ取り入れる

　普通の書籍では1ページ当たりの字数はどのくらいなのか。個人
全集はゆったり読めるようになっていて、岩波の漱石全集は1965
年の大判（15.5cm×23cm）で1ページ690字、一回り小型（13.5×
19.5cm）になる93年版で645字となっている。文学全集は、なるべ
く多くの作品を収めようとしており、例えば「明治文学全集」（筑摩
書房、1971年）は1ページが2段組みで1792字になっている。

　最近発行の新書でみると、岩波新書が630〜672字、ちくま新
書が640〜672字である。本によって多少違いがあるのは、本全
体のページ数を一定の範囲に収めるために1行あたりの文字数や1
ページ当たりの行数で調整しているためである。文庫本は600字程
度のものが多い。

　面白いことに時代によって字数が変化してきている。新書は
1960〜70年代と比べると1ページあたり1〜2行、字数で40〜
80字ほど減少している。文庫本もかつて1ページ700〜800字以
上が標準だったのが、最近は600字前後に減らしたものが多くなっ

ている。

　このように書籍の各ページの字数の多い少ないは、それぞれの目的や時代を反映しており、最近は目の負担軽減への配慮から減少傾向となっている。新聞でも、見やすさと情報量という相反する2つの要素を勘案した結果、次第に見やすさを優先して、大きい活字を採用する傾向がある。

　図書館は子供から大人まで全世代型の施設として設計されたものだが、その中に大活字本コーナーを設けているのは、時代のニーズを取り入れようとする姿勢を示すものである。高齢者や目に障害のある人などには積極的な利用・活用が望まれる。

　最近、町なかに図書コーナーをもうけた喫茶店や、図書スペースのある子どもの遊び場など、本を読める環境が整えられているのはいいことである。

大勢の来館者でにぎわう石川県立図書館＝金沢市小立野2丁目

学力テストが証明する教育力

　経済発展のためには、優秀な人材が必要不可欠である。武家政権の時代から、日本人の知的レベルが高かったことはよく知られており、明治以降も教育には力が注がれた。戦後は、過度の受験競争が批判されたり、逆にゆとり教育が問題になったりした。それは学力が国際比較されるようになったことも影響している。中断していた全国学力テストが復活し、石川など北陸各県が小6・中3の各科目でランキング上位を占めている。

教育改革の成果表れ

　人的資源が経済発展の重要な基盤であることは広く認識されている。OECD（経済協力開発機構）は各国の学力に着眼し、2000年から3年ごとに学習到達度調査（PISA）を実施している。この調査は、15歳（日本では高校1年）を対象に、「科学的応用力」「数学的応用力」「読解力」の3分野で行われる。コロナの影響で1年遅れの2022年に実施された調査の結果が23年12月に公表された。

　かつて2003年調査で「読解力」の順位が下落したこと（PISAショック）から日本の教育内容が見直された経緯もあり、その後の推移が注目されてきた。順位は上下してきたが、今回は81カ国・地域の中で3分野すべて5位以内と順位を上げた。教育改革の成果と見られる一方、学習量の増加によって「学校が窮屈になった」と懸念の声も上がっている。

図表47-1 **PISAショック後の主な教育改革**

2007年	小学6年と中学3年で全国学力テストの復活
08年	小中学校の授業時間を大幅に増やす学習指導要領の告示
17〜18年	英語教科化（小学5、6年）や話し合いの授業を重視する学習指導要領の告示
19年	全ての小中学生に学習用端末を配備する政府方針が決定
21年	大学入試センター試験を衣替えした大学入学共通テスト開始

2023/12/6 北國新聞

「学力低下」で復活

　日本でも、学力向上への関心は高く、教育につぎ込まれる金額は莫大である。教育投資は将来に対する確実な保障として誰しも疑いを持っていない。小中学校は義務教育となっており、国費が充てられている。高校進学率も高く、無償化へ向けた施策が進められている。

　教育が効果的に行われているかについては関心のあるところであり、義務教育について全国的に学力テストが実施されてきた。1960年代にも行われていたが、「競争の過熱」を理由にいったん廃止された。当時は戦後ベビーブーム世代が「受験地獄」と問題にされ、過当競争を緩和するために東京都で「学校群」制度が導入されたりした時代だった。

　その後、過当競争への反省から「ゆとり教育」が実施されたが、本来の効果を発揮するよりも「学力の低下」が問題となった。それはいろいろな面で表面化したが、最も衝撃的だったのは世界的な学力テストでの順位の低下（PISA ショック）だった。バブル後の経済的停

滞もあり、人材育成のため教育力を引き上げる必要があることが認識され、2007年に全国学力テストが復活した。

北陸、東北が上位に集中

テスト結果は毎年公表されているが、順位付けが目的ではなく、これを参考にして今後の教育方針の参考にすることとされている。しかし、実際は各地域で大きく報道され、教育関係者にとっては大きな関心事となっている。

毎年のランキングを見ると、大体の傾向としては北陸や東北が上位に集中することが多く、教育熱心な地方とみなされている。英語は少し状況が違っていて、大都市圏が上位になっているが、北陸も上位グループに入っている。ただ、正答率や平均点などのデータを見ると、上位と下位の差はそれほど大きくなく、小学校国語で1位の石川・秋田の平均正答率72%に対して最下位の県でも65%となっている。算数も67%と58%である。

図表47-2　**全国学力テスト正答率ランキング**（公立のみ、2023年度）

小学校				中学校					
国語		算数		国語		数学		英語	
1	石川	1	石川	1	秋田	1	石川	1	東京
1	秋田	1	東京	2	石川	2	福井	2	神奈川
3	福井	3	福井	2	福井	3	東京	3	石川
4	青森	4	富山	4	東京	4	富山	3	愛知
4	京都	4	秋田	5	富山	4	愛知	5	福井・岐阜
6	富山	4	京都・高知	5	群馬			10	富山

　毎年のようにランキング上位を占める石川県に対して、過剰な事前対策が行われ、それが授業を圧迫しているなどとの指摘があり、準備のあり方などについて議論された。テストがある以上、それに対する準備を行うことには合理的な理由があるとの指摘もあり、全国学力テストを巡るさまざまな角度からの議論については各方面から注目を集めている。

　教育に対する考え方は、各年代の人口による影響を受ける。1学年200万人以上の時代と100万人以下の時代では、教育を与える側の考え方も受ける側の考え方も変わって当然である。

Q35 石川など北陸各県の全国学力テストのランキングが上位なのはなぜですか。

A　いくつかの要因が考えられます。第一に教育風土が挙げられます。石川などでは周りがよく勉強するので、その影響でみな勉強するようになるのでしょう。親や教育関係者が熱心なことも寄与しているとみられます。第二に雇用環境に恵まれ仕事熱心な大人を見て育つので、子どもも勤勉な態度が身につくのでしょう。第三に生活習慣があります。きちんと朝食をとったり、過度のスマホ利用を控えたり、比較的に新聞を読む子が多いということからも勉強に打ち込む姿勢が読み取れます。

ソフトパワーの平和貢献

　激動の世界情勢だが、軍事力のようなハードパワーの抑止力に頼るばかりでなく、ソフトパワーをうまく活用する道を探ることが重要である。その点にかけては地方の地道な活動の積み重ねこそ有用で、姉妹都市、ジャパンテントなどに加え、2023年に実施された「G7教育大臣会合」や「国民文化祭」などのような大きな仕掛けの行事を積極的に開催し、それらを通じて友好の輪を広げるよう心掛けたいものである。

世界各地で戦闘勃発

　争いの絶えない世界であるが、「平和を維持するために地方にできることは何か」を考えてみよう。

　2022年の「今年の漢字」に「戦」が選ばれたことに象徴されるように、殺伐（さつばつ）とした空気が漂う時代状況となっている。22年2月からのロシアのウクライナ侵攻のほか、台湾に圧力をかける中国、北朝鮮の相次ぐミサイル発射など、わが国をめぐる国際情勢も緊迫の度を強めている。紛争の絶えなかったパレスチナで、また23年10月から激しい戦闘が勃発した。

　長くGDP比1%枠を守ってきた日本の防衛費について、政府が大幅増額を表明したのも、こうした状況に対応するためと見られる。防衛費については、その内容や財源をめぐって国会等で激しい論戦が繰り広げられた。国の安全保障の根幹となる経費であり、戦闘力

を示すハードパワーの代表と位置づけられるからである。

　しかし、平和の確保はハードパワーによるだけでなく、ソフトパワーによって実現することを目指す必要がある。例えば、経済協力（途上国援助）は、途上国の自立を支援し、自由な世界経済への参加を促すことを通じて、わが国の安全と繁栄に資することを最終目的としている。またクールジャパン戦略を推進しているのは、文化の力で世界に影響力を拡大するためである。

地域の活動こそ有用

　そして重要なことは、ソフトパワーを通じた平和への貢献は、地方にこそ期待される役割ではないかという点である。

　グローバルとローカルを組み合わせ「グローカル」という言葉があるように、地域はさまざまな形で世界と直接つながっている。多くの自治体が推進している姉妹都市提携が草の根的な交流の輪を広げていることやジャパンテントの活動が留学生との結びつきを強める役割を演じていることなどを見れば、それは明らかである。コロナ禍で翌年の21年に延期された「2020東京五輪」のための強化合宿にやってくる各国選手への「おもてなし」が話題になったことも思い出される。

　2023年には国の予算案に盛り込まれた県内の2大事業が注目された。5月の「G7富山・金沢教育大臣会合」は、今後の教育の在り方を世界に発信するチャンスであり、あらゆる機会をとらえて教育県としての実績を大いにアピールするための活動が行われた。10〜11月の「国民文化祭」では国内行事ばかりでなく、国際交流事業も行われ、地域の豊かな伝統文化を世界に発信する機会となった。

　その後、コロナ禍に対する規制が緩和され、インバウンドの勢い

が復活しているので、異文化同士で触れ合う機会も拡大している。そうした各地域における体験を通じて平和で豊かな日本文化に対する好感度が高まれば、ソフトな効果が永続することが期待される。

　このように地域における一つ一つの地道な行動（表に示したものはその一例にすぎない）の積み重ねがソフトパワーとなって世界平和に貢献することを認識する必要がある。

国による積極的貢献

　考えてみれば、日本ほど戦後の国際関係において、ソフトパワーを通じて平和維持に貢献した国はない。戦力としての軍隊を持たず、防衛力を維持するための国家予算をGDP比1%に抑えてきた。今後、期待されるのは、現状を変更するような軍事行動を行う強権的国家の動きを抑止するような積極的役割をソフトパワーによってなしうるかどうかである。

G7教育大臣会合で金沢を訪れ、五十間長屋を背に記念撮影する各国代表ら＝2023年5月14日、金沢城公園

図表48　平和維持の枠組み

	ハードパワー	ソフトパワー
グローバル	国連安保理 NATOなどの軍事協定	持続可能な開発目標（SDGs） UNHCR・国境なき医師団 オリンピック大会
国	国防予算（軍事費） 米軍基地費用負担	外交交渉 経済協力（途上国援助） クールジャパン
地域	有人国境離島の管理	文化交流（姉妹都市など） スポーツによる交流 その他

Q 36　ソフトパワーは、どのように浸透し、平和に貢献することになるのですか。

A　いくつか例をあげましょう。

　「経済協力」は、途上国の経済社会開発を支援し、自立を促すのが直接の目的ですが、それによって南北格差（先進国と途上国との格差）が是正され、自由で開かれた世界経済になることが期待されます。それはさらに国際社会の平和と発展に貢献し、わが国の安全と繁栄に資することになります。（"情けは人の為ならず"という格言が思い浮かびます。）

　「オリンピック」の理念について、クーベルタンは「スポーツを通じて心身ともに調和のとれた若者を育成すること、異なる国や地域の人と交流することで互いを尊重し、偏見をなくすこと、スポーツを通じて世界平和を構築すること」と述べています。

食文化を観光戦略の中心に

　観光産業の注目度が高まっている。初期条件として観光資源の有無が問われるが、それ以上に重要なのは集客のための戦略である。種々の条件に恵まれた金沢をはじめとする北陸各地で繰り返し訪問してくれるリピーターを増やすには、「食の強み」を生かすのが一番と考えられる。「食＋体験ツアー＋温泉地」の組み合わせを戦略の中心に据えることが推奨される。

地域の観光資源に着目

　グローバル化の影響もあって２次産業が押され気味であることから、観光を主要産業の一つと位置付ける地域が増えている。それには観光資源に恵まれていることが初期条件として重要なことは言うまでもなく、都市集積が多彩な魅力を生み出す東京や大阪の集客力は別格として、大自然の北海道やサンゴ礁の沖縄が自然条件を生かして観光地として名をはせている。

　歴史文化遺産では京都・奈良の地位が不動である。中でも新幹線など交通の利便性で優位に立つばかりでなく、すぐれた戦略を持つ京都が、現代の観光地としての集客力では先行している。奈良は法隆寺・唐招提寺など創建時の建造物や古い仏像が豊富なのに対して、京都は応仁の乱などの戦乱や火災が多かったため、名刹というほど古い建物は意外に少ないのが現状で、文化的価値では奈良を推す声

も強くなっている。

　これに対して京都では、春の桜、夏の祭、秋の紅葉、冬の雪と切れ目なく季節の風情を楽しめ、人出はあふれるばかりである。桜や紅葉の名所には世界遺産のような権威は必要なく、数多くのコースがあるので何度でも場所を変えて訪れることができるのが強みで、リピーターが多いのもうなずける。これらは長い年月をかけて手塩にかけて整備されたもので、由緒ある建造物の焼失という痛手を補い、新たな観光名所を自ら作り上げようとした気概と戦略が感じられる。

「食＋体験ツアー＋温泉地」

　京都の戦略は金沢をはじめとする北陸にも参考になる。北陸の観光資源は、自然、歴史・文化、伝統産業、食文化、温泉などと多彩である。金沢には「百万石の城下町」という国内唯一のコンセプトがある。地域の経済的発展のためには、これらの資源を活用してリピーターを増やす必要がある。

　その最も効果的な戦略は「食文化の魅力」を前面に押し出すことではないだろうか。自然や建築物などは一度見れば満足するのに対して、北陸の豊富な海産物や和菓子などの味は忘れられない記憶となり、再び訪れてみたくなる確かな誘因として働きかけられる。この強みをさらに生かすために、人気が定着した各種の地場産業の体験ツアーを取り込む必要がある。温泉地が近いことも有利な条件なので、「食＋体験ツアー＋温泉地」といった組み合わせによる2～3泊程度のツアーを提案することなどが考えられる。豊富な観光資源を生かすには確かな戦略が必要であることを肝に銘じるべきである。

図表49 **各地の観光資源など**

	イメージ	代表的な観光資源	象徴的な歌
札幌	北の大自然	冬スポーツ、雪まつり、大平原、羊ヶ丘、ラーメン横丁、ジンギスカン、ビール、ジャガイモ	豊かに稔れる石狩の野に 羊群声なく牧舎に帰り （北大寮歌）
東京	世界の縮図	皇居、国会、タワー、ツリー、ディズニー、球場、雷門、盛り場、劇場、お台場、初詣、ハロウィン	雨の外苑　夜霧の日比谷 いとし羽田のあのロビー （東京の灯よいつまでも）
金沢	百万石の城下町	兼六園、21世紀美術館、温泉、食文化（海産物・和菓子）、地場産業（金箔・友禅）、習い事	君と出逢った香林坊 謡曲がふるふる加賀宝生 （加賀の女）
京都	花と紅葉の古都	桜・紅葉、葵祭・祇園祭・時代祭、御所、桂離宮、二条城、寺社、庭園、大文字送り火、太秦映画村	清水へ祇園をよぎる桜月夜 こよひ逢う人みなうつくしき （与謝野晶子）
奈良	大和路巡礼	建築物（大仏殿・唐招提寺金堂・薬師寺東塔）、仏像（日光月光菩薩・阿修羅・聖観音）、奈良公園	菊の香や奈良には古き仏たち 柿食えば鐘が鳴るなり法隆寺 （芭蕉）（子規）
沖縄	亜熱帯の楽園	サンゴ礁、ビーチリゾート、マリンレジャー、水族館・植物園、マングローブ林、首里城・守礼門	海の青さに空の青 南の風に緑葉の芭蕉 （芭蕉布）

雪つりが雪国の風情を伝える兼六園

Q 37 北陸の観光資源として
何をプレイアップしたらいいでしょうか。

A 　旅で忘れられない思い出になるのは、印象的な風景(ex 富士山)、有名な城(ex 姫路城)、寺社(ex 法隆寺)など。人によっては仏像(大仏)、国宝級の芸術作品(雪舟)なども対象になるでしょう。

　では北陸は？金沢で一度は行きたい兼六園。能登では？と考えると、地震の影響を受けた輪島の朝市、白米の千枚田、見附島(軍艦島)などが思い浮かびます。災害の爪痕から1日も早く立ち直ることを祈るばかりです。

　観光産業の立場からはリピーターを増やす視点が重要になります。どれほど素晴らしい風景でも、何度も繰り返し訪れるものではないようです。では何度でも楽しめるものは何か？それは北陸に来たことがある人に聞いてみればわかります。ほとんどの人は"食べ物がおいしかった"と答えるでしょう。自分が住んでいると気づかないものですが、新幹線で金沢に来た友人・知人は声をそろえて豊富な海産物に舌鼓を打ったと言うはずです。

　あとは温泉地への滞在が欠かせません。北陸新幹線の敦賀延伸で加賀温泉郷や芦原温泉がずっと身近になりました。和倉温泉の再開も待たれます。人気の体験ツアーなども組合せれば旅の魅力が高まること請け合いです。

文化で築く地域の未来

　「まちの魅力」は面積・人口等ではなく、人々の印象・好感度によって決められる。金沢が面積や人口の規模以上に全国の都市の中で上位にランクされているのは、「文化の厚み」等が評価され、アンケート調査で幅広い層の支持を得たためと考えられる。今後は、周辺地域との連携を図ることによって広域的発展の中核をなす都市を目指すことが期待される。

「文化の厚み」が金沢の強み

　「まち」の魅力や住みよさに順位を付ける試みが各種ある。その一つはブランド総研が 2006 年から公表している魅力度ランキングである。2023 年、金沢市が前年の 8 位から 4 位に躍進したことが話題になった。幾多の名だたる「都市」の中で 4 位ともなると、全国でも屈指の高評価を得たことになる。

　金沢の魅力については、グルメや和装体験などに加え、北陸新幹線の敦賀延伸でメディアへの登場機会が増えたことが人気上昇要因となった。結局、幅広く「文化の厚み」を持つことが決定打になると思われる。

　ちなみに世界の中で国力を比較する場合は、最近は軍事力の重要性も増しているが、やはり基本は経済力であり、国連が統一基準を定めた GDP（国内総生産）が重視される。GDP は大きさもあるが、

真の価値は一人当たりで見た生活水準の豊かさにある。これで上位にくるのはルクセンブルクやスイスなどの小国であるところを見ると、本当の経済力（＝豊かさ）は「生産性の高さ」（＝効率）によって決まることが分かる。

主観で決まる都市の魅力度

2023年の都市別魅力度ランキングでも、人口や面積だけが重要な要素ではないことは参考表を見れば明らかである。十傑で人口が最大の横浜（377.2万人）に対して最小の軽井沢はわずか2万人である。また、面積が最大の札幌に対して最小の鎌倉や那覇は1/28程度しかない。

都市の魅力度は、人々の印象や好感度のような主観的要素で決まるものなので、GDPや生産性のような科学的データで示すことは非常に困難である。そこのところをランキング作成者は、インターネットで20〜70代の男女にアンケートをかけ、3万4千人余りの有効回答をもとに1千市区町村のランク付けを行うという方法で示した。アンケート回答の根拠は人々の主観であり、質問項目や集計方式をどう設定するかによって結果が大きく影響されることは容易に想像される。したがって、過去実際にあったように、たまたま下位にランクされた都市からクレームがつくのはあり得ることである。

北陸全体で発展が課題

このランキングを有効活用するには、「冷静に結果を分析し、いい点を伸ばし、足りない点を補う方法を考えること」に尽きると思われる。高い評価を受けた金沢については、よく指摘されるように「一人勝ち」では意味がないので、周辺の都市との連携を図り、県あ

るいは北陸地域全体としての発展を図ることが大きな課題となるであろう。

　この点については、北陸新幹線金沢開業後の地域の発展が、開業当初こそ能登や加賀温泉郷などを含む県内の広い範囲にまで及んだものの、その後次第ににぎわいが金沢に集中するようになった経緯からも学ぶべきである。

図表50　**市区町村の魅力度ランキング**

順位	市区町村	人口	面積	みどころ(周辺含む)
1	札幌市(北海道)	195.8	1121.3	大通公園、雪まつり、スキー、時計台、ビール、ラーメン、酒場
2	京都市(京都府)	144.3	827.8	千年の都、世界遺産の寺社、三大祭り、桜と紅葉、京料理
3	函館市(北海道)	24.1	677.9	夜景、五稜郭、修道院、温泉、大沼・駒ヶ岳、海産市場
4	**金沢市(石川県)**	**45.8**	**468.6**	**百万石の城下町・武家屋敷、工芸、茶屋街、温泉、加賀料理**
5	鎌倉市(神奈川県)	17.2	39.7	鶴岡八幡宮、あじさい寺、大仏、五山、江ノ電、七里ガ浜、小町通
6	神戸市(兵庫県)	150.0	557.0	メリケンパーク、夜景、異人館、中華街、神戸牛、洋菓子
7	横浜市(神奈川県)	377.2	437.5	夜景クルーズ、みなとみらい、山下公園、三溪園、中華街
8	小樽市(北海道)	10.7	243.8	運河・石造倉庫群・クルーズ、市総合博物館、海産物
9	那覇市(沖縄県)	31.2	39.6	首里城、国際通り、民謡ライブ、サンゴ礁、沖縄料理
10	軽井沢町(長野県)	2.0	156.0	高級別荘地、ゴルフ、教会、美術館、ホテル、ショッピング

人口(万人):2023年
面積(k㎡):2015年

Q38 統計指標で下位にランクされてクレームをつける、などということがあるのですか。

A 　かつて GDP（国内総生産）でなく GNP（国民総生産）が使われていたころの話ですが、あまりに生産重視の政策が批判され、公害から国民を守ることが大事だという声が高まったことに対応して、新しい考え方の指標の開発に力が注がれました。その結果、NNW（純国民福祉）や国民生活指標（NSI）などが公表されました。

　そうした指標を作ってみると地域の評価が変わり、順位に変動が生じました。県民総生産や県民所得で上位だった関東地方のある県が、新しい指標で最下位になったのです。それは、当時、人口増加のスピードが速く、各種施設の整備が追い付かなかったことなどが原因なのですが、さすがに最下位では印象が良くないので、推計方法が納得できないとクレームを付けたのが真相だと言われます。

　結局、どのような統計でも、作成段階で主観的な要素が入りこむ余地があると批判を受けやすくなります。できる限り主観を排し、客観的に作成するよう努めることが大事です。

　OECD（経済協力開発機構）などの国際機関でも、新しい指標の検討は行われています。ブータンの GNH（国民総幸福量）の考え方が、かつて大きな話題になったように、これからもいろいろな統計が登場するでしょう。

｜　あとがき　｜

　本書で注目したのは、北陸地方の地域資源である。地域資源を通じて、北陸の強みを発見し、それを活用していくことが、地域を豊かにするのではないか、という問題意識で制作した。地域資源として取りあげたテーマの中には、空き家の問題など、負の地域資源も含んでいる。本書は、このような問題についても解決の糸口を探ることに取り組んでいる。それが地域の強みになると考えているからだ。

　不幸なことに、本書の作成中であった2024年1月1日に、能登半島を大地震が襲った。2024年3月に北陸新幹線が敦賀まで延伸することで、北陸地方には2015年の金沢開業以来の追い風が吹くと期待が膨らむ中での大惨事である。能登半島を襲った地震は、数多くの観光資源を台無しにしただけでない。能登半島沖での漁業や能登牛で有名な畜産業界にも被害を与え、「食」に期待し、北陸にやってくる観光需要にも大きな損失を与えることになった。失われるのは、観光資源や需要だけではない。今後の北陸地方から人材という復興に欠かせない人的資源も流出していくかもしれない。
　北陸新幹線の敦賀延伸という追い風が吹いていた北陸地方は、一転、震災以降、強い向かい風を受けることを余儀なくされた。このような強い向かい風が吹いている今こそ、次の名言を思い出したい。

「逆境に陥ったら思い出せ。飛行機は向かい風があるから飛び立てる。追い風に運ばれるわけではないのだ。」
　When everything seems to be going against you, remember that the airplane takes off against the wind, not with it.（by Henry Ford）

　著名な実業家であるヘンリー・フォード（フォード社の創設者）の言葉である。向かい風があったからこそ、強く生き、新しい未来へ飛び

立つことができたと振り返ることができるようにありたい。向かい風があるからこそ、もう一度、地域が結束し、地域を強くする戦略を考えるきっかけとなるはずだ。

　本書の50に及ぶテーマは、北國総研ウィークリーレポートで定期的に発信してきた内容を加筆修正し、コラム（Q&A）を加えることで関連事象への関心を広げている。北陸だけではなく、地方で共通する問題を扱っており、本書の内容が地域政策や地域のマーケティング、観光戦略に役立つことを願っている。

謝　辞

　最後に、本書の作成において、協力いただいた方々に感謝の意を表します。著書の中で掲載した写真は、北陸を代表する会社、そして金沢学院大学の在学生や卒業生から提供いただきました。写真の提供では、拒まれることはなく、逆に活用してほしいとの声をいただき、大変感謝している次第です。本書の制作では、北國新聞社出版部の協力を得ております。この場を借りて、深く御礼申し上げます。

大野尚弘

大野　尚弘（おおの・たかひろ）

　1970年、富山県生まれ。94年、明治大学商学部卒業。99年、神戸大学大学院経営学研究科博士課程単位取得（修士＜商学＞）。現在、金沢学院大学経済学部経営学科教授。北國総合研究所研究員。

　著書に『PB戦略　その構造とダイナミクス』（千倉書房、2010年）、『小売業革新』（共著、千倉書房、2010年）、『1からの流通論　第2版』（共著、碩学舎、2018年）、『北陸から見る日本経済』（共著、北國新聞社、2020年）等。

根本　博（ねもと・ひろし）

　1948年、東京都生まれ。71年、東京大学経済学部卒業。同年から99年まで経済企画庁（現内閣府）に在籍。この間、米国ブルッキングス研究所（客員）、タイ王国政府（JICA派遣）、国土庁（現国土交通省）、大蔵省（現財務省）等に勤務。2003年から金沢学院大学教授、現在特任教授。北國総合研究所研究員。

　編著に『ボランタリー経済と企業』（日本評論社、2002）、著書に『人にやさしい経済学』（北國新聞社、2015）、『北陸から見る日本経済』（共著、北國新聞社、2020）等。

北陸の強みを引き出す地域資源

2024（令和6）年5月20日　第1版第1刷発行

著　者　大野尚弘、根本　博

発　行　北國新聞社
　　　　〒920-8588
　　　　石川県金沢市南町2番1号
　　　　電話 076-260-3587（出版部直通）
　　　　FAX 076-260-3423
　　　　E-mail syuppan@hokkoku.co.jp

ISBN 978-4-8330-2312-2

♨ **『新潟日帰り温泉パラダイス』温泉早見表** ♨

本書に掲載している日帰り温泉施設について、それぞれ泉質、pHを表示してあります。新潟県の温泉は泉質も実にさまざま。ぜひお出かけの際の参考にしてください。なお、泉質、pHについては、各施設よりご回答をいただきました。

― 温泉の **泉質** について ―

温泉の泉質は含まれている化学物質の種類とその含有量によって決められ、以下のように10種類に分類できます。（一般社団法人日本温泉協会ホームページより）
温泉が療養泉の基準に満たない場合は泉質名はなく、温泉分析表に「温泉法上の温泉」または「温泉法第2条に該当する温泉」と記載されています（左の表では「その他」に分類しています）。

❶ 単純温泉

溶存物質量（ガス性のものを除く）が1000mg／kg未満で、湧出時の温度が25℃以上のもの

❷ 塩化物泉

溶存物質量（ガス性のものを除く）が1000mg／kg以上で、陰イオンの主成分が塩化物イオンのもの

❸ 炭酸水素塩泉

溶存物質量（ガス性のものを除く）が1000mg／kg以上あり、陰イオンの主成分が炭酸水素イオンのもの

❹ 硫酸塩泉

溶存物質量（ガス性のものを除く）が1000mg／kg以上で、陰イオンの主成分が硫酸イオンのもの

❺ 二酸化炭素泉

遊離二酸化炭素炭酸が1000mg／kg以上含まれているもの

❻ 含鉄泉

総鉄イオン（鉄Ⅱまたは鉄Ⅲ）が20mg／kg以上含まれているもの

❼ 酸性泉

水素イオンが1mg／kg以上含まれているもの

❽ 含よう素泉

よう化物イオンが10mg／kg以上含まれているもの

❾ 硫黄泉

総硫黄が2mg／kg以上含まれているもの

❿ 放射能泉

ラドンが8.25マッヘ以上（30×10^{-10}キュリー以上、Ⅲベクレル以上）含まれているもの

目 次

新潟 日帰り温泉パラダイス
市町村別 分布 MAP

※湯めぐりスタンプの対象温泉を赤字で表記しています。
※地図上の場所はおおよその位置です。

pH	その他	⑩ 放射能泉
7.7		
7.8		
7.8		
8.6		
8.7		
8.7		
8.4		
7.4		
7.1		
7.11		
9.4		
8.7		
6.4		
7.72		
7.98		
8.7		
7.1		●
7.7		
8.32	●	
8.8		
7.2		
－		
9.1		
7.6/8.3/9.1		
8.2		●
		●
9.54		
7.93		
7.6/7.91		
7.6		
7.9		
6.8		
7.32	●	
7.2		
9.0	●	
8.3		
7.3		
7.8		
8.3		
8.7		
7.7		
8.0		

pH	その他	⑩放射能泉	⑨硫黄泉	⑧含よう素泉	⑦酸性泉	⑥含鉄泉	⑤二酸化炭素泉	④硫酸塩泉	③炭酸水素塩泉	②塩化物泉	①単純温泉	泉質・pH／施設名
8.5											●	桂温泉
7.4											●	旬食・ゆ処・宿　喜芳
8.2									●			千年の湯
8.4									●			ミオンなかさと
7.7										●		ゆくら妻有
8.1											●	ぽんしゅ館酒風呂 越後湯沢驛店
7.7										●		奥湯沢・貝掛温泉
8.3											●	宿場の湯
－								●		●		てじまや
9.1											●	ゆもとかん
8.2											●	クアハウス津南
8.18											●	リバーサイド津南
7.8										●		ニュー・グリーンピア津南
9.2											●	しなの荘
7.8											●	鷹の湯
7.6											●	雲海
7.1											●	ナステビュウ湯の山
8.4									●		●	楽寿の湯
8.1										●	●	和みのお宿　滝乃湯
7.6											●	石打ユングパルナス
－											●	金城の里
上　越												
7.6										●		ゆったりの郷
7.0											●	深山荘
7.8	●											大滝荘
7.0								●	●			滝の湯
7.0			●									大平やすらぎ館
7.6										●		ひすいの湯
7.3										●		久比岐野
8.1											●	アルペンブリックスパ日帰り温泉
7.9										●		鵜の浜人魚館
－											●	くわどり湯ったり村
8.2									●			龍雲荘
8.4	●											ゆとり館
山形・福島・長野												
8.7／7.9									●		●	賜の湯
6.8										●		宝寿の湯
7.9											●	蔵の湯
7.6								●				原瀧
8.0								●				御宿　東鳳
8.6											●	いいやま湯滝温泉
7.84										●		ホテルタングラム
6.39										●		天狗の館

中越

㉚八木ヶ鼻温泉

いい湯らてい

ペア優待券（入湯税150円で入浴できる）
ペア5組様

八木ヶ鼻を愛でながら多彩な湯船にまどろむ

それぞれに趣の異なる景観が望める「数寄の湯」と「和楽の湯」の二つの浴場があり、奇数・偶数日で男湯、女湯が入れ替わる。蒸気と光の演出で心身ともに癒やしてくれるウォーターセレモニーサウナ、山のように積み上げた岩石から蒸気を発生させるロッキーサウナなど体を温めたあとは、屋外に出て露天風呂に足を浸しながら八木ヶ鼻を眺めるのもいいだろう。

館内の設備はまるでホテルを思わせるぜいたくさ。畳敷きの休憩室のほかチャイルドコーナーやテレビ付きのリクライニングコーナーもあるので、家族連れには最適だ。クレンジングや化粧水、乳液など充実したアメニティーは女性客から好評を得ている。

天風呂からは八木ヶ鼻を一望できる
食事処はくちょうでは八木ヶ鼻を目の前に食事ができる
"おひとり様"でもゆったりとした時間をお過ごしいただけます
のきの香りに包まれながら入浴できる露天風呂
と茶で統一された開放感溢れるロビー

50

露天風呂の有無
曜日・期間限定の開設や、男女日替わりなどの場合があります

サウナの有無
人数制限や一時休止の場合があります

食事処の有無
営業時間が限られていたり、軽食のみの場合もあります

ロッカーの有無
無料の場合と有料（返還式）の場合があります

飲食物の持ち込みの可否
さまざまな条件付きの場合があります

タオルの有無
入館料に含まれている場合と別途料金が必要な場合があります

シャンプー・リンスの有無

ボディソープ・せっけんの有無

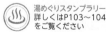
湯めぐりスタンプラリー
詳しくはP103～104をご覧ください

読者プレゼント
詳しくはP103、105をご覧ください

ミッツリターン
ミッツリターンの参加施設です。施設によって条件が異なります。詳しくは左ページをご覧ください

●本書に掲載した各施設のデータは2024年2月末日時点での調査によるものです。料金や営業時間、休館日などは変更になる場合がありますので、あらかじめご了承ください。ご利用に際しては、それぞれの施設にお問い合わせの上、ご確認ください。

●宿泊料金は、基本的に1泊2食付きの最低料金（大人）を記載しました。曜日・季節・人数によって異なります。また、特別の表記がない場合は税込金額で表示してあります。ご利用の際にはあらためて各施設へご確認ください。

●地図は、各施設のおおまかな位置を示した概略図です。詳しい地図帳などで、あらためてご確認ください。

●住所表示、地図は2024年2月現在のものです。　●データ欄上のマークは上のとおりです。

3R 大好評です!! 「ミッツリターン」

各施設の条件に従って3回通うと、4回目にお得なサービスが待っているといううれしい常連さん優遇企画です。お気に入りの施設であれば、3回もクーポンが利用できる上に、4回目に更なるサービスが待っている！どんどんご利用ください。

※施設によって2回目3回目および4回目のサービスが異なります。よくご確認のうえご利用ください。

湯めぐりスタンプラリーの参加施設です。
詳しくはP103-104をご覧ください。

特典の利用条件を守って温泉をお楽しみください。

- ●各施設の「特典」は、原則（「ミッツリターン」を除く）本誌1冊につき、1名1回限り有効です。ただし、複数人利用可能など例外がある場合は、クーポン欄の注意事項に記載されています。
- ●「特典」を受ける場合には、必ず本誌を持参し、該当施設が掲載されているページを提示して、施設側の確認を得てください。本誌のページを切り離してのご利用はできませんのでご注意ください。
- ●温泉施設側がクーポン欄に押印等がないことを確認し、利用許可の押印もしくはサイン後に「特典」を受けることができます。既になんらかの押印やサインがある場合は「特典」の利用ができません。
- ●温泉施設を利用せずに「クーポン特典」だけのご利用はできません。
- ●他のサービス・クーポン券等との併用はできません。
- ●特典の有効期限は原則として2025年3月末日ですが、施設により別途定めた利用期限を設けている場合があります。クーポン欄の注意事項をご確認ください。
- ●「クーポン特典」に記載されている内容をよくご確認の上、ご利用ください。
- ●施設の事情による清掃中や点検中、休業期間中など「特典」がご利用いただけない場合があります。
- ●**その他、特別な事情により、「特典」の内容が変更となったり中止したりする場合があります。あらかじめご了承ください。**
- ●温泉施設側が重大なマナー違反と判断した場合は「特典」を受けることができません。

●入浴に際しては、貴重品の管理に注意し、また他人に迷惑のかからないように、各施設のルールを守ってご利用ください。
●各設備の利用条件に変更などが生じる場合があります。詳細は各施設にお問い合わせください。

温泉は 10 種類

大きく分けると >>>

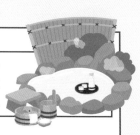

1 単純温泉

万人にやさしい湯。含有成分の量が一定値に達していないため刺激が少なく、もっとも湯あたりしにくい泉質です。

♨ 家族の湯
子供からお年寄りまで安心して入れる優しい泉質

♨ 美肌の湯
（弱）アルカリ性単純温泉は「美肌の湯」

2 塩化物泉

新潟の温泉によくある泉質です。海水の成分に似た塩分を含み、塩辛い無色透明の湯です。

♨ 温まりの湯（熱の湯）
塩の成分でコーティングされ、湯冷めしにくい

♨ 傷の湯
塩の殺菌効果で傷に効く

3 炭酸水素塩泉

皮膚の脂肪や分泌物を乳化して洗い流すため、石鹸のように皮膚を洗浄します。また、皮膚を滑らかにするためツルツル美肌効果もあります。

4 硫酸塩泉

塩化物泉同様、肌に温泉成分が付着し「温泉パック」のような状態をつくるので、入浴後も肌がしっとり、湯冷めもしにくいです。

♨ クレンジングの湯
ナトリウム—炭酸水素塩泉（重曹泉）は典型的な「美肌の湯」

♨ 清涼の湯（冷えの湯）
入浴後、皮膚からの水分の発散が盛んになり清涼感がある

5 二酸化炭素泉

文字通り二酸化炭素（炭酸ガス）を含む温泉です。入浴すると小さな気泡が身体に付着するため「泡の湯」ともいわれています。

♨ 脳卒中（中風）の湯
動脈硬化症に効果があり、鎮静作用や血圧の降下作用もあり

♨ 傷の湯
切り傷、火傷などに効く

♨ 若返りの湯（肌の蘇生効果）

pH （水素イオン濃度指数）とは

pH2～3未満	3～6未満	6～7.5未満	7.5～8.5未満	pH8.5～
酸性（pH2未満強酸性）	弱酸性	中性	弱アルカリ性	アルカリ性（pH10以上強アルカリ）

「ペーハー」もしくは「ピーエイチ」と読みます。7が中性（真ん中）でそれより低いと酸性、高いとアルカリ性を示します。もともとお肌は弱酸性（pH4.5 ～ 6.0）。酸性が強い／アルカリ性が強いと肌にも刺激が強い温泉といえます。

6 含鉄泉

♨ 心臓の湯
血管拡張作用で、心臓に負担をかけずに血行を促進する

♨ 婦人の湯
貧血、更年期障害、月経障害、冷え性など女性に見られがちな症状に効果的

浴用ではよく温まり、飲用では胃酸の分泌を高め、鉄を吸収しやすくし、貧血への効果が高まります。

7 酸性泉

♨ 皮膚病の湯
強い酸性の殺菌効果がある

殺菌効果に優れた温泉です。お隣の群馬・草津温泉や山形・蔵王温泉が強酸性泉で有名です。

8 含よう素泉

うがい薬や傷薬でもお馴染みのヨウ素は活性度の高い元素で、その強い酸化力で殺菌作用を発揮します。

9 硫黄泉

♨ 体質改善の湯
飲用の適応症に「高コレステロール血症」がある泉質

もっとも温泉らしい匂いがします。また成分によりお湯の色が、月岡温泉のようなエメラルドグリーンや、燕温泉のような乳白色になります。

10 放射能泉

♨ シミ予防の湯／シミ抜きの湯
メラニンを分解する

♨ 生活習慣病の湯／メタボの湯
動脈硬化症、高血糖、高血圧などに効く

♨ 万病の湯
効果の幅が広い

♨ 痛風の湯
入浴の適応症に痛風（高尿酸血症）がある
唯一の泉質

放射能泉だけはどうやったって感知できない、と温泉名人に言わしめるほど。見た目や浴感に特徴がなく無味無臭。

❶ 朝日みどりの里
まほろば温泉

住みよく美しい「まほろば」の地に湧く効能豊かなお湯

目の前に雄大な自然の大パノラマが広がる内湯は明るくて開放的

道の駅朝日や農産物直売所、食堂、物産会館などがその中にあるまほろば温泉は、地下1300メートルからわき出る豊富な湯量と優れた効能を誇り、とろりとしたやわらかなお湯は「美人の湯」として人気が高い。

4月〜11月

【入浴料金】
大人（中学生以上）……500円
小人（小学生）………250円

バスタオルレンタル　100円
フェイスタオル販売　180円

泉質 ナトリウム硫酸塩・塩化物・炭酸水素塩泉(低張性弱アルカリ性高温泉)

営 午前10時〜午後9時(最終入館午後8時30分)
休 毎月最終火曜日(月により変更あり)、12月31日、1月1日
☎ 0254-72-6627
村上市猿沢1215

❷ 勝木ゆり花温泉
ゆり花会館

県北の温泉で出合う無上のやすらぎ

広々とした内湯と露天風呂でゆっくりできる

浴場は大浴場と小浴場があり、不定期で男湯、女湯が入れ替わる。福祉センターの一部を開放している施設だけに、食堂やアルコール・たばこの販売はないが、持ち込みは自由だ。

【入浴料金】
大人……………………350円
小学生…………………100円

泉質 ナトリウム・カルシウム－硫酸塩泉

料 休憩室(個室)利用料＝650円〜(時間帯によって異なる)、冷暖房を使用の場合は利用料の倍額
営 午前9時〜午後9時(最終入館午後8時30分)
休 第2木曜(7月・8月は無休)、12月31日の午後3時〜、1月1日
☎ 0254-77-3991
村上市勝木862-1

❸ 山北ゆり花温泉

交流の館「八幡」

山形県との県境に位置し、名勝笹川流れも近い。廃校となった学校を改装して地域の伝統に触れ、交流を図る施設として開業。源泉はナトリウム・カルシウム硫酸塩泉でやわらかな感触が疲れた体に心地よい。

山北の伝統に触れ、温泉に浸かれば身も心もゆったりなごむ

大きな岩に囲まれた浴槽に透明感のある湯が注がれている

クーポン券
大人入浴料
50円割引
グループ2名様まで有効
有効期限2025年3月末日

確認印

【入浴料金】
大人 …………… **350円**
小人 …………… **100円**

泉質 ナトリウム・カルシウム－硫酸塩温泉

🕐 午前11時～午後6時
🈺 第4月曜日（祝日営業）、年末年始
※変更あり、要確認
☎ **0254-60-5050**
村上市勝木1099-1

---

❹ 瀬波温泉 ③R

ゆ処そば処 磐舟

66段の階段を上りきった先にある大浴場は豊富な湯量を誇る源泉かけ流し。高台にあるので、露天風呂では日本海の眺望を存分に堪能できる。

日本海の絶景と夕陽を堪能

晴れた日の眺望は見事だが、夕暮れ時もすばらしい。季節ごとに日没時刻をチェックして狙うべし

    ¥0 別料金

3つりターン／クーポン券
大人入浴料
100円割引
ご本人様のみ
有効期限2025年3月末日

1回目

1回目と同じ
2回目

お一人様のみ
入浴料無料

4回目

1回目と同じ
3回目

【入浴料金】
大人（中学生以上）
…………… **700円**
こども（4歳～小学生）
…………… **400円**

泉質 ナトリウム－塩化物温泉

🕐 午前10時～午後10時（受付は午後9時まで）
🈺 毎週木曜
※宿泊可 1泊朝食付き1人7,200円～（料金は人数、曜日、季節で変わります）
☎ **0254-50-7488**
村上市瀬波温泉3-2-30

城下町村上　町屋めぐり

　かつては村上藩の城下町として賑わった村上市。現在でも、その頃を思わせる町屋が市内随所に点在する。古いものでは築300年を超えるそれらの町屋には、今も実際に人が住んでおり、多くが観光客へも公開されている。また、村上市では「人形さま巡り」「屏風まつり」など、手づくりのまつりが多く開催され、訪れる人々を楽しませている。その時期をねらって出かけるのもおすすめだ。

安善小路（黒塀通り）

町屋の人形さま巡り

町屋の屏風まつり

問い合わせ先／村上駅前観光案内所
TEL／0254-53-2258
URL／https://www.sake3.com/
営業時間／午前9時～午後5時

瀬波温泉

　明治37年に噴出した瀬波温泉は、今年開湯120年を迎えます。噴湯公園の源泉脇では約95℃の熱い源泉で温泉たまご作りができます。瀬波温泉観光案内センターでは温泉宿の紹介、観光案内や生たまごの販売も。周囲には無料の足湯もあるので、ぜひご利用ください。

噴湯公園

瀬波温泉
観光案内センター

温ったか広場
「コンコンちゃん足湯」

●瀬波温泉
観光案内
センター

すゞきケ池

あったか
広場

瀬波温泉 噴湯公園

●龍泉

至瀬波温泉トンネル・
至村上駅

問い合わせ先／瀬波温泉観光案内センター
TEL／0254-52-2656
営業時間／午前9時～午後6時（水曜定休）
※生たまご 1個50円（笹川流れの塩付き）
URL／http://www.senami.or.jp/

瀬波温泉観光案内センターにて、
本誌持参の方に限り「生たまご」を1個プレゼント！

●お一人様1冊につき1回まで利用可能です
●プレゼントを受け取るさいは本誌を提示し、押印またはサインをもらってください
●すでに何らかの押印、またはサインなどがある場合は、プレゼントを受け取ることができません

確認印

本書に掲載している日帰り温泉施設について、それぞれ泉質、pHを表示してあります。新潟県の温泉は泉質も実にさまざま。ぜひお出かけの際の参考にしてください。なお、泉質、pHについては、各施設よりご回答をいただきました。

温泉の 泉質 について

温泉の泉質は含まれている化学物質の種類とその含有量によって決められ、以下のように10種類に分類できます。（一般社団法人日本温泉協会ホームページより）
温泉が療養泉の基準に満たない場合は泉質名はなく、温泉分析表に「温泉法上の温泉」または「温泉法第2条に該当する温泉」と記載されています（左の表では「その他」に分類しています）。

① 単純温泉

溶存物質量（ガス性のものを除く）が1000mg／kg未満で、湧出時の温度が25℃以上のもの

② 塩化物泉

溶存物質量（ガス性のものを除く）が1000mg／kg以上で、陰イオンの主成分が塩化物イオンのもの

③ 炭酸水素塩泉

溶存物質量（ガス性のものを除く）が1000mg／kg以上あり、陰イオンの主成分が炭酸水素イオンのもの

④ 硫酸塩泉

溶存物質量（ガス性のものを除く）が1000mg／kg以上で、陰イオンの主成分が硫酸イオンのもの

⑤ 二酸化炭素泉

遊離二酸化炭素炭酸が1000mg／kg以上含まれているもの

⑥ 含鉄泉

総鉄イオン（鉄Ⅱまたは鉄Ⅲ）が20mg／kg以上含まれているもの

⑦ 酸性泉

水素イオンが1mg／kg以上含まれているもの

⑧ 含よう素泉

よう化物イオンが10mg／kg以上含まれているもの

⑨ 硫黄泉

総硫黄が2mg／kg以上含まれているもの

⑩ 放射能泉

ラドンが8.25マッヘ以上（30×10⁻¹⁰キュリー以上、Ⅲベクレル以上）含まれているもの

148

目 次

新潟 日帰り温泉パラダイス

市町村別 分布 MAP

※湯めぐりスタンプの対象温泉を赤字で表記しています。
※地図上の場所はおおよその位置です。

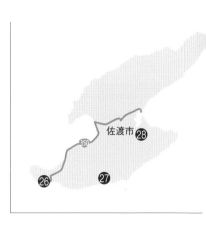

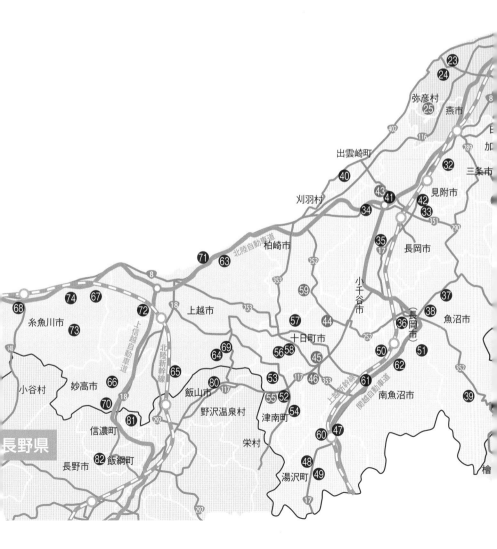

pH	その他	⑩放射能泉	⑨硫黄泉	⑧含よう素泉	⑦酸性泉	⑥含鉄泉	⑤二酸化炭素泉	④硫酸塩泉	③炭酸水素塩泉	②塩化物泉	①単純温泉	泉質・pH / 施設名
								下　越				
7.7								●	●	●		まほろば温泉
7.8								●				ゆり花会館
7.8								●				交流の館「八幡」
8.6			●							●		ゆ処そば処　磐舟
8.7										●		野天風呂 湯元　龍泉
8.7										●		松風荘
8.4								●	●			ロイヤル胎内パークホテル
7.4				●		●				●		塩の湯温泉
7.1				●						●		ざぶ〜ん
7.11								●		●		あやめの湯
9.4											●	清川高原保養センター
8.7								●	●			城山温泉
6.4								●				赤湯
7.72								●		●		寿の湯
7.98								●	●			ブナの宿　小会瀬
8.7			●									七福荘
7.1										●		やすらぎ
7.7										●		村松さくらんど温泉
8.32	●											花の湯館
8.8										●		ごまどう湯っ多里館
7.2									●			花水
−									●			関根旅館
9.1										●		じょんのび館
7.6/8.3/9.1			●							●		だいろの湯
8.2			●							●		さくらの湯
								佐　渡				
9.54											●	御宿おぎの湯
7.93								●		●		あかどまり城が浜温泉
7.6/7.91										●		新穂潟上温泉
								中　越				
7.6										●		妙湲和樂　嵐渓荘
7.9								●				いい湯らてい
6.8									●	●		美人の湯
7.32	●											森の湯小屋 さぎの湯 しらさぎ荘
7.2										●		麻生の湯
9.0	●											灰下の湯
8.3									●	●		湯どころ　ちぢみの里
7.3								●		●		見晴らしの湯　こまみ
7.8											●	神湯とふれあいの里
8.3											●	ゆ〜パーク薬師
8.7											●	白銀の湯
7.7										●		雪割草の湯
8.0									●	●		寺宝温泉

中　越

3R　ペア優待券（入湯税150円で入浴できる）ペア5組様

⑳八木ヶ鼻温泉
いい湯らてい

八木ヶ鼻を愛でながら多彩な湯船にまどろむ

それぞれに趣の異なる景観が望める「数寄の湯」と「和楽の湯」の二つの浴場があり、奇数・偶数日で男湯・女湯が入れ替わる。蒸気と光の演出で心身ともに癒やしてくれるウォーターセレモニーサウナ、山のように積み上げた岩石から蒸気を発生させるロッキーサウナなどで体を温めたあとは、屋外に出て露天風呂に足を浸しながら八木ヶ鼻を眺めるのもいいだろう。

館内の設備はまるでホテルを思わせるぜいたくさ。畳敷きの休憩室のほかチャイルドコーナーやテレビ付きのリクライニングコーナーもあるので、家族連れには最適だ。クレンジングや化粧水、乳液など充実したアメニティーは女性客から好評を得ている。

50

天風呂からは八木ヶ鼻を一望できる
食事処はくちょうでは八木ヶ鼻を目の前に食事ができる
"ひとり様"でもゆったりとした時間をお過ごしいただけます
のきの香りに包まれながら入浴できる露天風呂
と茶で統一された開放感溢れるロビー

露天風呂の有無　曜日・期間限定の開設や、男女日替わりなどの場合があります

サウナの有無　人数制限や一時休止の場合があります

食事処の有無　営業時間が限られていたり、軽食のみの場合もあります

ロッカーの有無　無料の場合と有料（返還式）の場合があります

飲食物の持ち込みの可否　さまざまな条件付きの場合があります

タオルの有無　入館料に含まれている場合と別途料金が必要な場合があります

シャンプー・リンスの有無

ボディソープ・せっけんの有無

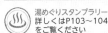
湯めぐりスタンプラリー　詳しくはP103〜104をご覧ください

読者プレゼント　詳しくはP103、105をご覧ください

ミッツリターン　ミッツリターンの参加施設です。施設によって条件が異なります。詳しくは左ページをご覧ください

●本書に掲載した各施設のデータは2024年2月末日時点での調査によるものです。料金や営業時間、休館日などは変更になる場合がありますので、あらかじめご了承ください。ご利用に際しては、それぞれの施設にお問い合わせの上、ご確認ください。
●宿泊料金は、基本的に1泊2食付きの最低料金（大人）を記載しました。曜日・季節・人数によって異なります。また、特別の表記がない場合は税込金額で表示してあります。ご利用の際にはあらためて各施設へご確認ください。
●地図は、各施設のおおまかな位置を示した概略図です。詳しい地図帳などで、あらためてご確認ください。
●住所表示、地図は2024年2月現在のものです。　●データ欄上のマークは上のとおりです。

pH	その他	⑩ 放射能泉	⑨ 硫黄泉	⑧ 含よう素泉	⑦ 酸性泉	⑥ 含鉄泉	⑤ 二酸化炭素泉	④ 硫酸塩泉	③ 炭酸水素塩泉	② 塩化物泉	① 単純温泉	泉質・pH 施設名
8.5											●	桂温泉
7.4											●	旬食・ゆ処・宿　喜芳
8.2									●			千年の湯
8.4									●			ミオンなかさと
7.7										●		ゆくら妻有
8.1											●	ぽんしゅ館酒風呂　越後湯沢驛店
7.7										●		奥湯沢・貝掛温泉
8.3											●	宿場の湯
−								●		●		てじまや
9.1											●	ゆもとかん
8.2											●	クアハウス津南
8.18											●	リバーサイド津南
7.8										●		ニュー・グリーンピア津南
9.2											●	しなの荘
7.8										●		鷹の湯
7.6										●		雲海
7.1										●		ナステビュウ湯の山
8.4									●	●		楽寿の湯
8.1										●	●	和みのお宿　滝乃湯
7.6										●		石打ユングパルナス
−											●	金城の里
上越												
7.6										●		ゆったりの郷
7.0											●	深山荘
7.8	●											大滝荘
7.0								●	●			滝の湯
7.0			●									大平やすらぎ館
7.6										●		ひすいの湯
7.3										●		久比岐野
8.1											●	アルペンブリックスパ日帰り温泉
7.9										●		鵜の浜人魚館
−											●	くわどり湯ったり村
8.2									●			龍雲荘
8.4	●											ゆとり館
山形・福島・長野												
8.7／7.9										●	●	賜の湯
6.8										●	●	宝寿の湯
7.9											●	蔵の湯
7.6								●				原瀧
8.0								●				御宿　東鳳
8.6											●	いいやま湯滝温泉
7.84										●		ホテルタングラム
6.39										●		天狗の館

3R 大好評です!!「ミッツリターン」

各施設の条件に従って3回通うと、4回目にお得なサービスが待っているといううれしい常連さん優遇企画です。お気に入りの施設であれば、3回もクーポンが利用できる上に、4回目に更なるサービスが待っている！どんどんご利用ください。

※施設によって2回目3回目および4回目のサービスが異なります。よくご確認のうえご利用ください。

3つリターン／クーポン券
上記通常料金より
100円割引
グループ3名様まで有効
有効期限2025年3月末日

お一人様のみ
入浴料無料
タオルセット別途150円

4回目

1回目のサービス
2回目のサービス
1回目と同じ
3回目のサービス
1回目と同じ
4回目のサービス

湯めぐりスタンプラリーの参加施設です。
詳しくは P103-104 をご覧ください。

特典の利用条件を守って温泉をお楽しみください。

●各施設の「特典」は、原則（「ミッツリターン」を除く）本誌1冊につき、1名1回限り有効です。ただし、複数人利用可能など例外がある場合は、クーポン欄の注意事項に記載されています。

●「特典」を受ける場合には、必ず本誌を持参し、該当施設が掲載されているページを提示して、施設側の確認を得てください。本誌のページを切り離してのご利用はできませんのでご注意ください。

●温泉施設側がクーポン欄に押印等がないことを確認し、利用許可の押印もしくはサイン後に「特典」を受けることができます。既になんらかの押印やサインがある場合は「特典」の利用ができません。

●温泉施設を利用せずに「クーポン特典」だけのご利用はできません。

●他のサービス・クーポン券等との併用はできません。

●特典の有効期限は原則として2025年3月末日ですが、施設により別途定めた利用期限を設けている場合があります。クーポン欄の注意事項をご確認ください。

●「クーポン特典」に記載されている内容をよくご確認の上、ご利用ください。

●施設の事情による清掃中や点検中、休業期間中など「特典」がご利用いただけない場合があります。

●**その他、特別な事情により、「特典」の内容が変更となったり中止したりする場合があります。あらかじめご了承ください。**

●温泉施設側が重大なマナー違反と判断した場合は「特典」を受けることができません。

●入浴に際しては、貴重品の管理に注意し、また他人に迷惑のかからないように、各施設のルールを守ってご利用ください。
●各設備の利用条件に変更などが生じる場合があります。詳細は各施設にお問い合わせください。

中越

☎0256-41-3011

【入浴料金】
大人……………9
※午後5時以降700円
タオル、館内着 各150円
こども（小学生）……6
※午後5時以降400円
タオル、館内着150円
未就学児童

泉質 ナトリウム・カルシウム
料 個室(14畳・12畳)3時間2,100
営 午前10時〜午後9時
休 第3水曜(祝日営業、翌日休)、12
効 神経痛、筋肉痛、関節痛、慢性消
浴 大浴槽、ジェットバス、パイプラ
ろびの湯、マグマ風呂、露天風
マッサージ、スチームサウナ、ロ
ナ、ウォーターセレモニーサウナ
備 ドライヤー、化粧品、シャンプー
ディーソープ、ブラシなど
設 レストラン、大広間、無料休憩室、
ナー、リクライニングコーナー、側
クゼーションルーム、個室、宴会場
泊 なし
交 北陸自動車道三条燕ICから
由で45分、JR信越本線東三条駅か
P 250台

三条市南五百川16-1

湯めぐりスタン

3つリターン／クーポン券
上記通常料金より
100円割引
グループ3名様まで有効
有効期限2025年3月末日

お一人様のみ
入浴料無料
タオルセット別途150円

4回目

クーポン
COUPON

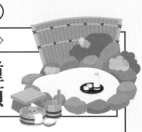

温泉ソムリエ長尾さんに聞く！

大きく分けると >>>

温泉は10種類

1 単純温泉

万人にやさしい湯。含有成分の量が一定値に達していないため刺激が少なく、もっとも湯あたりしにくい泉質です。

♨ 家族の湯
子供からお年寄りまで安心して入れる優しい泉質

♨ 美肌の湯
（弱）アルカリ性単純温泉は「美肌の湯」

2 塩化物泉

新潟の温泉によくある泉質です。海水の成分に似た塩分を含み、塩辛く無色透明の湯です。

♨ 温まりの湯（熱の湯）
塩の成分でコーティングされ、湯冷めしにくい

♨ 傷の湯
塩の殺菌効果で傷に効く

3 炭酸水素塩泉

皮膚の脂肪や分泌物を乳化して洗い流すため、石鹸のように皮膚を洗浄します。また、皮膚を滑らかにするためツルツル美肌効果もあります。

4 硫酸塩泉

塩化物泉同様、肌に温泉成分が付着し「温泉パック」のような状態をつくるので、入浴後も肌がしっとり、湯冷めもしにくいです。

♨ クレンジングの湯
ナトリウム—炭酸水素塩泉（重曹泉）は典型的な「美肌の湯」

♨ 清涼の湯（冷えの湯）
入浴後、皮膚からの水分の発散が盛んになり清涼感がある

5 二酸化炭素泉

文字通り二酸化炭素（炭酸ガス）を含む温泉です。入浴すると小さな気泡が身体に付着するため「泡の湯」ともいわれています。

♨ 傷の湯
切り傷、火傷などに効く

♨ 脳卒中（中風）の湯
動脈硬化症に効果があり、鎮静作用や血圧の降下作用もあり

♨ 若返りの湯（肌の蘇生効果）

10

pH （水素イオン濃度指数）とは

pH2〜3 未満	3〜6 未満	6〜7.5 未満	7.5〜8.5 未満	pH8.5〜
酸性 (pH2未満 強酸性)	弱酸性	中性	弱アルカリ性	アルカリ性 (pH10以上 強アルカリ)

「ペーハー」もしくは「ピーエイチ」と読みます。7が中性（真ん中）でそれより低いと酸性、高いとアルカリ性を示します。もともとお肌は弱酸性（pH4.5 〜 6.0）。酸性が強い／アルカリ性が強いと肌にも刺激が強い温泉といえます。

---

6 含鉄泉

浴用ではよく温まり、飲用では胃酸の分泌を高め、鉄を吸収しやすくし、貧血への効果が高まります。

♨ **婦人の湯**
貧血、更年期障害、月経障害、冷え性など女性に見られがちな症状に効果的

♨ **心臓の湯**
血管拡張作用で、心臓に負担をかけずに血行を促進する

---

7 酸性泉

殺菌効果に優れた温泉です。お隣の群馬・草津温泉や山形・蔵王温泉が強酸性泉で有名です。

♨ **皮膚病の湯**
強い酸性の殺菌効果がある

---

8 含よう素泉

うがい薬や傷薬でもお馴染みのヨウ素は活性度の高い元素で、その強い酸化力で殺菌作用を発揮します。

---

9 硫黄泉

もっとも温泉らしい匂いがします。また成分によりお湯の色が、月岡温泉のようなエメラルドグリーンや、燕温泉のような乳白色になります。

♨ **生活習慣病の湯／メタボの湯**
動脈硬化症、高血糖、高血圧などに効く

♨ **シミ予防の湯／シミ抜きの湯**
メラニンを分解する

♨ **体質改善の湯**
飲用の適応症に「高コレステロール血症」がある泉質

---

10 放射能泉

放射能泉だけはどうやったって感知できない、と温泉名人に言わしめるほど。見た目や浴感に特徴がなく無味無臭。

♨ **万病の湯**
効果の幅が広い

♨ **痛風の湯**
入浴の適応症に痛風（高尿酸血症）がある唯一の泉質

❶ 朝日みどりの里

まほろば温泉

住みよく美しい「まほろば」の地に湧く効能豊かなお湯

道の駅朝日みどりの里や農産物直売所、食堂、物産会館などがそろう朝日みどりの里。その中にあるまほろば温泉は、地下1300メートルからわき出る豊富な湯量と優れた効能を誇り、とろりとしたやわらかなお湯は「美人の湯」として人気が高い。

目の前に雄大な自然の大パノラマが広がる内湯は明るくて開放的

4月〜11月

【入浴料金】
大人（中学生以上）‥‥‥**500円**
小人（小学生）‥‥‥‥**250円**

バスタオルレンタル　100円
フェイスタオル販売　180円

泉質 ナトリウム硫酸塩・塩化物・炭酸水素塩泉(低張性弱アルカリ性高温泉)

🕙 午前10時〜午後9時(最終入館午後8時30分)
休 毎月最終火曜日(月により変更あり)、12月31日、1月1日
☎ **0254-72-6627**
村上市猿沢1215

---

❷ 勝木ゆり花温泉

ゆり花会館

県北の温泉で出合う無上のやすらぎ

浴場は大浴場と小浴場があり、不定期で男湯、女湯が入れ替わる。福祉センターの一部を開放している施設だけに、食堂やアルコール・たばこの販売はないが、持ち込みは自由だ。

広々とした内湯と露天風呂でゆっくりできる

【入浴料金】
大人‥‥‥‥‥‥‥**350円**
小学生‥‥‥‥‥‥**100円**

泉質 ナトリウム・カルシウム−硫酸塩泉

🎫 休憩室(個室) 利用料=650円〜(時間帯によって異なる)、冷暖房を使用の場合は利用料の倍額
🕙 午前9時〜午後9時
　(最終入館午後8時30分)
休 第2木曜(7月・8月は無休)、12月31日の午後3時〜、1月1日
☎ **0254-77-3991**
村上市勝木862-1

交流の館「八幡」

③ 山北ゆり花温泉

山形県との県境に位置し、名勝笹川流れも近い。廃校となった学校を改装して地域の伝統に触れ、交流を図る施設として開業。源泉はナトリウム・カルシウム硫酸塩泉でやわらかな感触が疲れた体に心地よい。

山北の伝統に触れ、温泉に浸かれば身も心もゆったりなごむ

大きな岩に囲まれた浴槽に透明感のある湯が注がれている

【入浴料金】
大人 …………………… 350円
小人 …………………… 100円

泉質 ナトリウム・カルシウムー硫酸塩温泉

🏛 午前11時〜午後6時
🈺 第4月曜日(祝日営業)、年末年始
　※変更あり、要確認

📞 **0254-60-5050**
村上市勝木1099-1

ゆ処そば処 磐舟

④ 瀬波温泉

66段の階段を上りきった先にある大浴場は豊富な湯量を誇る源泉かけ流し。高台にあるので、露天風呂では日本海の眺望を存分に堪能できる。

日本海の絶景と夕陽を堪能

晴れた日の眺望は見事だが、夕暮れ時もすばらしい。季節ごとに日没時刻をチェックして狙うべし

 ¥0 別料金

【入浴料金】
大人(中学生以上)
…………………… 700円
こども(4歳〜小学生)
…………………… 400円

泉質 ナトリウムー塩化物温泉

🏛 午前10時〜午後10時(受付は午後9時まで)
🈺 毎週木曜
※宿泊可　1泊朝食付き1人7,200円〜(料金は人数、曜日、季節で変わります)

📞 **0254-50-7488**
村上市瀬波温泉3-2-30

城下町村上　町屋めぐり

　かつては村上藩の城下町として賑わった村上市。現在でも、その頃を思わせる町屋が市内随所に点在する。古いものでは築300年を超えるそれらの町屋には、今も実際に人が住んでおり、多くが観光客へも公開されている。また、村上市では「人形さま巡り」「屏風まつり」など、手づくりのまつりが多く開催され、訪れる人々を楽しませている。その時期をねらって出かけるのもおすすめだ。

安善小路（黒塀通り）

町屋の人形さま巡り

町屋の屏風まつり

問い合わせ先／村上駅前観光案内所
TEL／0254-53-2258
URL／https://www.sake3.com/
営業時間／午前9時〜午後5時

瀬波温泉

　明治37年に噴出した瀬波温泉は、今年開湯120年を迎えます。噴湯公園の源泉脇では約95℃の熱い源泉で温泉たまご作りができます。瀬波温泉観光案内センターでは温泉宿の紹介、観光案内や生たまごの販売も。周囲には無料の足湯もあるので、ぜひご利用ください。

噴湯公園

瀬波温泉
観光案内センター

温ったか広場
「コンコンちゃん足湯」

問い合わせ先／瀬波温泉観光案内センター
TEL／0254-52-2656
営業時間／午前9時〜午後6時（水曜定休）
※生たまご1個50円（笹川流れの塩付き）
URL／http://www.senami.or.jp/

瀬波温泉観光案内センターにて、
本誌持参の方に限り「生たまご」を1個プレゼント！

●お一人様1冊につき1回まで利用可能です
●プレゼントを受け取るさいは本誌を提示し、押印またはサインをもらってください
●すでに何らかの押印、またはサインなどがある場合は、プレゼントを受け取ることができません

確認印

新潟県北部に位置する村上市。豊かな自然が、人々の心と、歴史文化をはぐくんできた。日本海の恵み、四季折々に変化を見せる美しい風景。何度でも訪れたくなるのは、まち全体がどこかホッとさせる懐かしさを併せ持っているからだろうか。

村上市

笹川流れ遊覧船

「潮風とカモメに出会える旅」をキャッチコピーに、笹川流れを存分に楽しめる旅を提案している。船の上から見えるのは、地上からの眺めとはまた別の海、そしてまち。潮風に吹かれながら、忙しい日常をいっとき忘れ去ることができる。

乗船料		
遊覧船		
大 人	1,500円	（税込）
子ども	700円	（税込）
夕暮れクルーズ		
大 人	1,800円	（税込）
子ども	900円	（税込）

笹川流れ観光汽船・地魚処天び屋・海カフェ
村上市桑川975-44
営業時間／午前9時～午後4時
お問い合わせ／0254-79-2154
URL／https://www.sasagawanagare.co.jp/

また、特別便「笹川流れ夕暮れクルーズ」では、日中とはまったく違う表情の日本海を眺めることができる。思わず見とれてしまうほど美しい夕日を、ぜひご堪能あれ。

※季節や当日の気象、海象により、欠航もしくは出航時間の変更がございますので、ご了承います。また、月1回開催の特別便「笹川流れ夕暮れクルーズ」は要予約になります。

村上駅前観光案内所「むらかみ旅なび館」村上市田端町11-8　TEL ／ 0254-53-2258

⑤ 瀬波温泉
野天風呂 湯元 龍泉

美湯と美食で心を洗う

泡風呂など、趣向の異なる野天風呂でじっくり湯浴みを楽しみたい

大浴場に加えて東屋根風呂や泡風呂といった四槽の野天風呂は、めいめいの造りと趣が異なるため、すべて微妙に温度が違い、きちんと管理されている。隣接するレストラン「四川飯店」では本格四川料理が味わえる。

【入浴料金】
大人……………900円
こども（3歳〜小学生）…500円

泉質　含硫黄－ナトリウム－塩化物泉

家族風呂＝50分平日3,300円、土日・祝日3,850円（予約制）
営　午前9時〜午後10時（午後9時入館受付終了）
休　不定休（年4回、3日間ずつ）
☎ 0254-52-5251
村上市瀬波温泉2-2-25

⑥ 瀬波温泉
松風荘

銭湯料金で瀬波温泉かけ流しが楽しめるのも魅力

浴室は瀬波温泉の香りと入浴客のシャンプーの香りで満ちていて心地良い

以前は保養所だった施設が温泉銭湯となり親しまれている。浴槽は男女各1つずつでこぢんまりしているが、源泉かけ流しを堪能できる（少量加水）。湯上がりは休憩室でくつろげる。健康増進ルームと卓球ルームがあり、温泉と併せて健康づくりに役立つ。

※＝別料金。持込は無料

【入浴料金】
大人……………440円
小学生……………150円
3歳以上の未就学児……70円
備え付けシャンプー……30円

泉質　ナトリウム－塩化物泉

営　午後3時〜午後10時（最終受付午後9時45分）
　　土日祝は午前11時〜午後10時（最終受付午後9時45分）
休　不定休
☎ 0254-75-5276
村上市瀬波温泉2-4-29

ロイヤル胎内パークホテル

❼ 新胎内温泉 **3R**

絶景を楽しむ露天風呂で効能豊かなお湯につかる

リニューアルした展望露天風呂「宙の箱舟」

雄大な飯豊連峰、清らかな胎内川、そんな恵まれた自然環境の中にあるリゾートホテル。浴室には内風呂、露天風呂、展望風呂の3種類。天然石で囲まれた露天風呂からは四季の花が楽しめ、展望風呂からの眺望は必見。

別料金

【入浴料金】

大人‥‥‥‥‥‥‥‥ **800円**

小学生以下‥‥‥‥‥ **400円**

泉質 ナトリウム−炭酸水素塩・硫酸塩温泉

営 午前11時〜午後2時30分（最終受付午後1時30分）
休 月曜（月曜祝日の場合は翌日）
☎ **0254-48-2211**
胎内市夏井1191-3

塩の湯温泉

❽ サンセット中条・ふれあい館

無料入館入浴券 10名様

日本海を望む強塩泉で少し熱めの温泉

全面改修したふれあい館の大浴場。広々と開放的だ

地下1800メートルから湧く源泉は湯量豊富で加水、加温なしのかけ流しだ。塩分が強く薄黒色の湯はヨードの成分のため独特のにおいがする。二つの施設は行き来できるので、ふれあい館の大浴場でのんびり、サンセット中条の少し熱めのお湯でじっくり。温泉三昧の一日が過ごせる。

持込可 別料金

【入浴料金】

大人‥‥‥‥‥‥‥‥ **350円**

中・高校生‥‥‥‥‥ **200円**

4歳〜小学生‥‥‥‥ **150円**

65歳以上‥‥‥‥‥‥ **300円**

泉質 ナトリウム・鉄・よう素−塩化物強塩温泉

営 サンセット館＝午前9時30分〜午後8時（最終入館午後7時）
ふれあい館＝午前10時30分〜午後8時（最終入館午後7時30分）
食事処＝午前11時〜午後3時（ラストオーダー午後2時30分）、
食堂のみ毎週金曜定休日
休 偶数月第4水曜、8月13日、12月31日
サンセット中条　　ふれあい館
☎ **0254-45-3325　0254-45-3070**
胎内市村松浜840-8

¥0 料金込

📞 **0254-27-1126**

❾聖籠観音の湯

ざぶ～ん

1

2

1 観音の湯の歩行浴と圧注浴。奥に大浴槽、ガラス戸の向こう側には露天風呂がある
2 入浴、個室3時間、食事付セットの宴会プランは3,500円。4名様からのご利用となります（要予約）

聖籠ICより車で3分 アクセス抜群の温泉施設

聖籠観音の湯「ざぶ～ん」では、聖籠観音の地下千百㍍から湧き出す約五十度の源泉を使用。大浴場や露天風呂、広々とした無料大広間、温泉は珍しいミネラルが豊富。塩分が体をコーティングし、保温力、保湿力が高い。歩行浴や寝湯も楽しめる。偶数日と奇数日で男女が交代。毎日通っても飽きのこない配慮がされている。リーズナブルなホテルも併設、アットホームな感覚でゆったりと癒やされる。

【入浴料金】

中学生以上	**850**円
こども（4歳～小学生）	**450**円

※タオル・バスタオル付

泉質 含よう素－ナトリウム－塩化物強塩温泉

㊋ 午前10時～午後9時（入館受付は午後8時30分まで。レストランのラストオーダーは午後8時00分）

㊡ 第1・第3火曜（火曜日が祝日の場合は翌日）

㊊ 切り傷、やけど、慢性皮膚病、虚弱体質、慢性婦人病、神経痛、筋肉痛、関節痛、慢性消化器病、冷え性など

北蒲原郡聖籠町大字諏訪山652-3

下越

⑩ 新発田温泉
あやめの湯

越後平野ののどかな田園風景を望みながら源泉かけ流しの入浴ができる温泉施設。平成15年には無料で利用できる足湯が完成した。施設内には温泉スタンドがあり、どれだけ持っていっても無料というから驚かされる。

ホッと肩の力が抜ける飾り気のない温泉施設

鉄分を多く含むという「あやめの湯」は、元気の出る温泉だ

【 入浴料金 】
中学生以上…………**450円**
小学生以下…………**280円**
3歳未満………………**無料**

泉 質 ナトリウム－塩化物・硫酸塩温泉

営 午前10時～午後9時（ただし日祝日は午前6時より、最終受付午後8時30分）
12月15日～3月15日は午前8時～午後9時（最終受付午後8時30分）
休 第1・3月曜（祝日営業、翌日休）、12月31日、1月1日
☎ **0254-26-1173**
新発田市板敷795-1

---

⑪ 津川温泉
清川高原
保養センター

県内屈指 ph9・3のアルカリ性の湯は「美肌の湯」として愛されている。湯上がりには大広間や眺めの良いテラス席でゆっくりと。土日祝日のみ営業のカフェでは自家焙煎コーヒーや旬の果物シロップジュース、糀カレーなどを提供。お湯と自然、飲食を楽しみつつ癒やしの時間が過ごせる。

津川の自然を楽しめる高原のやすらぎスポット

アルカリ性の美肌の湯につかってのんびりと

【 入浴料金 】
大人………………**500円**
小人………………**300円**
未就学児………………**無料**

泉 質 アルカリ性単純温泉

営 午前10時～午後8時
休 水曜
※冬季は変更の場合あり
☎ **0254-92-5530**
東蒲原郡阿賀町京ノ瀬4851

料理は休憩室
に運ばれる

リンスイン
シャンプー

¥0　別料金

ペア入館券
10組様

⑫百花の里

城山温泉

1

トロリと肌を包み込む
強いぬめりの湯が人気

城山温泉といえば、地中約八百㍍から引いた純度百パーセントの源泉が魅力。片足を入れただけでスルリと全身がすべり込むような「とろみ」のある湯が特徴だ。県内にもぬめりのある温泉は数あるが、ここまでトロリとした湯は珍しいだろう。

風呂は大浴場やうたせ湯、サウナと充実しており、中でも五頭連峰を望む露天風呂は圧巻。館内は木をふんだんに使った開放的な造りで、落ち着いた風情がある。食堂スペースはないが、注文すれば休憩室まで運んでくれるという自由なスタイルも人気だ。ゆったりと湯浴みを楽しんだあとは、景色を眺めながら四季折々のメニューに舌鼓を打つのもいい。

☎ **0254-21-2626**

【入浴料金】
大人 …………………… **800**円
小学生以下 ………………… **500**円
（別途燃料調整費50円徴収）

泉質 含硫黄－ナトリウム炭酸水素塩・硫酸塩泉(低張性アルカリ性低温泉)

🈹 個室使用＝1階：10畳間4,000円、特別室6,000円、2階：6畳間2,000円、8畳間2,500円、10畳間3,500円(いずれも1室3時間、税込)

🈺 午前10時～午後9時(午後8時入館受付終了)

🈡 第1・3木曜

🈴 神経痛、筋肉痛、慢性消化器病、慢性皮膚病など

🛁 大浴槽、露天風呂、うたせ湯、サウナ、水風呂、ジェットバス

🈁 ボディーソープ、リンスインシャンプー、タオル(150円)、貸し浴衣(200円)、貸しタオル＋浴衣(350円)、ドライヤー有料(100円)持込可※すべて税込

🈂 大広間(無料休憩室)、個室、離れ個室、特別室、売店など

🈙 なし

🈂 車では国道7号新新バイパス新発田ICから15分。または磐越自動車道安田ICから国道290号経由で25分。JR羽越本線新発田駅から車で10分

🅿 150台

新発田市浦1040-1

 城山温泉

②

③

④

1 五頭連峰を望む、野趣満点の露天風呂
2 新発田城カントリー倶楽部に隣接してある
3 大浴場にはジェットバスが完備されている
4 わっぱめし御膳1,760円（税込・数量限定）※仕入れ状況等により、内容が変更になる場合があります

♨ **湯めぐりスタンプ**

クーポン券
大人入浴料
100円割引
グループ5名様まで有効
有効期限2025年3月末日

確認印

¥0

ボディー
ソープ

別料金

❸かのせ温泉
赤湯

1

こんこんと熱い湯が湧く 山あいの名湯

　赤湯は、美しい山々に囲まれた角神湖畔青少年旅行村内にある入浴施設。鉄分をたっぷり含んだ源泉は薬効が溶け込んだ赤褐色。一度入ったら杖がいらなくなるほど元気が出る、杖忘れの湯と評判。100％かけ流しの内湯は59・4度のお湯がそのまま注がれ、県内一熱い温泉といわれている。内湯はとても熱いので、先に露天風呂に入りお湯の温度に体をなじませるのがお勧め。同じ敷地内にある「角神湖畔青少年旅行村」では、バーベキュー施設「森のステージ」や温泉付きバンガローが人気。湯上がりには畳の休憩室でのんびりと休んだり、阿賀町産の食材を生かしたメニューを食事処「花みず木」で楽しむことができる。

☎ **0254-92-4186**

【入浴料金】

大人(中学生以上)…………	**500**円
小人………………………	**300**円
幼児………………………………	**無料**

泉質 硫酸塩泉

営 午前10時～午後8時00分(最終受付午後7時30分)。食事処「花みず木」は 午前11時～午後3時(ラストオーダー午後2時30分)昼のみ営業

休 第2・第4火曜日(祝日の場合は翌週火曜日)

効 神経痛・筋肉痛・関節痛

備 タオル(販売) バスタオル(レンタル) ドライヤー・シャンプー&リンス、ボディーソープ・カミソリ・歯ブラシ

施 大広間・食事処・うたた寝処・マッサージルーム・自販機コーナー・売店

交 磐越自動車道「津川IC」より車で約15分

駐 40台

東蒲原郡阿賀町鹿瀬11540-1

1 豊富に湧き出る源泉はかなりの高温で県内一熱い温泉といわれている
2 赤湯外観。バンガロー風の建物が周囲の自然に溶け込む
3 大自然に囲まれた大人気。温泉付きコテージ
4 そば・うどん・釜めしなどがいただける、館内の食事処

湯めぐりスタンプ

クーポン券
タオル&
バスタオルセット
レンタル無料
1名様のみ有効
有効期限2025年3月末日
確認印

⑭ 新三川温泉 寿の湯

良泉掛け流しの湯は名実ともに「寿の湯」

やや黄色がかった湯はナトリウム塩化物－硫酸塩泉でよく温まると評判

新谷川の河畔に建つ「スポーツ＆リゾートホテルみかわ」の併設施設。加水、加温、ろ過なしの源泉が堪能できる。シンプルな浴槽は一つだが、連日地元の高齢者が三々五々湯浴みに訪れ、良泉を楽しんでいる。

【入浴料金】
大人……………500円
こども（3〜12歳）……250円

泉質 ナトリウム－塩化物・硫酸塩泉

営 午後1時〜午後8時
休 第3火曜（変更の場合あり）
☎ 0254-99-3677（スポーツ＆リゾート ホテル みかわ）
東蒲原郡阿賀町五十沢2598

⑮ 御神楽温泉 ブナの宿 小会瀬

ブナ林の静寂に包まれた純和風の温泉宿

宿の名は、裏を流れる広谷川が「こあせ」と呼ばれたことに由来する

清流と山々に囲まれ、館内も高い天井に太いむきだしの梁、そして漆喰の壁など落ち着いた雰囲気。動脈硬化や美肌作用もある湯に浸かった後は、地元のそば粉だけで打ったそばや山菜料理など自然の滋味が楽しめる。

冬季休　テントサウナ

【入浴料金】
大人……………500円
小学生……………300円
小学生未満……………無料

※午後5時以降は大人300円
※阿賀町在住の方は終日200円

泉質 ナトリウム・硫酸塩・炭酸水素温泉

料 個室休憩（午前11時〜午後3時）3,500円
営 午前11時〜午後8時
休 不定休
☎ 0254-95-3535
東蒲原郡阿賀町広谷乙2091-1

七福荘

⑯ 七福温泉

温浴と冷浴の交互浴で爽快感あふれる

微硫化水素臭が立ち込める浴室には二つの湯船が並ぶ

阿賀野川の支流のまた支流、柴倉川の上流、近くには「たきがしら湿原」や「ふれあいの森」など自然豊かな観光スポットがある。建物は地元の木材をふんだんに使い温もりと開放感に溢れ、温冷浴となめらかな肌触りが好評だ。

【 入浴料金 】

大人…………………500円
小学生………………300円

泉 質 単純硫黄冷鉱泉

営 午前10時〜午後6時(最終受付 午後5時30分)
休 月曜(祝日は営業)
☎ 0254-95-3550
東蒲原郡阿賀町七名乙930

やすらぎ

⑰ 安田温泉 3R

多彩な湯浴みが楽しめる日帰り温泉施設

大きな屋根付き露天風呂では、天気を気にせずゆったり湯浴みできる

霊峰・五頭山の麓に湧く源泉はナトリウム塩化物・強塩泉。天然ミネラルが豊富に含まれる茶褐色のお湯は、体の芯からよく温まると評判。露天風呂は屋根付きで天候にかかわらず伸び伸びできる。国の天然記念物・北投石を使った岩盤浴や、常設の劇場で大衆演劇も楽しむことができる。

【 入浴料金 】

大人…………………850円
小人（3歳〜小学生）…400円
※平日の午後5時以降は大人650円

泉 質 ナトリウム塩化物・強塩泉

営 午前9時30分〜午後9時30分
休 第2水曜(祝日営業、翌日休。8月は無休)
☎ 0250-68-1555
阿賀野市保田6075-3

岩と木が織り成す日本庭園に囲まれた開放感ある露天風呂

⑱ 村松さくらんど温泉

地元だけではなく近隣からのリピーターも多い人気施設

浴室には大小二つの浴槽とサウナ、露天風呂があり、眺めが異なる「黄金の湯」と「さくらの湯」が月初めに男女入れ替わる。入り口近くの小さな浴槽が源泉をそのまま満たした風呂で、大きな浴槽には源泉をろ過した湯が満たされている。

      返却あり

【入浴料金】
中学生以上…………700円
小学生………………300円
※タオル代別途

泉質　ナトリウム・塩化物温泉(弱アルカリ性等張性温泉)

営　午前10時～午後9時
休　第2木曜(他に臨時休館の場合あり)
☎　0250-58-1611
五泉市上木越甲423-1

3つリターン／クーポン券	
大人入館料 100円割引 (10:00～17:30) グループ5名様まで有効 有効期限2025年3月末日	1回目
大人1名様のみ 入館料無料	1回目と同じ 2回目
4回目	1回目と同じ 3回目

---

⑲ 小須戸温泉健康センター 花の湯館

花と歴史が織りなす町で地元の方に愛される湯

フロントでもらえるイベントカレンダーには季節に合わせたイベントやお得情報が満載。リピーターの多い、地元で愛される日帰り温泉。毎週日曜日には、アヒル風呂など楽しいイベントを開催して子どもたちに大人気。

温泉でポカポカに温まったら、「温泉カフェわかば」の豆乳ソフトやスイーツでご褒美時間を!

【入浴料金】
大人(中学生以上)……600円
小人(小学生)…………300円
小学生未満……いつでも無料
タオルセット…………200円

泉質　メタケイ酸含有の中性泉

営　午前10時～午後9時
休　第2水曜(祝日営業、後日休)、12月31日休館日
☎　0250-38-5800
新潟市秋葉区天ケ沢498-1

クーポン券
タオルセット 貸し出し無料 2名様まで有効 有効期限2025年3月末日
確認印

㉠ごまどう湯っ多里館

田上ごまどう温泉 田上町多目的交流施設

効能豊かな温泉と眼下に広がる越後平野の絶景

越後平野の大パノラマは圧巻!!

越後平野を一望できる絶景の露天風呂と、一日何度でも再入館可能が魅力。エステバスなど多彩な風呂がそろい、塩を体にすり込む「ソルティサウナ」は女性に大人気。浴場は毎週土曜に男女入れ替えのため要問い合わせ。特製のラーメンが人気の食事処も注目。

   返還式 有料 持込〇 別料金

【入浴料金】
〈入館料（入浴＋休憩）〉
中学生以上………… **700円**

3歳〜小学生………… **400円**

泉質 ナトリウム－塩化物温泉（低張性アルカリ性温泉）

営 午前10時〜午後9時（最終受付午後8時）
※8月13日、12月31日、1月1日は午後5時まで。

休 第2火曜（祝日営業、翌日休）

☎ **0256-57-6301** http://www.gomadouyuttarikan.com/

南蒲原郡田上町大字田上丙3673-1

㉑花水

秋葉温泉

ペア入館ギフト券
5組様

多彩なメニューで癒やしのフルコースを

建物のすぐ目の前はJR磐越西線の東新津駅だ

源泉はおよそ四百五十万年前といわれる「化石海水」が主成分で、柔らかな肌触り。温まった体はさめにくく、美肌の湯として人気も高い。併設のリラクゼーションサロンではボディケア、ヘッドスパなど多彩なメニューを堪能でき、一日ゆったりと過ごせる。

   ¥0 別料金

【入浴料金】
大人（中学生以上）
…………… **910円**（タオル別）

こども（小学生）
…………… **400円**（タオル別）

レンタルタオル…… **200円**

泉質 含よう素－ナトリウム－塩化物・炭酸水素塩泉

営 午前10時〜午後9時
休 年中無休

☎ **0250-24-1212** https://casui.net

新潟市秋葉区草水町1-4-5

㉒ 白根温泉
関根旅館

知る人ぞ知る温泉
効能豊かなお湯にのんびりとつかる

紅茶の色のようなお湯はじんわりと温まる。隠れた名湯だ

新潟市の中心部から少し離れた田園風景の中にある一軒宿。開湯が大正10年といわれ、地元の人たちに湯治場として愛されてきた。独特の赤茶色をしているそのお湯は鉄分を含み、食塩泉であるため湯上がりは体の芯からポカポカだ。

宿泊時のみ

    持込〇 料金込

【入浴料金】
大人‥‥‥‥‥‥600円
子供‥‥‥‥‥‥300円

泉質 ナトリウム－塩化物・炭酸水素塩泉

営 10時～19時(19時閉店)
休 月曜日
☎ 025-373-5713
新潟市南区引越261

㉓ サウナと天然温泉
じょんのび館

  入浴券
10名様

家族で楽しめるお風呂とサウナが人気

和風情緒あふれる露天風呂は広々とした造り

源泉100％の天然温泉。森のサウナの水風呂は角田山の伏流水を使用。外気浴スペースは小川のせせらぎが聞こえる森林浴デッキを新設し至福のひとときへと誘う。食堂では地元食材を使った一番人気の『にしかん飯』や手作り餃子などメニューが豊富。地元の豆腐屋さんの豆乳を使った『豆乳ソフト』も人気だ。

    ¥0 別料金

【入浴料金】
大人 (中学生以上)‥‥‥880円
小人 (小学生)‥‥‥‥400円
小学生未満‥‥‥‥‥‥無料

※貸しタオル250円

泉質 ナトリウム・カルシウム塩化物泉

料 個室使用料(3時間) 2,100円
営 午前10時～午後10時
休 第1・3水曜(12月と1月は第3水曜のみ。祝日営業、翌日休)、12月31日
☎ 0256-72-4126 http://jonnobi.com/
新潟市西蒲区福井4067

下越

㉔多宝温泉
だいろの湯

「湯」も「食」も「憩」も充実の人気施設

多宝山の絶景を眺めながら開放感に浸る、露天岩風呂

「だいろの湯」では硫黄成分がたっぷりの3本の源泉を有する。天然温泉ゆえ日々色が変化する効能豊かな温泉は50畳の大庭園露天風呂で堪能できる。食事メニューも充実しているので一日中楽しめる。

     ¥0 別料金

【入浴料金】
大人……………………**990円**
こども（3～12歳）……**500円**
※平日17：00～　大人770円、子ども390円。
※タオル・バスタオルセット　200円

泉質　含硫黄－ナトリウム－塩化物温泉(弱アルカリ性低張性高温泉)、含硫黄－ナトリウム・カルシウム－塩化物温泉(アルカリ性低張性高温泉)

営　午前10時～午後9時
休　年中無休

☎ **0256-82-1126**
新潟市西蒲区石瀬3250番地

湯 煙 分 析 表

| | 年 | 月 | 日 | | 年 | 月 | 日 |

施設名 ＿＿＿＿＿＿＿＿＿＿＿＿＿　　施設名 ＿＿＿＿＿＿＿＿＿＿＿＿＿

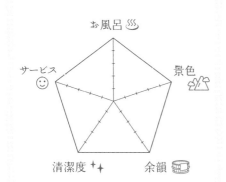

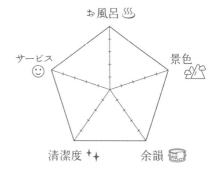

てまりの湯
TEMARINOYU

旅の途中のくつろぎスポット

　良寛ゆかりの里として知られる燕市国上。良寛の足跡をたどる国上山中腹の国上寺、五合庵の散策、そして自然歩道沿いの国上山山頂からの展望を堪能したあとは、道の駅「国上」内の温泉施設「てまりの湯」で疲れた体を癒やしたい。男女の浴室にはそれぞれ窓際に大きな浴槽、中央部分に丸い浴槽があり、サウナに天然水風呂を完備。月1回のカラオケ大会など施設内のイベントも豊富。

利用料金／大人500円、小中学生300円（午後5時以降は大人300円、小中学生100円）
営業時間／午前10時〜午後9時（受付は午後8時30分まで）
定 休 日／第2・4月曜（祝日営業、翌日休）
泉　　質／単純硫黄冷鉱泉（低張性弱アルカリ性冷鉱泉）
主な効能／筋肉若しくは関節の慢性的な痛み又はこわばり（関節リウマチ、変形性関節症、腰痛症、神経痛、五十肩、打撲、捻挫などの慢性期）、運動麻痺における筋肉のこわばり、冷え性、末梢循環障害、胃腸機能の低下（胃がもたれる、腸にガスがたまるなど）、軽症高血圧、耐糖能異常（糖尿病）、軽い高コレステロール血症、軽い喘息又は肺気腫、痔の痛み、自律神経不安定症、ストレスによる諸症状（睡眠障害、うつ状態など）、病後回復期、疲労回復、健康増進、アトピー性皮膚炎、尋常性乾癬、慢性湿疹、表皮化膿症
浴槽種類／大浴槽、サウナ、露天風呂
備　　品／ボディーソープ、シャンプー、リンス
主な施設／売店、大広間など
宿泊施設／なし
交　　通／車では北陸自動車道三条燕ICから20分。JR越後線分水駅から車で10分
駐 車 場／150台

自然と遊ぶ道の駅

SORAIRO KUGAMI

道の駅 国上

食・遊・癒を楽しむ、国上のアクティビティ・ハブ

　道の駅 国上は、令和4年7月「食・遊・癒」がコンセプトの道の駅へとリニューアル。

　燕名物の背脂ラーメンや、アウトドア気分が味わえるキャンプ飯が楽しめるほか、朝採れ野菜の直売、燕市の銘菓やアウトドア用品なども販売。屋外には、軽食やドリンクをテイクアウトできるフードコンテナを常設。源泉かけ流しの足湯でひと休みできるのも魅力。

　足湯テラスの奥にはBBQ広場や、初心者向けデイキャンプエリアがあり、買い物・アウトドア・温泉と1日中楽しむことができる。

HP

Instagram

開館時間／313ファーマーズマーケット
　　　　　　　　　　　　　　午前10時〜午後6時
　　ピーカンテラス・NICE PIZZA・オフる日カフェ
　　　　　　　　　　　　　　午前11時〜午後5時
　　　　　酒呑童子の足湯　　午前10時〜午後6時
食　堂／午前11時〜午後4時（土日祝午前11時〜午後5時）

〒959-0139 新潟県燕市長辰7550-3
TEL・FAX／0256-97-1755

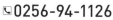

¥0 料金込

📞0256-94-1126

 ペア入館券 3組様

㉕弥彦桜井郷温泉

さくらの湯

1

2

1 露天には大浴槽や寝湯、壺湯、白木造りの広いテラスが設置されている
2 入館料と室料、料理がセットになったお得なコースも4,400円から用意されている。写真は4,400円コースの料理

温泉浴に岩盤浴をプラス！女性客への配慮もうれしい

黒で統一された外観には風情が漂う。内風呂から続く広い庭園には露天風呂に加えて寝湯や壺湯が並び、ゆったりと湯浴みが楽しめる。入館料プラス五百円で利用できる五種類の岩盤浴は低温でサウナのように息苦しくなく、体への負担が少ないのが特徴。女性客は四色の中から好きな浴衣を選べるなどの心遣いも嬉しい。メニュー豊富な食事処もある。

【 入浴料金 】

大人 …… **1,150**円

こども（3歳〜小学生）…… **650**円

※平日午後5時以降は大人700円、子ども450円

泉質 含硫黄－ナトリウム－塩化物泉(低張性アルカリ性高温泉)

㊎岩盤浴利用＝別途500円(専用着付き)
㊏午前10時〜午後9時
㊡不定休(点検のため年5日ほど休館あり。要問い合わせ)
㊙神経痛、筋肉痛、慢性消化器病、切り傷、やけどなど

西蒲原郡弥彦村大字麓1970

湯めぐりスタンプ

クーポン券

大人入浴料 **100**円割引

グループ5名様まで有効
子ども及び夜間割引1時利用不可
有効期限2025年3月末日

確認印

佐渡

㉖ 佐渡温泉
御宿おぎの湯

歴史ある小木のまちに絶景の温泉あり

高台にあるので、男女とも大浴場からは小木港を一望できる

小木港を望む高台に位置する温泉旅館で、日帰り湯が楽しめる。日本でもトップクラスのpH値を誇るそのお湯は、源泉そのままにとろりとしており美肌の湯として有名。リラックス効果もあるという効能豊かなお湯は、佐渡観光の際にぜひ立ち寄りたい名湯だ。

【入浴料金】
大人‥‥‥‥‥‥‥‥**500円**
小人‥‥‥‥‥‥‥‥**250円**
幼児‥‥‥‥‥‥‥‥**無料**
※貸切風呂**2,000円**（要事前予約）

泉質 アルカリ性単純温泉（低張性アルカリ性温泉）

🕒 午後3時〜午後9時
🈺 水曜（祝日営業、翌日休）
📞 **0259-86-1555**
佐渡市小木町1494-6

㉗ 赤泊温泉保養施設
あかどまり城が浜温泉

民話の里に湧き出るぬくもりの湯

広大な日本海の大パノラマと良質の温泉で心身ともにリラックス

赤泊農林漁業体験宿泊施設「サンライズ城が浜」に隣接した日帰り温泉施設。浴室からは雄大な日本海のパノラマが一望できる。かすかなぬめりのあるやわらかな湯は、体を芯から温めてくれる。

予約要

【入浴料金】
大人‥‥‥‥‥‥‥‥**500円**
小人（小学生）‥‥‥‥**250円**
小学生未満‥‥‥‥‥‥**無料**

泉質 含硫黄−ナトリウム−塩化物・硫酸塩泉（低張性弱アルカリ性高温泉）

🕒 午後1時〜午後8時30分（サウナは午後1時から）
🈺 火曜（祝日営業、翌日休）、年末年始
📞 **0259-87-3215**
佐渡市三川2915

㉘地域交流センター
新穂潟上温泉

島内唯一の霊場・トキの里に湧く
「魔法の湯」

開湯は800年前と言われ佐渡最古の歴史ある「冷鉱泉サギの湯」と幅広い効能を誇る魔法の湯「温泉熱の湯」の2つの源泉が楽しめる。大浴場では筋肉をほぐすと言われる交代浴が人気だ。サウナ・バブルバス完備。

効能の幅広い「温泉熱の湯」は保温効果も高く、まさに霊験あらたかな湯といえる

【 入浴料金 】

大人…………………500円

小学生……………250円

幼児…………………無料

泉質 〈熱の湯〉ナトリウムー塩化物温泉
〈サギの湯〉ナトリウムー塩化物冷鉱泉

営 午前11時〜午後9時
休 水曜(祝日営業、翌日休) 夏期・年末年始は臨時営業等変更あり
℡ **0259-22-4126**
佐渡市新穂潟上1111

湯 煙 分 析 表

年　　　月　　　日

施設名

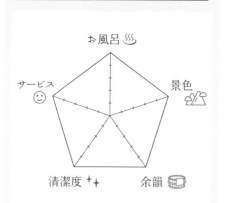

年　　　月　　　日

施設名

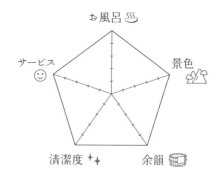

グルメ特集

温泉に入りにいつもより遠出したのなら、一緒に地元グルメも味わいましょう。
お腹が空いたらお食事を、お土産買うならお菓子屋さんへ。
温泉だけじゃない、おいしいものを食べて大満足の日帰り旅行に！
クーポン利用の際はご注文時に本書を提示いただき、各店舗の確認印スペースに押印、
またはサイン（チェックマークでも可）をもらいサービスを受けてください。

※クーポン特典だけの利用はできません。
※他のサービス券との併用はできません。
※本誌のページを切り取ったり、コピーしてのご利用はできません。
※確認印スペースにすでに何らかの押印・サイン（チェック）などがある場合はサービスを受けることができません。
※その他各店舗ごとの条件にしたがってご利用ください。
※店舗側のやむを得ぬ事情で、サービスの内容が変更になったり、中止したりする場合があります。あらかじめご了承ください。
※表記された料金は、2024年2月末現在のものとなります。

瀬波まんじゅう 1個120円（税込）

瀬波温泉で1948年創業の元祖饅頭屋。素材にこだわり上品な甘さと素朴な味わいが多くの人を魅了しています。

クーポン

元祖 きむらや
TEL 0254-52-3663
村上市瀬波温泉2丁目6-25
☎8時〜17時30分
休 無休

商品をご購入された方に
おまんじゅう
1個サービス

●お1人様、1回のご利用となります。
●有効期限：2025年3月末日

確認印
または
サイン

村上牛ジューシー串 800円

村上の地で大切に育まれる高級ブランド「村上牛」を販売。コロッケや串焼きなどもある。店内では食事もでき、焼き肉や定食などが楽しめる。

クーポン

美食や やま信
TEL 0254-52-2651
村上市飯野3-2-1
☎9時〜18時
（食事の提供は10時〜17時）
休 水曜、第2・第4木曜
（変更の場合あり）

村上牛ジューシー串
1本800円を
100円引き

●売り切れの場合はご了承ください。
●お1人様、1回のご利用となります。
●有効期限：2025年3月末日

確認印
または
サイン

塩引き鮭とハラコの親子丼

独自の遠赤外線で焼く村上牛は、うま味成分たっぷりで口の中でとろける柔らかさ。焼き魚や定食、中華料理までそろい家族みんなで楽しめる。

まるごと村上うんめもん定食 4,950円（税込）

お食事・ご宴会まで幅広くご利用頂けます。お友達・家族連れ・会合など、お気軽にお問い合わせくださいませ。

クーポン

和食 四川料理 千経
TEL 0254-52-2475
村上市山居町1-4-31
⏰11時30分〜13時30分ラストオーダー／17時〜21時30分ラストオーダー
休 月曜日、他不定休

村上三昧定食
（村上牛50g陶板焼きと塩引き鮭とはらこ）4,950円をご注文の方にソフトドリンク1杯サービス

●お1人様、1回のご利用となります。
●有効期限:2025年3月末日

確認印
サイン

クーポン

割烹 千渡里
TEL 0254-53-6666
村上市細工町2-14
⏰11時〜ご予約をお願いいたします／17時30分〜21時30分(LO21時)
休 日曜日／火・水・木はランチタイムが休み（その他不定休）

まるごと村上うんめもん
定食ご注文の方に
ソフトドリンク
サービス

●1回のご利用となります。
●有効期限:2025年3月末日

確認印
サイン

オルトナーラ風ピッツァ1,700円（税込）。
ベーコン・カボナーラ・チェリートマト・モッツァレラチーズを使用

地元村上の食材を使ったイタリアンが気軽に楽しめる。おすすめは石窯で焼く本格的なピザ。前菜・パスタなどの料理やワインも充実している。

石田屋満喫定食は3,300円（税込）

JR村上駅前にある食事処。村上名物のはらこをはじめ、鮭を使ったメニューが豊富。他に刺し身など一品料理もあり、村上地酒も数多くそろう。

クーポン

trattoria360°
（トラットリア サブロク）
TEL 0254-62-7369
村上市田端町9-40
⏰11時30分〜14時(ラストオーダー)／17時30分〜21時(ラストオーダー)
休 火曜

お好きなピザ
1枚100円引き

●お1人様、1回のご利用となります。
●有効期限:2025年3月末日

確認印
サイン

クーポン

石田屋
TEL 0254-53-2016
村上市田端町10-24
⏰火曜〜土曜11時〜14時(ラストオーダー)／17時30分〜20時(ラストオーダー)日曜11時〜14時ラストオーダー
休 月曜(祝日の場合は翌日)

石田屋満喫定食
ご注文の方
ソフトドリンク1杯
サービス

●お1人様、1回のご利用となります。
●有効期限:2025年3月末日

確認印
サイン

プレーンドーナツ 直売所価格180円（税込）

豊富なフレーバーが楽しめる新潟県産カステラとドーナツ。工場併設の直売所ならではのお得な商品や限定商品もございます。

白玉いちご（抹茶生地）940円（税込）。生地に抹茶を混ぜ込み白玉・いちご・こしあんまたは粒あんを入れたクレープ

クレープを中心に総菜も販売するテイクアウト専門店。メニューは豊富で、地元高校生と共同開発した村上茶クレープも。一日寝かせた生地はモチモチで幅広い世代に人気。

クーポン	しばうま本舗
	TEL 0254-20-8115
	北蒲原郡聖籠町蓮潟2989-2
商品を500円以上	⏰9時30分〜17時
ご購入された方に	休日曜・祝日
ドーナツ1個	
プレゼント	

●お1人様、1回のご利用となります。
●有効期限：2025年3月末日

クーポン	THREE BELL
	TEL 0254-52-2420
	村上市田端町4-5
スタンプカード	⏰11時〜18時
2ポイントプレゼント	休不定休
（アプリダウンロードか	
紙のスタンプカード）	

●1グループ2回までのご利用となります。
●人数制限なし
●有効期限：2025年3月末日

薪窯で焼いたナポリピッツァ 1,500円（店内で飲食の場合・税込）

地元農家から仕入れる新鮮な野菜や果物を中心としたイタリア料理が評判。店内は木のぬくもりに包まれ、のんびりとした時間を過ごせる。

オリジナルのオーダーパンに、国産の天然サバのフライとシャキシャキ野菜をサンドしたトトサンド830円（税込・写真はハーフサイズ580円）

看板メニューはサバサンド。ヨーグルトソースをかけたサバのフライと新鮮な野菜が地元ベーカリーの甘めのパンとよく合い、魚が苦手な人でもおいしく食べられる。

クーポン	トラットリア オラ・ハラクチェ
	TEL 0254-21-6000
	新発田市月岡408
豊栄産にんじん	月岡わくわくファーム内
ジュース	⏰ランチ11時〜14時30分ラスト
1杯サービス	オーダー、15時クローズ
	休1月1日・2日、水曜他

●お1人様、1杯のサービスとなります。
●他のクーポン・サービス券との併用不可。
●有効期限：2025年3月末日

クーポン	TOTO passeggiata
	（トト・パッセジャータ）
	TEL 0254-62-7383
お食事メニュー	村上市瀬波温泉2-6-23
ご注文の方	⏰10時30分〜19時ラストオーダー
ソフトドリンク半額	（19時以降は要予約）
（一部除外品あり）	休火曜（祝日の場合は翌日）
	※料金は変更になる場合あり

●グループ全員有効、1回のご利用となります。
●有効期限：2025年3月末日

海鮮天ぷらそばセット　1,880円（税込）。独自ブレンドの十割そばと
エビ、イカ、キス、磯部もくわの天ぷら盛り合わせ

厳選した国産そば粉を使用した十割そばは、ツルツルとのど越しよく、香りと
風味豊か。地元野菜を使った揚げたてサクサクの天ぷらとご一緒にどうぞ。

安兵衛大福（こがねもち大福）1個100円（税込）

「あんこ屋」として創業して七十余年。素材選びから一貫して行う
"自家製餡"は一度食べたらやみつきになると評判。

クーポン

十割そば 麦打ち 天晴れ
TEL **0254-28-7675**
新発田市月岡408
月岡わくわくファーム月の丘内
🕚11時～15時（最終入店14時）
休 火曜（冬期のみ火曜・水曜）

**日替わりかき揚げ
セットサービス
（例：ミニかき揚げと
天ぷら1品のセット）**

●1グループ1品のご利用とな
　ります。
●お食事をした方のみ利用可
●有効期限：2025年3月末日

確認印
サイン

クーポン

亜月亭（あづきてい）
TEL **0254-26-7745**
新発田市中田町3丁目1297-1
🕣8時30分～17時30分
休 不定休

**総額1,000円
以上ご購入で
100円割引**

●お1人様、1回のご利用となり
　ます。
●有効期限：2025年3月末日

確認印
サイン

なつさんのわがまま松花堂ランチ（2,200円・税込）

1番人気の「なつさんのわがまま松花堂ランチ」はコーヒー・ミニデザート付き。月1回の
ラーメンデイも好評だ。昼は定食やデザート、夜はお酒や一品料理、コース料理も提供。

ごままんじゅう 130円（税込）

創業から134年目を迎えられました。皆様から愛されたあかしと感
謝しています。これからもごままんじゅうをよろしくお願いします。

クーポン

食堂カフェ はるとなつ
TEL **0254-28-8705**
新発田市太斎479
🕙10時30分～14時／
18時～21時
休 月曜

**なつさんのわがまま
松花堂ランチ
ご注文の方
100円引き**

●お1人様、1回のご利用とな
　ります。
●有効期限：2025年3月末日

確認印
サイン

クーポン

ごままんじゅう和泉屋
TEL **0254-22-3289**
新発田市中央町2-1-17
🕘9時30分～ごままんじゅうが
売り切れたら終了
休 不定休

自製品8％引き

●グループ全員、1回のご利用
　となります。
●有効期限：2025年3月末日

確認印
サイン

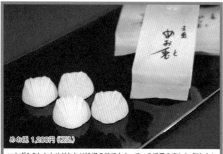

めお兎 1,200円（税込）

いたずらをしたウサギたちが神様の前で丸まっている様子を表した、何ともかわいらしい和菓子「玉兎」。チョコレートで作られた「ちょこっ兎」もおすすめ。

ヨーグルトワッフル 230円（税込）

生地に発酵バターとドリンクヨーグルトを混ぜ合わせた焼きたてのワッフルをメインに。ランチにぴったりなプレートメニューもオススメ！

クーポン

糸屋
TEL 0256-94-2072
西蒲原郡弥彦村弥彦1281
営 9時～17時
休 不定休

玉兎・
ちょこっ兎
50円割引

●お1人様、1回のご利用となります。
●有効期限：2025年3月末日

確認印 サイン

クーポン

Y&YGARDEN内
WAFFLE HOUSE
TEL 0250-68-5151
阿賀野市保田733-1
営 9時～17時
（ラストオーダー16時30分）
休 不定休

ワッフル
50円割引

●お1人様、1回のご利用となります。
●有効期限：2025年3月末日

確認印 サイン

自家産 新潟・岩室牛赤身ステーキランチ（2,860円～・税込）

豊かな田園に囲まれた農家レストラン。地元野菜のほか、米や稲わらで育てたうま味の濃い岩室牛を使ったステーキメニューなどが味わえる。

金鍔（小豆2個、青えんどう2個、白いんげん2個）6個化粧袋入り1,026円（税込）

岩室温泉街にある昭和7年創業の老舗菓子店。上品な甘さの金鍔（きんつば）をはじめ、手作りによる季節ごとの和洋菓子がそろっている。

クーポン

La Bistecca（ラ・ビステッカ）
TEL 0256-77-8677
新潟市西蒲区橋本259
営 月火11時～14時30分（LO14時）
　木～日,祝日11時～14時30分（LO14時）
　／17時～21時（LO20時）
休 水曜（祝日の場合翌日）

お食事の方に
酪農プリン
1個サービス

●お1人様、1回のご利用となります。
●有効期限：2024年12月30日

確認印 サイン

クーポン

角屋悦堂
TEL 0256-82-2004
新潟市西蒲区岩室温泉616
営 8時～17時30分
休 第4木曜

500円以上購入で
温泉まんじゅう
1個サービス

●お1人様、1回のご利用となります。
●有効期限：2025年3月末日

確認印 サイン

トネリコランチ 1,320円～（写真は一例。季節によって変更になる場合あり）

雄大な新潟平野を眺めつつ、旬の地元野菜を生かした野菜ソムリエによる料理がいただける。米粉のスイーツや和菓子もおすすめ。テイクアウトも可。

ランチ・ディナーともにコースのみ 8,800円（税込）～

築150年を超える文化財レストラン。新潟の野菜やシェフが狩猟したジビエ（11/15狩猟解禁）など、旬を逃さない創作イタリアンが楽しめる。

クーポン

**ソフトドリンク
1杯サービス**
※テイクアウトでも
ご利用できます

●お1人様、1回のご利用となります。
●有効期限：2025年3月末日

農園のカフェ厨房 TONERIKO
TEL **0256-78-7515**
新潟市西蒲区下山1320-1
そら野テラス内　🕐10時～17時(L.O16時)　🈲火曜

確認印

サイン

クーポン

**ウェルカムドリンク
一杯サービス**

●お1人様、1回のご利用となります。
●有効期限：2025年3月末日

灯りの食邸 KOKAJIYA
TEL **0256-78-8781**
新潟市西蒲区岩室温泉666
🕐ランチ12時～（予約制）／
ディナー18時～（予約制）
🈲火曜・水曜、11月15日、年末年始

確認印

サイン

岩室弁当「前略とりめし」1,500円（税込）。星の部 3,500円（税込）、夜の部 8,500円（税込）

古民家の風情が残る焼き鳥店。生産者から直接仕入れる厳選した鶏肉を備長炭で焼き上げ、50年継ぎ足しのタレで仕上げる。昼夜とも完全予約制、コースでの提供。

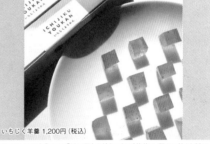

いちじく羊羹 1,200円（税込）

地元のいちじくブランド「越の雫」を使ういちじく羊羹は、程よい甘さと種のつぶつぶとした食感が特徴。保存料・着色料を使用せず透き通っている。

クーポン

**ウェルカムドリンク
1杯サービス**

●お1人様、1回のご利用となります。
●有効期限：2025年3月末日

岩室とり蔦
TEL **0256-78-8618**
新潟市西蒲区岩室温泉667-19
🕐11時30分～（予約制）／
18時～（予約制）
🈲火曜・水曜

確認印

サイン

クーポン

**商品ご購入の方に
自家製温泉
せんべい2枚入り
1袋プレゼント**

●お1人様、1回のご利用となります。
●有効期限：2025年3月末日

小冨士屋
TEL **0256-82-2053**
新潟市西蒲区岩室温泉576
🕐8時～19時
🈲水曜、他不定休

確認印

サイン

中華そば　780円（変更の場合あり）

「なつかおいしい」がコンセプト。昔ながらのほんのり煮干しの香るあっさりしたラーメンは飽きが来ません。

クーポン	麺食堂 まる七
	TEL 0254-26-7010
	新発田市島潟393-1
餃子3個	🕐11時〜21時（21時ラストオーダー）
サービス	🈡無休

●お1人様1回のご利用となります。
●有効期限：2025年3月末日

確認印
サイン

特製味噌らーめん　990円

無添加の自家製麺はうれしい大盛り無料！25種類の食材でていねいに作る特製味噌ダレが味の決め手。

クーポン	荒川らーめん魂 あしら
	TEL 0254-62-2291
	村上市切田1217-6
自家製餃子1皿	🕐10時〜23時30分（L.O23時）
（5個入り）無料	🈡不定休

●お1人様1回のご利用となります。
●有効期限：2025年3月末日

確認印
サイン

ラーメン（肉1枚）850円

「のろし」こだわりの小麦香る極太麺にくせのない豚骨スープ。子どもからお年寄りまで幅広い世代に人気だ。

クーポン	ラーメン のろし 新発田店
	TEL 0254-23-1239
	新発田市荒町1518-1
ギョーザ	🕐10時30分〜深夜1時
（1皿）サービス	🈡無休

●お1人様1回のご利用となります。
●有効期限：2025年3月末日

確認印
サイン

みそらーめん　930円

ゲンコツをじっくり煮出した清湯スープに玉ねぎの甘味が合わさった「みそらーめん」はおすすめの一杯。

クーポン	らーめん家 和玄
	TEL 0254-22-9166
	新発田市城北町2-345-1
餃子1皿（5個）	🕐11時〜
サービス	※スープがなくなり次第終了
	🈡第1、3、5木曜

●お1人様1回のご利用となります。
●有効期限：2025年3月末日

確認印
サイン

マニア向け!? 新潟県の個性的な温泉

新潟県は実は隠れた温泉大国なんです。温泉の泉質は大きく分けると全部で10種類あるのですが（P10参照）、その10種類すべてが存在するのが新潟県！……と言われても比較対象がないとピンとこないと思いますので例をあげます。

＊おんせん県をうたう大分県[1]＝8種類

＊天下の名湯草津温泉を擁する群馬県[2]＝7種類

プラス情報でお伝えすると、新潟の「温泉地[3]」数は、北海道、長野県に続く第3位！です。

新潟県、自慢していないだけで、本当はすごい温泉大国なんです！

そんな温泉大国新潟、今回のテーマは「マニア向け!? 新潟県の個性的な温泉」の紹介です♨

※1 含よう素泉・放射能泉の湧出は確認されていない

※2 含鉄泉・含よう素泉・放射能泉は確認されていない

※3 温泉地＝宿泊施設を伴う温泉地。日帰り温泉施設だけの温泉地は含めません

〈色つき温泉編〉

♨ 鮮やかなエメラルドグリーン！「月岡温泉」

総硫黄含有量はお隣群馬県の万座温泉に次ぐ日本第2位！美しい水色(すいしょく)は一度見たら忘れられません。おまけにそれが美人の湯ときたら……宝石のように貴重でありがたい温泉って思ってしまいますよね。泉質名で言うと「硫黄泉」に当たりますが、普段みなさんがイメージする硫黄泉は乳白色かと思います。同じ硫黄泉でも、このエメラルドグリーンは温泉成分中の「硫化水素イオン」と塩化ナトリウム（塩）の影響だといわれています。実は、鮮やかなエメラルドグリーンの硫黄泉は西日本では見られず、東日本のそれも

44

一部の温泉にのみ見られる珍しい色です。月岡温泉も石油採掘の際に噴出した温泉、源泉にはほんのり虹色に光る小さな油粒が浮いていることもあります。

♨赤褐色の濃厚な湯「関温泉」

鉄分が温泉1kg当たり5mgも入っていれば赤褐色に濁ります。「含鉄泉」と温泉分析書上に記載されるには鉄イオンが20mg／kg必要ですが、関温泉は14mgもありますのでほぼ含鉄泉と言えます。 含鉄泉は「婦人の湯」と呼ばれ、よく温まります。妙高温泉郷のひとつ関温泉は標高約900mの高地に位置し、紅葉の時季はその色合いは特に印象深く、木々の紅葉と赤褐色の濁り湯の情景はなんとも言えない情景を醸し出しています。

♨温泉の醍醐味を味わえる白濁の硫黄泉「燕温泉」

標高約1100mに位置する高所温泉、燕温泉。夏は避暑地としてもお薦めです。温泉街から少し離れた山あいに、ふたつの野天風呂があります。「黄金の湯」と「河原の湯」、いずれも白濁の乳白色でいわゆる「硫黄臭※4」がプンプン、着ていった服にいつまでも匂いが残り、温泉好きなら帰宅してからも二度三度幸せ感に浸れること間違いなしの名湯です。2つの野天風呂は冬季閉鎖ですが、燕温泉には旅館が5軒あり通年営業しています。

※4 硫黄そのものは香りませんので本来は「硫化水素臭」と表記するのが正解です

♨ 石油臭の聖地 「新津温泉」

その昔、新潟県内では石油を掘削している場所が数多くありました。新潟市秋葉区（旧新津市）もそのひとつ。湧き出た新津温泉は文字どおりの「石油臭」、もっとわかりやすく言えば「ガソリンスタンドの匂い」、全国の温泉マニアからは「石油臭の聖地」とあがめられているほど、スゴイ温泉なのです。またこの石油臭、朝イチに訪れるとさらに芳香！　肌触りはしっとり、心なしかオイリーな感じ……。色味も何とも言えぬ薄緑の色調。ここは地元の方が古くから通われている名湯、まずはにこやかに笑顔で挨拶からはじめ、ぜひご自身の五感で名湯を実感してみてください。

♨ アンモニア臭プンプン！ 「西方の湯」

国道113号沿いにたたずむ巨大な親鸞聖人像が目印。ここも全国の温泉マニアがわざわざ足を運ぶほどの聖地。温泉1kgあたりの溶存物質総量が1000mg以上だと「単純温泉」以外の名称がつくのですが、ここの温泉は成分総計3万7000mg／kg超え（！）の超濃ゆい温泉です。2014年の鉱泉分析法指針改定で新しくラインナップに加わった「含よう素泉」は「よう化物イオン」が温泉1kgあたり10mg以上含有している泉質なのですが、なんとここの「よう化物イオン」は80mg以上…！　2014年からまだぎりぎり10年経つか経たないかなので、全国すべての温泉が温泉分析書を取り直しているわけではないものの、限りなくトップクラスの数値と言えましょう。

個性的な香りは、少し鼻にツーンとくる、まさにうがい薬のヨードチンキのよう！ お湯は灰色、浴槽の床は見えないほどで、気が付いたら足裏が真っ黒になっていたことも…。温泉成分を洗い流さないように、かかり湯のシャワーはしない私でも、ここだけはあがる際にちゃんとシャワーを浴びます。なぜならば……源泉を肌に付けたままであがると、乾いたそばからとんでもないアンモニア臭が体中から匂ってくるから……。要注意です（笑）

♨日本三大薬湯「松之山温泉」

傷ついた鷹が傷を癒やしていた温泉、といわれのある松之山温泉は日本三大薬湯の一つとして数えられています。日本三大薬湯のほかの二つは有馬温泉（兵庫県）、草津温泉（群馬県）で、いずれも名湯中の名湯！ そこに堂々と肩を並べる松之山温泉。活火山は近くにないのに、地中から90度近くの温度で湧き出ているのは一千万年以上前に地中に閉じ込められた「化石海水」。大昔の海の水が温泉となって湧き出ているため、非常にしょっぱいのも特徴のひとつ。塩分はお肌をコーティングしてくれるので、ほかほかと湯冷めしない温まりの湯でもあります。そして、「アブラ臭」と言われるコールタールのような、石油のような、なんとも言えないマニアッ

クな香りも特徴。特に源泉を掘りなおした「ナステビュウ湯の山」（P71）は松之山のなかでもひとつ抜け出たアブラ臭！ 硫黄泉のあの香りとも違う、ちょっと癖になる香りの温泉です。

まだまだ新潟県には個性的な温泉、たくさんありますよ！今回は誌面の都合によりここまでのご紹介です。

長尾 祐美

温泉をライフワークにして早数十年、歩いてしか行けない山奥の秘湯から憧れの湯宿まで、つかってきた温泉は3300湯以上。平日は会社員生活を送る傍ら年100日は全国の温泉地へ出かけ、ニッポンのお宝である温泉と日本酒を湯友と共に楽しむことが極上の幸せ。温泉ソムリエ アンバサダー、温泉達人会メンバー、日本酒学講師（きき酒師）、日本旅のペンクラブ理事。

ラウンジの
テーブル・イス

料金込

3　日帰りランチプラン
（ランチ＋個室休憩＋入浴）
ペア1組様

㉙越後長野温泉

妙湶和樂 嵐渓荘

日本屈指、濃厚で効能豊かな「強食塩冷鉱泉」を実感する

八十里越えの山々に源を発する清流・守門川。越後長野温泉「嵐渓荘」はその渓流沿いに建つ一軒宿。かつては湯治場として近在近郷の人たちを癒やしてきた源泉は十八・五℃の冷鉱泉。無色透明ながら日本屈指の濃厚な「強食塩冷鉱泉」で薬用に利用されたほどの効能を誇る。肌にまとわりつき湯冷めしにくいやさしい湯と滋味深いデトックス効果の高い山里料理が女性客のリピーターを増やしている。

大浴場の他に、山手に位置した〝山の湯〟には二種のお風呂があり、守門川の自然石を配した「石湯」と深さ百三十センチの立ち湯「深湯」が楽しめる。

48

☎0256-47-2211

【入浴料金】

大人 **1,000**円

子ども **700**円

（フェイスタオル付き）

泉質 ナトリウム塩化物冷鉱泉

営 午前11時～午後2時30分

浴 大浴場、露天風呂、石の湯、深湯など

備 フェイスタオル、バスタオル(有料)、シャンプー、リンス、石鹸、化粧水など

施 ビンテージオーディオラウンジ、リトリートガーデン、マッサージルームなど

宿 1泊2食22,150円～(消費税・入湯税込、平日2名利用の場合)、全16室(室13、和洋3)

効 切り傷、冷え性、婦人病、神経痛など

交 車では北陸自動車道三条燕ICからR289経由約45分。JR信越本線東三条駅から八木ヶ鼻温泉行きバス40分、終点八木ヶ鼻温泉下車徒歩約30分

三条市長野1450

湯めぐりスタンプ

3つリターン クーポン券

大人入浴料 **250**円割引
(1,000円→750円)
グループ2名様まで有効
有効期限2025年3月末日

1回目

グループ2名様のみ
日帰り入浴料無料

1回目と同じ 2回目

4回目

1回目と同じ 3回目

3

4

5

1 「山の湯」は石湯・深湯それぞれに内湯と露天があり、日帰りでは男女交代制（11:00～15:30 ※12:00～13:00清掃）、宿泊客は貸し切り風呂（16:00～）として利用できる

2 濃厚な塩分と旨味のある源泉に、村上市、冨士美園の優しいふくよかなほうじ茶をあわせた。ラウンジで飲むことができる

3 大浴場はゆったりとした造り（男女切り替えなく11:00～14:30）

4 自然に囲まれた一軒宿。前庭にはデッキがあり川沿いの自然に癒やされる

5 日帰りでのランチは軽食・定食・会席料理から選べる（※混みあう週末等は要問い合わせ ※会席料理は個室予約が必要）。写真は山菜定食3,850円（税込）～。6,050円（税込）以上のオーダーで入浴料サービス

¥0　別料金

3R　ペア優待券（入湯税150円で入浴できる）
ペア5組様

㉚八木ヶ鼻温泉

いい湯らてい

1

八木ヶ鼻を愛でながら
多彩な湯船にまどろむ

それぞれに趣の異なる景観が望める「数寄の湯」と「和楽の湯」の二つの浴場があり、奇数、偶数日で男湯、女湯が入れ替わる。蒸気と光の演出で心身ともに癒やしてくれるウォーターセレモニーサウナ、山のように積み上げた岩石から蒸気を発生させるロッキーサウナなどで体を温めたあとは、屋外に出て露天風呂に足を浸しながら八木ヶ鼻を眺めるのもいいだろう。

館内の設備はまるでホテルを思わせるぜいたくさ。畳敷きの休憩室のほかチャイルドコーナーやテレビ付きのリクライニングコーナーもあるので、家族連れには最適だ。クレンジングや化粧水、乳液など充実したアメニティーは女性客から好評を得ている。

📞 **0256-41-3011**

【入浴料金】

大人･･･････････ **900円**

※午後5時以降700円
タオル、館内着 各150円

こども（小学生）･･･････ **600円**

※午後5時以降400円
タオル、館内着 各150円

未就学児童･･･････ **無料**

泉質 ナトリウム・カルシウム硫酸塩泉

- 料 個室(14畳・12畳) 3時間2,100円
- 営 午前10時～午後9時
- 休 第3水曜(祝日営業、翌日休)、12月31日
- 効 神経痛、筋肉痛、関節痛、慢性消化器病など
- 浴 大浴槽、ジェットバス、バイブラバス、寝ころびの湯、マグマ風呂、露天風呂、フットマッサージ、スチームサウナ、ロッキーサウナ、ウォーターセレモニーサウナなど
- 備 ドライヤー、化粧品、シャンプー、リンス、ボディーソープ、ブラシなど
- 施 レストラン、大広間、無料休憩室、ゲームコーナー、リクライニングコーナー、仮眠室、リラクゼーションルーム、個室、宴会場など
- 宿 なし
- 交 車では北陸自動車道三条燕ICから国道289号経由で45分。JR信越本線東三条駅からバスで45分
- 駐 250台

三条市南五百川16-1

1 露天風呂からは八木ヶ鼻を一望できる
2 お食事処はくちょうでは八木ヶ鼻を目の前に食事ができる
3 "おひとり様"でもゆったりとした時間をお過ごしいただけます
4 ひのきの香りに包まれながら入浴できる露天風呂
5 白と茶で統一された開放感溢れるロビー

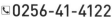

☎ **0256-41-4122**

別料金

¥0

無料入浴券
ペア5組様

㉛加茂七谷温泉
美人の湯

1

2

1 露天風呂敷地内に新設されたハニカムサウ
ナは男湯女湯どちらでも楽しめる
2 和紙のぬくもりが伝わってくる優しい灯

新潟市から車で約1時間
三百名山 粟ヶ岳の絶景を

広々としたロビー、2階から粟ヶ岳の絶景を望むことができ、夜は伝統的な加茂和紙を使った灯（あかり）が館内を非日常的な空間に演出。露天風呂、大浴場、ジャグジー、ドライ／スチームサウナ、貸切で使える家族風呂（別料金）さらに露天敷地内に、六角形の「ハニカムサウナ」が新設され施設も充実。「ななたに食堂」では地元の食材を使った料理が楽しめる。

【 入浴料金 】

大人……… **800**円

小学生…… **300**円

小学生未満…… **無料**

※タオル、館内着　各150円

泉質　含二酸化炭素－ナトリウム－塩化物強塩・炭酸水素塩泉

🕙 午前10時〜午後9時

🈲 第2、第4水曜(祝日営業、翌日休館)

🈪 神経痛、筋肉痛、関節痛、五十肩、腰痛症、関節リウマチ、末梢循環障害、冷え性、ストレスによる諸症状など

加茂市大字宮寄上13-1

至田上・新潟
至村松・五泉
加茂小学校
加茂市役所
かも
冬鳥越スキーガーデン
加茂山公園
加茂川
七谷コミュニティ
センター
美人の湯
至三条
至下田

森の湯小屋 さぎの湯
㉜ 矢田温泉
しらさぎ荘

🎁 ペア優待券（入湯税150円で入浴できる）
ペア10組様

自然豊かな森に囲まれて
温泉や読書を楽しむ

しらさぎ森林公園を過ぎると、森に囲まれた小さな日帰り温泉施設が現れる。肌にいいメタケイ酸を多く含む湯に浸かった後は、「さぎの森文庫」でハンモックに揺られながら読書が楽しめる。「さぎの森食堂」では地元食材を使った料理も好評。

日替わりで男湯、女湯が入れ替わる。「はなしょうぶの湯」「ほたるの湯」

持込〇　別料金

【入浴料金】
0〜11歳まで………… **100円**
12〜64歳まで……… **400円**
65歳以上………… **300円**

泉質　メタケイ酸含有の中性泉

🈹 貸室料金和室＝1時間につき500円
🈺 午前10時〜午後9時
🈟 第2木曜日（祝日の場合は翌日休館）、12月31日
📞 **0256-45-0888**
三条市矢田888

麻生の湯
㉝ 麻生田観音堂温泉

広い浴槽でのびのびと
癒やしの時間がゆったり流れる

木のぬくもりを生かした屋根つき露天風呂は長岡平野を一望できる高台にあり、開放感抜群。内風呂にはジャグジーも設備している。食事処は定食などのほか、充実したメニューが並ぶ。

広々とした半露天風呂。たっぷりのお湯は、やや黄色がかったナトリウム・カルシウム−塩化物泉だ

料金込

【入浴料金】
〈タオル、バスタオル付〉
大人……… **980円**　小学生……… **半額**
〈タオルなし〉
大人 **840円**　小学生 **半額**　小学生未満 **無料**

泉質　含よう素−ナトリウム・カルシウム　塩化物温泉

🈺 午前10時〜午後10時（最終受付午後9時15分）
🈟 不定休
📞 **0258-31-9300**
長岡市麻生田町南谷2063

灰下の湯 ㉞

長岡の中心部から車で20分。
知る人ぞ知る穴場スポット

華美でなく家庭的な雰囲気も魅力のひとつだ

長岡ICで降り、国道8号線を柏崎に向かう途中、大積橋の手前を左に曲がり進んでいくと、自然があふれる中に静かにたたずむ灰下の湯。シンプルな浴槽は薄茶色の湯で肌がすべすべに。穴場巡りが好きな方におすすめだ。

   返却式 有料

【入浴料金】
大人……………600円
小学生……………300円
幼児……………無料

泉質　低調性アルカリ性冷鉱泉

営　平日　午前11時〜午後6時30分
　　土日　午前10時〜午後6時30分
休　毎週火曜、水曜
☎　0258-47-0596
長岡市大積灰下町1455

湯どころ ちぢみの里 ㉟

道の駅ちぢみの里おぢや

国道17号線沿いの「道の駅」の日帰り温泉

小千谷を一望できる展望露天風呂・和風「紬の湯」

和風の「紬の湯」には源泉掛け流し風呂、洋風の「縮の湯」には、水深1・2メートルのウォーターマッサージ風呂と岩盤浴があり、男女で週替わりになる。昭和ストロングスタイルのサウナも人気。食堂では小千谷名物のへぎそばが食べられる。二千冊をそろえるマンガコーナーもある。

    ¥0 別料金

【入浴料金】
大人……………800円
小学生……………400円

バスタオル・フェイスタオル・館内着別途。
60分の銭湯コースは大人580円。

泉質　ナトリウム−炭酸水素塩・塩化物温泉

湯　貸し切りの休憩室（3時間2,000円〜）
営　午前10時〜午後9時（レストランは午後8時ラストオーダー）
休　水曜、12月31日
☎　0258-81-1717
小千谷市大字薭生甲1670-1

見晴らしの湯 こまみ

㊱ ふれあい交流センター

越後三山の四季が楽しめる見晴らしの湯

小出スキー場のすぐ脇に建つ「こまみ」は眺望の良さも人気の一つ。特に露天風呂からは稜線の美しい越後三山や田園風景が見渡せて開放感に浸れる。入浴後は、天井の高い開放的な休憩所でひと休み。グループでくつろげる個室もある。

四季のパノラマを楽しめるお風呂はついつい長湯になりそう

   ¥0 有料 アルコール以外 別料金

【入浴料金】
大人……………600円
こども（3歳〜小学生）…300円
貸しタオルセット200円

泉質　ナトリウム、カルシウム、硫酸塩・塩化物泉

個室利用2時間1,000円
午前10時〜午後8時30分
毎週火曜日
☎ 025-792-8001
魚沼市青島2083-1

神湯と ふれあいの里

㊲

山々にすむ12人の神様をもてなした伝説のある「神湯」

魚沼市の大自然のなかに建つ温泉施設。自然豊かなロケーションをいかした露天風呂に浸かれば、四季折々に風情を変える景色と温泉が同時に楽しめる。ジャグジー・サウナなども用意された大浴場は、体を癒やしてくれる快適空間。

趣の違う二つの大浴場が週ごとに男女入れ替わる

   ¥0 別料金

【入浴料金】
大人……………700円
こども（3歳〜小学生）…400円

泉質　弱アルカリ単純泉

午前10時〜午後10時（最終受付午後9時）
不定休。お問い合わせください
☎ 025-799-3350
魚沼市清本583

㊳ ゆ～パーク薬師

湯上がりは自慢の地粉十割そばで舌鼓

湯は無色無臭の単純泉で、さらりとした肌触りが心地よい

大浴槽、寝湯のほかに、打たせ湯、露天風呂、ドライサウナのある「慈眼寺」と、バイブラバス、ドライサウナのある「薬師」が男女日替わり。大広間や仮眠室、食事処など充実した造りがうれしい。

【入浴料金】
大人 …………………… **700円**
こども（3歳～小学生）… **400円**
※変更になる場合あり

泉質 弱アルカリ性低張性温泉

🕐 午前10時～午後9時（最終入館受付は午後8時）
🈳 水曜（祝日営業、翌日休）
☎ **025-792-5554**
魚沼市七日市新田643-1

㊴ 白銀の湯

美しい山々が一望できる露天風呂とくつろぎの大浴場

木の香りが心地よくリラックスできる内風呂

尾瀬への玄関口に程近い銀山平。周囲の大自然に溶け込むようなモダンな建物。内風呂は木がふんだんに使われ香りがリラックス感を高める。石造りの露天風呂からは越後駒ケ岳など見渡す限りの大自然が広がる。

【入浴料金】
大人 …………………… **650円**
こども ………………… **350円**
3歳未満 ……………… **無料**

泉質 アルカリ性単純泉

🕐 4月上旬～11月上旬＝シーズンによる（要確認）
🈳 11月上旬～4月中旬は冬季休館（要確認）
☎ **025-795-2611**
魚沼市下折立字北ノ又1034

雪割草の湯

⑩ 大崎温泉

花暦に合わせて訪れたいのどかな湯

浴室はシックな造り。窓沿いに長方形の湯船が配されている

こぢんまりとしているが目隠しの囲いから海が見える露天風呂が味わい深い。湯は淡黄色を帯びたナトリウム塩化物泉。放熱効果のある炭酸水素イオンを多く含む湯は、湯あたりしにくく体にやさしく、肌もしっとりとする。

【入浴料金】
大人…………600円
小・中学生……380円
幼児…………無料

泉質 ナトリウム－塩化物泉(高張性弱アルカリ性冷鉱泉)
営 午前10時～午後8時(季節により変更あり)
休 月曜(祝日営業、翌日休)、12月30日～1月3日
☎ 0257-47-2113
柏崎市西山町大崎1190

寺宝温泉

⑪ 純生あわの湯

豊かな自噴量で100％掛け捨て、毎朝一番風呂を味わえる

湯船はこぢんまりしているものの、湯の「鮮度」には定評あり。体につく気泡の多さは、その証拠だ

全ての浴槽、温水シャワーが源泉100％掛け捨てで、浴槽によって湯の温度を変えているのもこだわりの一つだ。効能の豊かさはリピーターの豊かさが物語っており、「あまり他人には教えたくない」というファンの声も頷ける。湯治宿泊も人気。

【入浴料金】
大人…………800円
子ども………600円

泉質 弱アルカリ性単純泉(ナトリウム塩化物)
営 午前8時～午後8時(日帰り入浴)
　午前7時～午後9時(宿泊客)
休 不定休
☎ 0258-29-4126
長岡市寺宝町82

自然温泉
㊷
桂温泉

市街地からのアクセス抜群
田園地帯にある日帰り湯

源泉かけ流しの豊富な湯量を堪能したい

長岡市街から車で20分、源泉かけ流しがうれしい温泉施設だ。硫黄の香りが漂ううお湯は、肌がツルツルになると利用客から好評。食事の持ち込みができ、外出も可能なのでのんびりと温泉を楽しめる。庭園露天風呂は男女とも6月〜10月の期間開催。

期間開催

¥0　持込〇　別料金

【入浴料金】
一般（中学生以上）……**650円**
小学生……………**400円**
大広間利用…………**500円**
　　　　　（平日は無料）

泉質 アルカリ性単純温泉

営 午前10時〜午後9時30分（午後8時30分最終受付）
休 月曜（祝日の場合翌日）、8月13日、12月31日、1月1日
☎ **0258-44-8480**
長岡市桂町1527

湯 煙 分 析 表

年　　月　　日	年　　月　　日
施設名	施設名

お風呂 ♨
サービス ☺
景色
清潔度 ✦
余韻

お風呂 ♨
サービス ☺
景色
清潔度 ✦
余韻

湯 煙 日 記

日　付	施設名	同行者	感　想
／			
／			
／			
／			
／			
／			
／			
／			
／			
／			
／			
／			
／			
／			
／			
／			
／			

㊸花みずき温泉 日帰り温泉施設

旬食・ゆ処・宿 喜芳

「食」と「湯」を楽しむための設備が充実の温泉施設

東山連峰の雄姿が望める長岡市の北西部（旧三島町）にある豪華な造りの温泉施設。浴室は館内二階に設けられ、天井高く開放感あふれる空間に、趣向を凝らした五つの浴槽が配されている。和テイストの源泉掛け流しのひのきの露天風呂や眺望が自慢の岩露天風呂などバリエーションは豊富。泉質はやや黄色がかった単純泉でやわらかな肌ざわりが心地良い。湯上りの休憩所も大小四カ所もあり、キッズルームやボディーケアルームなど浴室に劣らぬ充実ぶり。貸切個室や宴会、宿泊プランもそろっているので幅広い世代や用途に対応が可能だ。

📞**0258-42-4126**

【入浴料金】
〈平日〉

大人	…………………	**850円**
子ども	…………………	**400円**
3歳未満	…………………	**無料**

※タオルセット・館内着は別料金

泉質 単純泉(中性低調性低温泉)

料 平日=大人850円、子ども400円、夕方5時以降は大人620円、子ども300円。土日祝日=大人980円、子ども500円、夕方5時以降は大人830円、子ども450円。
※子どもは3歳未満無料
※タオルセット140円、館内着150円。タオル類持ち込み可能

営 平日=午前10時〜午後9時、土日祝日=午前10時〜午後9時30分

休 なし(メンテナンスのための臨時休館あり)

効 神経痛、筋肉痛、関節痛、五十肩など

浴 大浴槽、ジャグジー、サウナ、水風呂、岩露天風呂、陶器露天風呂、檜露天風呂

備 ボディーソープ、シャンプー、リンス、あかすりタオル、シャンプー用ブラシ、かかとやすり、ドライヤー、化粧水、整髪料、綿棒、ヘアブラシなど

施 足湯、浴室休憩所、あかすりコーナー、休憩用広間、貸し切り個室(2時間3,000円〜)、食堂、リラックスルーム、ボディーケアルームなど

宿 1泊朝食7,900円〜、1泊2食11,000円〜。収容29名、7室

交 車では北陸自動車道長岡ICから国道8号経由で20分。JR長岡駅からバスで35分

駐 140台

長岡市上岩井6964

🈺 **湯めぐりスタンプ**

1 落ち着いた和の風情あふれる掛け流しのひのきの露天風呂
2 2004年にオープンした際はその規模と豪華な造りから話題を呼んだ
3 石造りの洗い場や脱衣所の洗面台は一つずつ仕切られている
4 80種類のメニューの他、日替わりの本日のおすすめメニューもある
5 定食・一品料理・お子様メニューなど豊富な品揃え ※写真は海老野菜天重
※各種ご宴会・ご宿泊承っております

弁当や料理　100円
など予約制　リターン式

有料　別料金

3R　ペアご優待券
5組様

㊹千手温泉
千年の湯

1

源泉の湯にまどろみ
心やすらぐ温泉施設

　浴室は信濃川の玉石を積み上げた玉石風呂と、ひのき風呂の二つ。加温も循環もしない天然の湯は薄紅茶色でぬめりがあり、浴槽から出たあとも体をぽかぽかと温めてくれる。

　「千手温泉」の名で親しまれていたが、平成十三年に「千年の湯」としてリニューアルオープン。建物の外には無料の足湯スペースがあり、バリアフリーの館内は高い天井と大きな窓が実に開放的。露天風呂の改修により、温度の違う三つのお湯を楽しめるようになった。食事処は近隣の飲食店から出前を取るシステム。仮眠室もあり、一日ゆっくりと過ごすことができる。ギャラリーを兼ねた「陽だまりラウンジ」も見どころだ。

中越

📞**025-768-2988**

【入浴料金】

中学生以上	………………	**800**円
小学生	………………	**400**円

※夜間割引として午後6時以降は大人700円

泉質 弱アルカリ性低張性高温泉

🈹 個室＝1階和室2,400円（3時間以内、延長1時間につき1,200円）、2階小部屋1,800円（3時間以内、延長1時間につき600円）

🈺 午前10時～午後10時（最終受付午後9時30分）

🈴 4月、11月は臨時休館日あり

🈯 神経痛、筋肉痛、関節痛、五十肩、運動まひ、切り傷、やけど、慢性皮膚病など

🛁 桧風呂、玉石風呂、露天風呂、家族風呂、足湯

🈶 シャンプー、リンス、ボディーソープ、ドライヤー、タオルセット（フェイスタオル＆バスタオル300円）、ガウンセット（フェイスタオル、バスタオル、ガウン500円）、かみそり（200円）

🈺 大広間、仮眠室、陽だまりラウンジ、個室（和室・洋室あり）など

🈙 なし

🚗 車では関越自動車道越後川口ICから国道117号経由で25分、または六日町ICから国道253号経由で30分。ほくほく線十日町駅からバスで20分

🅿 150台

十日町市水口沢121-7

🈂 **湯めぐりスタンプ**

3つリターン／クーポン券
タオルセット 無料サービス
1名様のみ有効
有効期限2025年3月末日

1回目

お一人様のみ
大人入浴料無料

4回目

大人入館料
100円引き
800円→700円
2回目

2回目と同じ
3回目

1 信濃川の玉石を厳選して積み上げたという玉石風呂の浴室
2 家族風呂は大人6～7人が楽に入れる広さだ。料金は人数分の入館料＋1,200円で1時間30分以内、要予約
3 玄関すぐの「陽だまりラウンジ」は市民の作品などを発表するギャラリーでもある
4 玉石風呂の露天風呂はひのき造り、逆にひのき風呂の露天は玉石造り。組み合わせの妙が、湯浴み気分を高めてくれる
5 入り口の前には無料で利用できる足湯スペースが設けてある

別料金

¥0

📞 **025-763-4811**

 ミオンなかさと・ゆくら妻有
ペア共通入浴券
5組10名様

❹⑤宮中島温泉

ミオンなかさと

1

2

1 落ち着いた色合いの大浴場で、心までゆっ
　たりと癒やされるひとときを
2 フィンランドサウナには、テレビが設置さ
　れている

信濃川のほとりの温泉に浸かって気分爽快

大浴場は全体に石を配した豪華な造り。開放感のある内風呂に浸かったあとは、露天風呂をゆったりと堪能したい。褐色のやわらかな湯はつるつるとした肌触りで美肌効果も期待され、女性に人気。信濃川の流れを望むことができる客室はお風呂付きのもあり、日頃の喧騒を忘れくつろぎの時を満喫できる。また、定期的にお風呂イベントを開催し、変わり風呂で来館者を楽しませてくれる。

【 入浴料金 】

〈温泉施設利用料〉

大人（中学生以上）・・・・・・・・・	**800円**
小学生・・・・・・・・・・・・・・・	**400円**
未就学児・・・・・・・・・・・・・・	**無料**

（タオル、バスタオルセット）（館内ウェアー）のレンタル有り

泉質 ナトリウム－塩化物・炭酸水素塩泉

🈹 貸室利用料＝2時間4,400円

🈺 ４月～11月・３月　午前10時～午後10時
　　12月～２月　　　午前10時～午後９時
　　（各期間とも最終受付　閉館30分前）

🈡 毎週木曜　🈴 筋肉痛、冷え性、疲労回復など

十日町市宮中己4197

 🈐 湯めぐりスタンプ

クーポン券

大人入浴料
100円割引

グループ2名様まで有効
有効期限2025年3月末日

確認印

別料金

📞 025-763-2944

㊻原町温泉

ゆくら妻有

1

2

1 頬をなでる川風が心地よい露天風呂
2 人気メニューの「天ぷらそうめん」

湯も人情もほのぼの温か 地元客との交流も楽しい

良泉の源泉掛け流しで知られ、地元の人たちはもちろん市外・県外からも大勢の湯浴み客を迎える「ゆくら妻有」。加熱も循環もせず、源泉をそのまま浴槽に引き込んだ掛け流しの湯は、温泉成分が体に染み込むように肌になじむ。浴室には大浴場、その奥に露天風呂がある。湯上がりには一見変わった「天ぷらそうめん」や「ソフトクリーム」も大人気の一つ。心もおなかも満たしてくれる。

十日町市芋川乙3267

【 入浴料金 】

大人（中学生以上）・・・・・・・・・・・・	800円
小学生・・・・・・・・・・・・・・・・・・・・・・・・	400円
小学生未満・・・・・・・・・・・・・・・・・・・・・	無料

※午後6時以降は100円引き

泉質　ナトリウム塩化物泉（弱アルカリ性低張性高温泉）

🕙 4月～11月・3月　午前10時～午後9時
　 12月～2月　　　午前10時～午後8時
　（各期間とも最終受付　閉館30分前）

休 水曜（祝日営業、前日休）

効 神経痛、筋肉痛、関節痛、運動まひなど

❹⑦ 越後湯沢温泉

ぽんしゅ館酒風呂

越後湯沢驛店

駅中の酒風呂で心身ともにリラックス

地酒が惜しみもなく入っている酒風呂は健康と美容にいいと評判

越後湯沢駅の「ぽんしゅ館」は４つの楽しみがある。１つは県内蔵元の利き酒ができる、２つ目は品揃え豊富なお土産、３つ目は魚沼産コシヒカリにこだわった飲食コーナー、そしてリラックス効果満点の酒風呂だ。

返却式

有料 別料金

【入浴料金】
大人（中学生以上）……**800円**
小学生………………**400円**
幼児…………………**無料**

🅟 **泉質** 単純温泉（低張性弱アルカリ性高温泉）
営 入浴時間＝午前10時30分〜午後6時30分（最終受付 午後6時）（シーズンにより変更あり）
休 無休
📞 **025-784-3758**
南魚沼郡湯沢町湯沢2427-3

---

❸

❹⑧ 貝掛温泉

奥湯沢・貝掛温泉

アクセス便利な秘湯で効能豊かな温泉を満喫

岩囲みの露天風呂は男性用で50人、女性用でも30人は入れるスケール

開湯は７００年以上前という歴史ある秘湯は眼病に効くという評判で知られている。情緒ある建物や森林浴気分が味わえる露天風呂など秘湯の魅力にあふれている。清津川のせせらぎを聞きながらの湯浴みは極楽。

有料 別料金

【入浴料金】
大人………………**1,200円**
小人………………**600円**

🅟 **泉質** ナトリウム・カルシウム塩化物泉
営 午前11時〜午後2時（曜日・時期などにより変更あり）
休 無休（不定期でメンテナンスのため休館あり、要確認）
📞 **025-788-9911**
南魚沼郡湯沢町大字三俣686

㊾ 三国街道二居宿
宿場の湯

三国街道沿いにある温泉施設は 越後湯沢温泉外湯めぐりのひとつ

落ち着いた雰囲気の大浴場はサウナも併設している

越後湯沢温泉を気軽に楽しむなら外湯めぐりがおすすめだが、湯めぐりの施設の中で唯一サウナがあるのがこちら。休憩所も広く、のんびりと温泉三昧の一日が過ごせる。スキー場に近く、グリーンシーズンには登山など、行楽の疲れを癒やすのにもぴったりだ。

【入浴料金】
大人 …………………… **600円**
子ども（4歳〜小学生）… **250円**
3歳以下 ……………… **無料**

有料　持込〇　別料金

泉質 単純温泉(低張性弱アルカリ性高温泉)

営 午前10時〜午後9時(最終受付午後8時30分)
休 木曜(祝日・年末年始・お盆期間は後日振り替え)
☎ **025-789-5855**
南魚沼郡湯沢町三国537

㊿ 浦佐温泉
てじまや

越後三山の登山やレジャーの疲れを癒やしてくれる

岩囲みの露天風呂では、源泉そのままのにごり湯を堪能しよう

上越新幹線浦佐駅西口から徒歩10分ほどにある温泉旅館。源泉かけ流しのお湯は茶褐色をしており肌に優しい。温度もちょうどいいので、のんびりと長湯が楽しめる。駐車場には無料の足湯があり、こちらも源泉かけ流しだ。

    料金込

【入浴料金】
大人 ………………… **600円**
小人 ………………… **300円**

泉質 ナトリウム・カルシウムー塩化物・硫酸塩温泉

営 午後2時〜午後9時
休 無休
☎ **025-777-2214**
南魚沼市浦佐218-1

⑤ 五十沢温泉
ゆもとかん

懐かしさ感じる一軒宿
お湯は肌になじみしっとり

3組様 / 五十沢温泉オリジナル入浴剤（2個）&温泉ミスト（1本）セット

迫力ある岩囲みの大露天風呂は開放感あふれる

雄大な山々と田園に囲まれた温泉旅館での日帰り入浴。男女別内湯と混浴の大露天風呂（男女専用時間帯もあり）があり、源泉かけ流しの温泉は湯量が豊富。女性用内湯にも露天風呂がある。

フェイスタオル
のみ貸出有

別料金

【入浴料金】
〈平日〉
大人……700円 ／ 小人……500円
幼児（3歳～小学生）……300円
〈土日祝日〉
大人……1,000円 ／ 小人……700円
幼児（3歳～小学生）……500円
フェイスタオル……150円

泉 質 単純温泉

営 午前10時～午後8時
休 不定休
☎ **025-774-2876**
南魚沼市宮17-4

※新型コロナウイルス感染症対策の影響で、宿泊者多数の際、日帰り入浴をお断りすることがあります。電話にてお問い合わせください。

3つリターン／クーポン券
入浴料
100円引き
2名様まで有効
有効期限2025年3月末日

1回目

お一人様のみ
入浴料無料

4回目

入浴料150円引
2回目

入浴料200円引
3回目

---

⑤ 津南温泉スポーツランド
クアハウス津南

子どもからお年寄りまで
幅広い人気を集めるクアハウス

開放感あふれるバーデゾーン。健康状態や目的に合わせて入浴プランを選ぶ

源泉かけ流し、美肌の湯の内湯（男女別）と水着着用で利用できるプール、バーデゾーンには25メートルプールやウォータースライダー、乾サウナ、寝湯、気泡浴、トゴール湯などがあり、一年中快適に利用できる。

別料金

【入浴料金】
〈プールバーデ（水着着用）〉
大人（中学生以上）……1,000円
こども（3歳～小学生）……500円
〈内湯（男女別）〉
大人……500円
こども……300円

泉 質 弱アルカリ性単純温泉

営 午後2時～午後8時30分
　（日曜は午前10時～午後8時30分）
休 水曜（ホームページにてご確認ください）
☎ **025-765-3711**
中魚沼郡津南町大字芦ヶ崎乙203

クーポン券
利用料
20%割引
グループ5名様まで有効
有効期限2025年3月末日

確認印

❺❸ 駅の温泉
リバーサイド津南

駅舎の二階が温泉施設!?

茶褐色を帯びた温泉。窓からは飯山線を行き交う電車も見える（男湯のみ）

ＪＲ津南駅の2階に浴室と休憩室がある。浴槽は男女とも30人は入れる大きさで遠赤外線サウナも併設。会員制などで常連客も多い。休憩室では四季折々の景色を眺めながら、のんびりと過ごせる。

休憩室　バスタオル
持込〇　別料金

【入浴料金】
大人……………600円
こども（5歳〜小学生）…350円

※4歳以下無料
※毎週水曜はサービスデー　大人350円

泉質 単純温泉

営 午後2時〜午後8時30分
休 月曜（祝日営業、翌日休）
☎ **025-765-4733**
中魚沼郡津南町大字外丸丁1921-1

---

❺❹ グリーンピア津南温泉
ニュー・グリーンピア津南

オリジナル温泉入浴剤 津南の湯
2個セット×5名様

総合リゾートゾーンで
スポーツと温泉を満喫

東館の展望風呂は眺望がすばらしい。露天風呂やサウナも併設されている

大浴場のほか、東館展望風呂では琥珀色の湯やサウナ、露天風呂も楽しめる。温泉施設のほか多種多様なスポーツ施設が整い、一大リゾートとして季節を問わずにぎわいを見せている。

有料　別料金

【入浴料金】
①本館大浴場＝
大人……………600円
小人……………400円

②東館展望風呂＝大人600円　小人400円
①②共通＝大人1000円　小人500円
毎週水曜日は新潟県民デー
大人入浴400円　小人入浴200円

泉質 ナトリウム塩化物泉

営 午前9時〜午後9時（ただし①午前10時から40分間、②午前10時40分から正午までは、清掃のため入浴不可）
休 なし　※臨時休館あり、要問い合わせ
☎ **025-765-4611**
中魚沼郡津南町大字秋成12300

55 越後田中温泉
しなの荘

里山の風景に囲まれた
趣ある温泉宿の日帰り湯

宿自慢の庭園を望む露天風呂。硫黄がほのかに香る

自家源泉かけ流しのお湯は茶褐色で肌に優しく、湯上がりはしっとりすべすべになると評判。源泉の温度が低めなので沸かしており、ちょうどいい湯温なのがうれしい。男女それぞれにこぢんまりした露天風呂があり、庭園を眺めながらのんびりできる。

   貴重品
小サイズ
 ¥0 別料金

ペア入浴券
5組様

【入浴料金】
大人‥‥‥‥‥‥‥‥**700円**
子ども（3歳〜小学生まで）‥‥**350円**

 泉質 アルカリ性単純温泉

営 午前11時〜午後8時（最終入館午後7時30分）
休 無休（臨時休館あり・要問い合わせ）
☎ **025-765-2442**
中魚沼郡津南町上郷上田乙2163

---

56 松之山温泉 温泉センター
鷹の湯

草津、有馬と並ぶ日本三大薬湯の一つ

塩分濃度の高いお湯は無色無臭、冬でも湯冷めしないと評判

松之山温泉街の一角にある「鷹の湯」は日帰り専門の公営施設で、気軽に名湯が楽しめるとあって県内外から利用客が訪れる。露天風呂では越道川のせせらぎと四季折々の山野草を眺めながらの湯浴みが楽しめる。

    ¥0 別料金

【入浴料金】
大人‥‥‥‥‥‥‥‥**600円**
小学生‥‥‥‥‥‥‥**300円**

泉質 ナトリウム・カルシウム−塩化物泉

営 受付 午前10時〜午後8時30分（午後9時閉館）
休 木曜（祝日営業、前日休）
☎ **025-596-2221**
十日町市松之山湯本18-1

㊼まつだい芝峠温泉
雲海

雲海見下ろす露天風呂、幽玄の世界に漂うひととき

標高400メートル、芝峠から眺望できる雄大なパノラマが人気。展望露天風呂からは苗場山や谷川岳、巻機山の稜線が広がり、天空に漂う気分は爽快。条件がそろえば幻想的な雲海を望むことができ、日帰り予定を変更する価値が十分にある。

早朝に発生率の高い雲海。露天風呂から望む絶景は息を飲む美しさ

クーポン券
大人入浴料
100円
キャッシュバック
グループ5名様まで有効
有効期限2025年3月末日

確認印

【入浴料金】

大人	800円
小学生	400円
幼児	無料

泉質 ナトリウム－塩化物温泉

営 午前10時～午後8時
休 水曜
☎ 025-597-3939
十日町市蓬平11-1

㊽松之山温泉
ナステビュウ湯の山

日本三大薬湯で早朝から極楽のひと時を体験

早朝から温泉に入るには旅館に宿泊するしかないと思う人が多いだろうが、ナステビュウ湯の山では土日祝日は朝5時から営業。朝日（ご来光）を浴びながらの日帰り入浴ができる。運が良ければ朝焼けを見ながらお風呂に浸かり、目の前の山から太陽が昇る様子を眺められる。

温泉保養施設「ナステビュウ湯の山」の全景

クーポン券
貸しタオル
半額
グループ2名様まで有効
有効期限2025年3月末日

確認印

【入浴料金】

大人（平日）	800円
大人（土日祝日）	850円
小学生	400円
未就学児（3歳以上の未就学児童）	200円

泉質 ナトリウム・カルシウム－塩化物泉（高張性・中性・高温泉）

営 〈4月～11月末〉平日　午前10時～午後10時
土日祝日　午前5時～午後10時
〈12月～翌3月〉午前10時～午後9時
（いずれも最終入館受付は閉館30分前）
休 〈4月～11月末〉第二、第四火曜日　〈12月～翌3月〉毎週火曜日
☎ 025-596-2619
十日町市松之山湯山1252-1

❺⓽高柳じょんのび村　じょんのび温泉

楽寿の湯

1

知る人ぞ知る、地元で愛され続ける隠れた名湯

黒姫山中腹の縄文時代の地層から汲み上げる温泉は、茶褐色の温泉で非常に湯あたりが良く、湯冷めしにくいと評判の天然温泉。

かやぶき家屋の天井裏を表現した内風呂の天井は、日本の原風景を感じることができ、露天風呂からは黒姫山を眺めながら四季折々の風景が楽しめる。泉質は「ナトリウム―炭酸水素塩温泉、弱アルカリ性」で、関節痛、冷え症、慢性婦人病などに効用がある。ヌルリとした特徴の温泉で、女性には嬉しい美肌の湯でもある。

敷地内に地元食材を活かした楽しいメニューがならぶお食事処やまどり、地場産大豆にこだわった豆腐工房百菜館、地元の名物を販売するお土産処じょんのび横丁、季節ごとに登場するスイーツと、オリジナルコーヒーが自慢のCafeみちくさが入っている。

施設の2階は宿泊用客室となっており、多くのリピーターが訪れる。

☎ **0257-41-2222**

【 入浴料金 】

大人	**800**円
こども（3歳〜小学生）	**500**円

※65歳以上700円

※料金は変動する可能性があります。

泉質 ナトリウム炭酸水素塩・塩化物温泉

🈺 午前11:00〜午後8:00
（受け付け終了30分前）

🈳 基本水曜（不定休）、HPご覧ください

🈴 関節痛、筋肉痛、神経痛、切り傷、火傷、慢性婦人病、冷え性

🈶 男女共通
シャンプーリンス、ボディーソープ、ドライヤー、綿棒、レンタルタオルセット（250円）

🈺 休憩広間、休憩ロビー、売店、自動販売機、お食事処、整体マッサージ

🈺 一泊二食13,000円〜（入浴税別）

🈶 関越自動車道〜六日町IC（国道253号）〜十日町経由（国道252号）〜柏崎市方面約50分。北陸自動車道〜柏崎IC（国道252号）〜十日町市方面約30分

🈟 200台　大型10台

柏崎市高柳町高尾10-1

🈺 湯めぐりスタンプ

1 湯は茶褐色。内風呂のほか露天風呂やサウナも楽しめる

2 日帰り温泉だけでなく、温泉施設宿泊の他に貸コテージもあり、ご家族、サークル団体で気軽に利用することができる

3 全長約70メートルのつり橋「わたろて橋」。クリスマスシーズンにはイルミネーションの点灯も。写真映えスポットとして人気がある。つり橋をわたった先のぶな林散策もおすすめ

4 地元出身の料理長が手がける地産地消を推奨した食事を提供

5 カフェでは温泉の後にコーヒーとスイーツでくつろげる

⑥0 越後湯沢温泉
和みのお宿 滝乃湯

ほのかに硫黄香る天然の湯が日々の疲れを癒やす

自慢の露天風呂。宿泊利用でゆったり楽しむのもおすすめ

3R 宿泊時利用可3,900円引き ペア3組様

加温や加水をせず、源泉をそのまま引いた天然温泉。日帰りでも大浴場、露天風呂を利用することができる。無色透明の柔らかな湯は弱アルカリ性で、美肌効果があり肌がツルツルになると好評。

感染防止のため

【入浴料金】
大人………1,000円
小学生………700円
幼児3歳〜……300円

泉質 ナトリウム・マグネシウム・塩化物泉

料 タオル=220円、バスタオル(レンタル)=500円
営 午後1時〜午後6時(受付午後5時まで)
※越後湯沢駅西口より徒歩8分
※貸切風呂「なごみの湯」は宿泊者専用の為、ご利用頂けません。
☎ 025-784-3421
http://www.yuzawa-takinoyu.com/
南魚沼郡湯沢町湯沢345-1

3つリターン／クーポン券

入浴料半額
7名様まで有効
有効期限2025年3月末日
1回目

入浴料無料
4回目

入浴料半額+タオル・バスタオルサービス
2回目

入浴料半額+ワンドリンクサービス
3回目

---

⑥1 ハッカ石温泉
石打ユングパルナス

ペア入浴無料券 5組様

趣向を凝らした魅力あふれる露天風呂

岩風呂、薬草湯、打たせ湯など露天風呂には多彩な湯槽がそろう

"ふれあいの湯"をコンセプトに、ホテルと大浴場、レストランやカラオケなどが一体となったアメニティースペースとして運営。お手軽な宿泊料金や、スキーシーズンの仮眠パックも好評だ。

¥0有料

別料金

【入浴料金】
大人………900円
小人………300円

泉質 ナトリウム塩化物温泉、弱アルカリ性低張性高温泉

料 個室休憩料=(3時間)1人3,000円〜
営 午後5時30分〜午後11時。大浴場清掃時間(午前8時〜午前10時)は入浴不可
休 無休(ただし年2回休館日あり)
☎ 025-783-7888
南魚沼市石打字土堂946

クーポン券
大人入浴料 200円割引
グループ5名様まで有効
有効期限2025年3月末日

確認印

金城の里

62 島新田温泉

源泉かけ流し、スキー場に囲まれた穴場の湯

魚野川の堤防沿い、南魚沼市環境衛生センターに隣接された日帰り温泉施設。源泉かけ流し、無色透明のやわらかなお湯が肌に優しい。ゆっくりできる休憩室もある。地元の人だけでなくレジャー客などにも人気の温泉施設だ。

こぢんまりとした温泉だが、冬にはスキー客などでもにぎわう

   ¥0

【入浴料金】
中学生以上············ **350円**
小学生················· **160円**
小学生未満············· **無料**

バスタオル販売　600円
小タオル販売　200円

泉質 アルカリ性単純泉

🕙 午前10時～午後9時(最終受付午後8時30分)
🈺 月曜(祝日の場合は営業、翌日休業)
📞 **025-782-1739**
南魚沼市島新田764

湯 煙 分 析 表

年　　　月　　　日	年　　　月　　　日
施設名 _____	施設名 _____

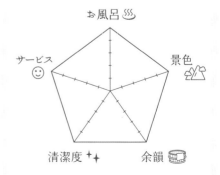

グルメ特集

温泉に入りにいつもより遠出したのなら、一緒に地元グルメも味わいましょう。
お腹が空いたらお食事を、お土産買うならお菓子屋さんへ。
温泉だけじゃない、おいしいものを食べて大満足の日帰り旅行に！
クーポン利用の際はご注文時に本書を提示いただき、各店舗の確認印スペースに押印、
またはサイン（チェックマークでも可）をもらいサービスを受けてください。

※クーポン特典だけの利用はできません。
※他のサービス券との併用はできません。
※本誌のページを切り取ったり、コピーしてのご利用はできません。
※確認印スペースにすでに何らかの押印・サイン（チェック）などがある場合はサービスを受けることができません。
※その他各店舗ごとの条件にしたがってご利用ください。
※店舗側のやむを得ぬ事情で、サービスの内容が変更になったり、中止したりする場合があります。あらかじめご了承ください。
※表記された料金は、2024年2月末現在のものとなります。

店長は『温泉ソムリエ』。お声がけいただければ、おすすめ温泉を紹介します。

「米・酒・粕・麹」をテーマに、朝日酒造の日本酒やオリジナルの酒肴、酒粕を使ったスイーツなどお土産にぴったりの品々が並ぶ。

しただ豚カレー 1,200円～

希少な山岳果実「こくわ」をはじめ、里山に産出する果実や山菜を使った料理やスイーツをお楽しみください。

クーポン

酒楽(さら)の里 あさひ山
TEL 0258-92-6070
長岡市朝日584-3
🕐10時～18時
休元日のみ

1,000円以上お買い上げで、酒蔵グッズか酒屋の一品進呈

●お1人様1冊につき1回のご利用となります。
●有効期限：2025年3月末日

確認印
または
サイン

クーポン

こくわ屋 藤兵衛
TEL 0256-46-4931
三条市笹岡2235
🕐11時～14時
休水曜

食事をされた方にコーヒーまたは紅茶1杯サービス

●グループ全員有効、1回のご利用となります。
●有効期限：2025年3月末日

確認印
または
サイン

越後もちぶたヒレカツ定食　2,178円（税込）

創業40年、越後もちぶた、南魚沼産コシヒカリなど、厳選した素材と製法にこだわるとんかつ専門店。ボリュームも満点で行列ができる人気の味だ。

舞茸御膳 1,870円（税込）

魚沼塩沢産コシヒカリと塩沢産マイタケを使ったメニューが自慢。春は地元でとれる山菜、夏は魚野川のアユ、冬は越後もち豚の鍋など季節ごとの味が堪能できる。

クーポン

越後とんかつ人参亭

南魚沼郡湯沢町大字湯沢497-4
営 11時30分〜20時30分（ラストオーダー）
休 不定休（冬季無休）

お食事ご注文の方
ドリンク
100円引き

確認印
または
サイン

●5人様まで、1回のご利用となります。
●有効期限:2025年3月末日

クーポン

保よし

TEL 025-784-2244
南魚沼郡湯沢町湯沢328-1
営 11時〜14時／17時〜21時（20時30分ラストオーダー）
休 不定休

飲食された方
お1人に1つ
デザートサービス

確認印
または
サイン

●お1人様、1回のご利用となります。
●有効期限:2025年3月末日

野菜天ざるそば 1,100円（税込）

自家石臼挽き手打ち十割そばを20年以上やっているお店。自家畑の野菜や山菜を天ぷらにした天ざる（1,300円税込）は好評でラーメン類も種類が豊富だ。

駒子もち（8個入り700円（税込）より）

川端康成の小説「雪国」のヒロインの名にちなんだ生菓子で、あんを餅で包み、きな粉をまぶしている。湯沢でしか手に入らないのでお土産におすすめだ。

クーポン

味乃家 魚野川

TEL 025-794-3012
魚沼市下島70-1
営 11時〜18時
休 水曜

飲食料
10%割引

確認印
または
サイン

●グループ全員有効、1回のご利用となります。
●有効期限:2025年3月末日

クーポン

駒子もち 億萬屋

TEL 025-784-2349
南魚沼郡湯沢町湯沢354-10
営 8時〜19時（売り切れ次第閉店）
休 水曜

1,000円以上
ご購入で
10%引き

確認印
または
サイン

●お1人様、1回のご利用となります。
●有効期限:2025年3月末日

おにぎりは1個140円から。店内ではお米の販売も行っている

自社農園で米の生産から販売まですべてを行う、うおぬま倉友農園直営店のおにぎり屋さん。手間を惜しまずに作られた米の味を堪能できる。

魚沼コルネ（カスタード）237円（税込）

2017年10月店舗拡大リニューアルオープン。一番人気の「魚沼コルネ」他ケーキ常時25種類、焼菓子30種類以上、ギフトも数多くご用意しております。

クーポン

うおぬま倉友農園
おにぎり屋
TEL 025-782-5151
南魚沼市塩沢435-1
🕐 9時～17時
休 12月31日、1月1日

1,200円以上
お買い上げで
塩おにぎり
1個サービス

●お1人様、1回のご利用となります。
●有効期限:2025年3月末日

確認印
または
サイン

クーポン

patisserie KANSENDO 湯之谷店
TEL 025-793-2777
魚沼市井口新田701
原信様駐車場内
🕐 9時30分～19時
休 なし。1月1日（元日）のみ休み

1会計につき
1本サービス

●お1人様、1回のご利用となります。
●有効期限:2025年3月末日

確認印
または
サイン

広い敷地内に物産館や食事処が立ち並ぶ魚野の里

関越自動車道・塩沢石打ICから1分。魚沼産コシヒカリや地酒、新潟みやげなどがそろう。地元食材を使った食事や名物スイーツなども楽しめる。

笹子5ヶ入パック 800円（税込）

「昔ながらの笹団子にお嫁さんがやってきた」笹団子に純生クリームをしのばせ、ふんわり優しく仕上げ、形もちょっとお洒落に♪

クーポン

魚野の里
TEL 025-783-6788
南魚沼市姥島新田699
🕐 物産館:9時～19時（平日18時まで）、
レストラン:11時～19時（平日17時まで）、
コメトハナ:9時～19時（平日18時まで）
休 無休

魚野発酵市場コメトハナ
及び物産館のお買い物時
5%オフ

米・酒など一部商品を
除く、現金払いのみ

●グループ全員有効、1回のご利用となります。
●有効期限:2025年3月末日

確認印
または
サイン

クーポン

株式会社 孝泉堂製菓
TEL 025-772-2281
南魚沼市六日町1055-4
🕐 9時～18時
休 不定休

1,000円以上
お買い上げで
「笹子」1個
プレゼント

●お1人様、1回のご利用となります。
●有効期限:2025年3月末日

確認印
または
サイン

土日祝日限定「里山ビュッフェ」大人2,000円
※営業形態、価格は予告なく変更する場合があります

地元の新鮮な野菜や山菜などを使ったお惣菜が並ぶ土日祝日限定の里山ビュッフェが人気。大人2,000円、小学生1,000円、幼児500円。平日のランチは1,500円。

クーポン	越後まつだい里山食堂

TEL 025-594-7181
十日町市松代3743-1 まつだい「農舞台」内
営 10時〜17時（16時30分ラストオーダー、ランチは11時〜14時）
休 火曜、水曜
※7/13(土)〜11/10(日)は里山ビュッフェの提供のみ

ランチご注文の方にお好きなドリンク1杯サービス

●お1人様、1回のご利用となります。
●有効期限:2025年3月末日

確認印
サイン

工場直結の出来たてバウムクーヘンやスイーツはお土産にも自宅用にも

地元の厳選食材を使ったスイーツが並ぶ。バウムクーヘンを作る様子を眺めるのも楽しい。自慢のスイーツや石窯焼きピッツァは併設のカフェでどうぞ。

クーポン	魚沼スイーツガーデン ナトゥーラ

TEL 025-788-0588
南魚沼市姥島新田701
営 10時〜20時（平日18時まで）
レストラン11時〜20時（平日18時まで）
休 無休

売店でのお買い物時 5%オフ
一部商品を除く 現金払いのみ

●グループ全員有効、1回のご利用となります。
●有効期限:2025年3月末日

確認印
サイン

へぎそば1人前960円（税込）から

つなぎに「布海苔」を使った自慢のへぎそばは、国産そば粉100%。うまみたっぷりのだしつゆとの相性も良く、のど越しと食感を楽しみながら味わいたい。

クーポン	越後十日町 小嶋屋 本店

TEL 025-757-3155
十日町市本町4-16-1
営 10時30分〜閉店時間は店舗にご確認ください。
休 1月1日、水曜（祝日を除く）

野菜天ぷら 1人前サービス

●お1人様、1回のご利用となります。
●有効期限:2025年3月末日

確認印
サイン

へぎそば2人前2,420円（税込）から

つなぎに「ふのり」を使う十日町特有のへぎそば。石臼で挽いた地元産そば粉の風味と、細めに打ったそばの喉越しが絶妙。手打ちうどんも自慢の一品。

クーポン	直志庵さがの

TEL 025-758-4001
十日町市伊達甲1047-11
営 11時〜15時／17時〜20時
休 無休（臨時休業あり）

ご提示で 200円引き

●お1人様、1回のご利用となります。
●有効期限:2025年3月末日

確認印
サイン

肉まみれ丼定食2,090円（税込）。
妻有ポークと魚沼産コシヒカリの専門店が作る大迫力の丼

農家のお母さんが作る料理はやさしい味わい。自家農場栽培の魚沼産コシヒカリや地元のブランド豚「妻有ポーク」など新潟の食材を使いボリュームたっぷりだ。

かまくら型の建物が目を引く

木のかまくらのような形の産業文化発信館で、地元の食材を使った料理が楽しめる。どこか懐かしい十日町の味の新しい魅力を提案している。

クーポン

越後妻有のごちそう家 ごったく
TEL **025-752-5505**
十日町市本町6-1丁目415
営 ランチ11時～14時（ラストオーダー13時30分）／カフェ14時～18時（ラストオーダー17時30分）
休 日曜、月曜

写真のメニュー
注文の方
**ドリンク1杯
サービス**

●クーポン使用人数上限なし。
●有効期限:2025年3月末日
●肉まみれ丼はランチのみ提供

確認印
または
サイン

クーポン

いこて
TEL **025-755-5595**
十日町市本町5-39-6
営 11時～21時（L.O20時30分）、水曜・日曜は17時まで
休 月曜

**ドリンク
1杯サービス**

●1グループにつき1杯、1回のご利用となります。
●有効期限:2025年3月末日

確認印
または
サイン

アフタヌーンティーセット 1,980円（税込）～

イギリスの小さなティールームがコンセプトのカフェ。店主が厳選した紅茶を常備30種類以上ご用意。紅茶に合った手作りのお食事（6種類）、ケーキ（5種類）をご提供してます。

ブッフェランチ1,890円（税込）

自社生産したそばの実「とよむすめ」を自社製粉・製麺した自慢のへぎそばをメインに、地元野菜や山菜を使った総菜をブッフェ形式でいただけるお店。

クーポン

**TEA ENSEMBLE
（ティー アンサンブル）**
TEL **0257-20-7873**
柏崎市駅前2-1-52 カワバタビル1階
営 11時～16時
休 日曜、月曜（臨時定休日あり）

飲食料
（お1様税込1,500円以上の場合）
50円割引

●グループ全員有効、お1人様につき1回のご利用となります。
●有効期限:2025年3月末日
●他のクーポン券との併用はできません。

確認印
または
サイン

クーポン

そばの郷 Abuzaka
TEL **025-755-5234**
十日町市南鐙坂2132
営 ランチタイム11時～15時
休 木曜

**へぎそば
お代わり
一人前無料**

●お1人様、1回のご利用となります。
●有効期限:2025年3月末日

確認印
または
サイン

炙り背脂塩らぁめん 820円(変更の場合あり)

新潟市のふるさと村で開催された某雑誌主催のラーメン大会で決勝進出を契機に「炙り背脂塩らぁめん」は人気急上昇。

背脂醤油らぁめん 850円

煮干しだれや豚骨、魚介系の旨味を閉じ込めたスープの背脂醤油らぁめん。もやしのアクセントが魅力的。

クーポン	ら〜めん 鯉次
	TEL 0256-33-4488
	三条市東三条2-4-6
味玉サービス	🕐 11時〜14時／17時〜20時（土日祝は11時〜15時、17時〜20時）
	🈺 水曜

●グループ全員有効、1回のご利用。ちびっこら〜めん無効。
●有効期限:2025年3月末日

確認印
サイン

クーポン	らあめん くまの家
	TEL 0256-98-5141
	燕市熊森1526-1
大盛りor煮玉子無料	🕐 11時〜15時(14時45分ラストオーダー)／17時〜21時(20時30分ラストオーダー)
	※スープがなくなり次第終了
	🈺 水曜

●グループ全員有効、1回のご利用となります。
●有効期限:2025年3月末日

確認印
サイン

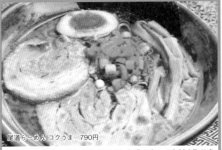

尾道らーめん コクうま 790円

本格派の尾道らーめんが食べられる。本場広島から食材を取り寄せ、深い味わいのスープが楽しめる。

姉妹ラーメン 750円 (税込)

もやし、メンマ、ザーサイなどシャキシャキ食材ととろりスープのコラボが創業以来40年以上常連さんに愛されている味です。

クーポン	尾道らーめん 七鐘屋
	TEL 0258-29-7780
	長岡市蓮潟1-14-8
大盛or **トッピング1品無料** **(卵、ノリ)**	🕐 平日 11時〜14時30分／17時30分〜20時
	土日祝 11時〜15時／17時〜20時
	🈺 水曜の夜、木曜

●お1人様1回のご利用となります。
●有効期限:2025年3月末日

確認印
サイン

クーポン	中国料理 華園
	TEL 0256-35-0197
	三条市興野2-6-19
ジャンボ餃子 **(2本)サービス**	🕐 11時〜14時／17時〜22時（日、連休最終日は21時まで）
	🈺 火曜

●姉妹ラーメン注文のお1人様1回の利用。
●有効期限:2025年3月末日

確認印
サイン

つかさラーメン　880円（税込）

濃厚豚骨スープと香り立つ魚介スープのダブルスープ。水菜やタマゴ入りの「つかさラーメン」がおすすめです。

しおそば　880円

鶏の旨味を凝縮した澄んだあっさりスープと細麺のコラボは定番人気。濃厚系の平打ち中太麺も好評。

クーポン

ラーメン居酒屋 つかさ
TEL 0258-34-5443
長岡市城内町2-6-22
ホクエンビル2F
🕐11時～13時30分／
17時～23時(L.O30分前)
㊡日曜、祝日

お会計より
10%OFF
（17時以降）

●お1人様1回のご利用となります。
●有効期限:2025年3月末日

確認印
または
サイン

クーポン

麺の風 祥気
TEL 0258-29-6232
長岡市寺島729
🕐11時～15時／17時～20時
㊡月曜(祝日の場合は翌日)

味玉1個
サービス

●お1人様1回のご利用となります。
●有効期限:2025年3月末日

確認印
または
サイン

肉つけ坦々麺　1,500円

包丁切りの手打ち麺。ボリュームある2種類のチャーシューと角煮。食材を大量に使用し魚介を加えたスープが人気。

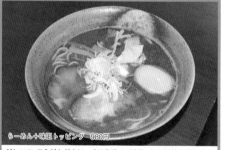

らーめん＋味玉トッピング　980円

ゲンコツ、モミジなどをじっくり煮込み、鯖節、宗田鰹節など魚介を加えたマイルドな豚骨魚介系のスープが好評。

クーポン

手打ち麺処 暁天
TEL 0258-83-5840
小千谷市三仏生上林3560-2
🕐10時～21時
㊡火曜

トッピング
（140円）1品無料

●お1人様1回のご利用となります。
●有効期限:2025年3月末日

確認印
または
サイン

クーポン

らいふ
TEL 0258-25-0688
長岡市新保4-7-12
🕐11時～14時30分／
17時30分～20時30分
※スープ・食材なくなり次第終了
㊡水曜、他、不定休あり

大盛りor
味玉1個無料

●お1人様1回のご利用となります。
●有効期限:2025年3月末日

確認印
または
サイン

味噌ラーメン　800円

4カ月熟成させたオリジナル味噌ダレが味の決め手。完成度の高いこのラーメンだけでなく、水餃子、塩ラーメンも人気。

クーポン	札幌亭
	TEL **0257-24-1020**
	柏崎市諏訪町11-3
生卵サービス	営 18時～深夜2時
	休 日曜

確認印／サイン

●お1人様1回のご利用となります。
●有効期限:2025年3月末日

勝肉メン(ショーローメン)　1,390円

1番人気は特製ダレ入りのまろやかですっきりのスープ。麺の上には野菜とじっくり煮込んだ角煮がのった勝肉メン。

クーポン	手打ちらーめん 勝龍
	TEL **0258-83-3770**
	小千谷市千谷川2-8-8
ミニチャーシュー	営 10時～20時45分
1品サービス	※スープがなくなり次第終了
	休 毎週火曜(祝日の場合水曜)、第3月曜

確認印／サイン

●お1人様1回のご利用となります。
●有効期限:2025年3月末日

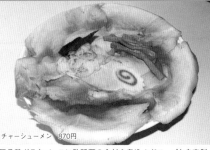

チャーシューメン　870円

豚骨鶏ガラをベースに数種類の食材を煮込んだスープと自家製麺。あっさりとした中にもコクがあり、クセになる味。

クーポン	そばよし
	TEL **0257-23-9337**
	柏崎市駅前2-1-70
つけ麺のみ	営 11時～20時
100円割引	休 火曜

確認印／サイン

●お1人様1回のご利用となります。
●有効期限:2025年3月末日

えび塩ら～めん　900円

素材にこだわりあっさり感の中にもしっかりとコクのある風味豊かな味を追求したラーメンが人気。

クーポン	麺日和 そらや
	TEL **025-752-5900**
	十日町市四日町1615-2
トッピング1品	営 11時～15時／17時～21時
(味玉・メンマ・コーン)	休 無休
無料	

確認印／サイン

●お1人様1回のご利用となります。
●有効期限:2025年3月末日

㊕ 長峰温泉

ゆったりの郷

風呂良し味よし手作りの料理で人気の温泉

1万1000平方㍍の広大な敷地に、さまざまな趣向を凝らした設備があり、連日多くの人で賑わっている。特に注目は手作り料理が好評なレストラン。多彩なメニューで評判が良い。またお風呂の種類も多くナトリウム塩化物泉が満たされた大浴場・露天風呂、各種サウナなどいろいろ楽しめる。

広々とした大浴場は和風とローマ風呂があり、日替わり

【入浴料金】

大人	**740円**
小人	**350円**
3歳以上小学生未満	**100円**
3歳未満	**無料**

泉質 ナトリウム塩化物泉

料 レンタルタオル200円、ウェアセット500円。個室休憩料＝2時間2,100円～

営 午前10時～午後9時(受付終了午後8時30分)

休 月曜(祝日営業、翌日休)、不定休あり

☎ **025-548-3911**
上越市吉川区長峰100

クーポン券

レンタルタオル サービス

1名様のみ有効
有効期限2025年3月末日

確認印

---

③

㊕ 宇津俣温泉・牧湯の里

深山荘

大自然に囲まれた温泉宿泊施設

源泉は、単純硫黄冷鉱泉。慢性皮膚病、慢性婦人病、切り傷、糖尿病、高血圧症、動脈硬化症などに効果がある。

浴場からの眺望は大変よく、晴れた日には、日本海まで望むことができる。

宝暦年間開湯という歴史ある源泉

【入浴料金】

大人(中学生以上)	**600円**
小学生	**350円**
幼児(3歳以上の未就学児)	**100円**

泉質 単純硫黄冷鉱泉

営 午前10時～午後7時
　(冬期間は午前10時～午後5時)

休 火曜、水曜

☎ **025-533-6785**
上越市牧区宇津俣285

3つリターン／クーポン券

入浴料
100円割引
グループ5名様まで有効
有効期限2025年3月末日

入浴料200円割引	1回目と同じ
4回目	1回目と同じ

大滝荘

65 幻の大滝

くつろぎを満喫する山里のいで湯

そのままの自然が残る懐かしい里山の景観、点在する棚田、澄み切った空気。ここにはくつろぎの空間がある。「幻の大滝」近くの源泉を引き込んだ温泉に浸かれば至極の時間。幻の「こそば」を使った手打ちそばが食べられるのも大きな魅力。

湯は無色無臭の単純硫黄泉で二酸化炭素を多く含み、血行促進の効用がある

3つりリターン／クーポン券

大人入浴料
50円割引
有効期限2024年11月末日
（12月上旬〜3月末は冬季休業）

ペア2名様
大人入浴料無料

4回目

1回目と同じ

1回目と同じ

【入浴料金】
大人……………………**500円**
小学生・幼児…………**300円**

泉質 アルカリ単純硫黄泉

営 午前10時〜午後4時（最終受付は閉館1時間前）
休 月曜、火曜、水曜（12月上旬〜3月は冬季休業）
☎ **0255-75-3230**
妙高市上小沢357-2

滝の湯

66 赤倉温泉 大野天風呂

開湯200年を迎えた名湯を
野趣あふれる野天風呂で堪能

内湯はなく露天風呂のみだが、その広さは県内屈指。巨大な岩がいくつも積み上げられた豪快な露天風呂には、男女それぞれ一度に50人が楽に入浴できるという。

巨石に囲まれた露天風呂は豊富な湯量を誇る

クーポン券

大人入浴料
100円割引
グループ2名様まで有効
有効期限2024年11月上旬
（冬季間閉鎖のため）

確認印

【入浴料金】
大人……………………**500円**
小人……………………**350円**

泉質 硫酸塩・炭酸水素塩泉

営 午前9時〜午後5時（木曜は午後4時まで）
　※新型コロナウイルスの状況により変更あり
休 4月下旬〜11月上旬は無休。それ以外は冬季閉鎖
☎ **0255-87-2958** ☎ **0255-87-2165**
　（大野天風呂）　　　　（赤倉総合事務所）
妙高市赤倉温泉

大平やすらぎ館

ブナの自然林に包まれて湯浴みとゴルフで健康増進

しっとりと肌に吸い付くような湯が特徴の温泉のほか、ゴルフも楽しめるユニークなこの施設。一般利用できるレストランも併設されており、地元食材を使った食事が楽しめる。

手を少し入れただけで、温泉のしっとり感が伝わってくる

       ¥0 　別料金

【入浴料金】

〈入浴と休憩〉大人（中学生以上）……**550円**

　小学生…………………**400円**

　幼児（3歳未満の未就学児）…**250円**

〈入浴のみ（1回湯）〉
　大人450円　小学生300円　幼児200円

泉質　単純硫黄冷鉱泉

🕙 午前10時〜午後5時（入館受付午後4時30分まで）

🈳 冬季休業11月下旬〜4月中旬

📞 **025-566-5512**

糸魚川市大字島道1302-2

3つリターン	クーポン券
大人休憩入浴料 **100円割引** グループ4名様まで有効 有効期限2025年3月末日	
お一人様 **入浴料無料** **4回目**	1回目と同じ 1回目と同じ

ひすいの湯

女性に好評の露天風呂
充実施設の日帰りスパ

県下有数の規模の日帰り温泉施設。大浴場や露天風呂、大広間、軽食まんがコーナーのほかフィットネスルームやプールも充実していて、ゆっくりと過ごせる。

大きな岩に囲まれ、広々とした露天風呂。北アルプスの雄大な景観も自慢の一つ

        　別料金

【入浴料金】

大人（中学生以上）……**900円**

こども（3歳以上）……**500円**

泉質　塩化物泉

🕙 午前10時〜午後10時（受付終了は午後9時30分）

🈳 無休（年2回ほど休館あり）

📞 **025-553-2222**

糸魚川市大野298-1

クーポン券
大人入浴料 **100円割引** グループ2名様まで有効 有効期限2025年3月末日
確認印

久比岐野

❻⑨ ゆきだるま温泉

宿泊施設「久比岐野」の浴場を拡張し、キューピットバレイで遊んだ後にぴったりの日帰り温泉施設が誕生した。源泉かけ流しのお湯はたっぷりで、特にウインタースポーツで疲れた体を芯から温めてくれる。

高原リゾートを思う存分楽しんだら
リニューアルした浴場で癒やされる

新しくなった浴室は十分な広さでリラックスできる。源泉かけ流しのお湯を堪能しよう

クーポン券

大人利用料
100円引き
(600円→500円・入湯税含む)
大人のみ割引
5名様まで有効
有効期限2025年3月末日

確認印

     別料金

【入浴料金】

大人(中学生以上)…… **600円**

小学生 …………………… **300円**

未就学児(3歳以上)… **100円**

泉質 ナトリウム・カルシウム塩化物泉

営 4月～10月(平日)午後2時～午後7時(最終受付午後6時30分)
(土日祝)午後0時～午後7時(最終受付午後6時30分)
11月～3月(毎日)午後0時～午後6時(最終受付午後5時30分)

休 月曜(祝日の場合は翌日)

☎ 025-593-2041
上越市安塚区須川4820

アルペンブリックスパ 日帰り温泉

❼⓪ 池の平温泉

妙高山南地獄谷より湧き出る源泉は、無色透明で硫黄分を含んだ単純温泉。この源泉地の黒泥を混ぜた黒泥露天風呂は温泉成分が通常よりもたっぷりだ。併設している売店「サンチョパンサー」では、おいしい日本酒・お土産・食料品など数多く取りそろえている。

一年中楽しめるリゾート地にある
設備充実の日帰り湯

源泉地でとれた、温泉成分たっぷりの黒泥を混ぜ込んだ露天風呂

クーポン券

大人入浴料
100円引き
1名様まで有効
有効期限2025年3月末日

確認印

一部返却式

    有料 別料金

【入浴料金】

大人 …………………… **800円**

小学生 ………………… **400円**

未就学児 ……………… **無料**

泉質 アルカリ性単純温泉

営 夏季:午前9時～午後10時(最終受付午後9時30分)
冬季:午前7時～午後10時30分(最終受付午後10時)

休 火曜(冬季は無休)

☎ 0255-86-5130
妙高市池の平温泉2413-11

⑦ 鵜の浜人魚館

ネクストリゾート上越株式会社

人魚をモチーフにした海辺の温泉は施設充実

館内は豊富な天然温泉を利用しており1階がプール、2階が温泉。大浴場は薬湯付きの「人魚の泉」とサウナを併設した「人魚の光」が毎日男女入れ替わる。また、日本海が一望できる露天風呂が2つの大浴場で利用できる。

ひすい色をした温泉は、トロンとした肌触りでやさしく体を包み込む

 別料金

【入浴料金】
大人（中学生以上）……700円
小学生………………350円
未就学児（3歳以上）…100円

泉質　ナトリウム－塩化物泉（弱アルカリ性高張性低温泉）

料 プール施設利用料＝大人540円、小学生430円。プール＋温泉施設利用料＝大人1,150円、小学生630円（7月～8月は夏季料金）
営 午前10時～午後8時（夏季は午後9時まで）
休 火曜（祝日営業、翌日休）、12月31日、1月1日
☎ 025-534-6211
上越市大潟区九戸浜241-8

---

⑦ 桑取温泉 くわどり湯ったり村

雄大な自然を感じられる施設充実の温泉施設

山里の大自然に包まれ、ゆったりとした時間が流れている。内湯には寝湯や薬湯風呂、ミストサウナがあり、思い思いに温泉を堪能できる。ブナ林に囲まれた露天風呂では、手足を伸ばして日頃の疲れを癒やそう。レストランもあり一日のんびりと過ごせる。

広々とした内湯から開放感のある露天風呂へと続いている

 別料金

【入浴料金】
大人…………………700円
小学生………………350円
幼児…………………100円

泉質　単純温泉

営 午前10時～午後8時（午後7時30分受付終了）
休 木曜
☎ 025-541-2611
上越市皆口601

龍雲荘

⑦ 笹倉温泉

焼山山麓に湧く化粧水のような名湯

「龍雲」「千寿」「薬師」の3本の源泉から湧き出る温泉は、効能豊かな美人の湯。昔ながらの湯治の趣を残す旧館「千寿荘」と源泉掛け流しの湯は「日本秘湯を守る会」に認定されている。

つるつる美肌をつくる「クレンジングの湯」とも呼ばれ、多くの人に愛されている

   返却式 有料 別料金

【 入浴料金 】

〈平日〉
大人……………………750円
小人……………………500円

〈土日祝〉
大人……………………850円
小人……………………500円

泉質 ナトリウム－炭酸水素塩泉

営 入浴＝午前9時～午後5時(繁忙期は午後2時まで)
休 不定休
☎ **025-559-2211**
糸魚川市大字大平5804

ゆとり館

⑦ 長者温泉

山の中腹にたたずむ 和の風情たっぷりの温泉

長い間、木浦地区の人々が守り続けてきた日帰り温泉施設。長者峰のふもとから湧くお湯は、皮膚病にいいというメタケイ酸を含み、湯上がりはツルツルの肌に。平成30年に運営を引き継いだ団体により、地域交流の場ともなっている。

民家のようなホッとできる空間でのんびりと湯につかれる

   ¥0 持込○ 別料金

【 入浴料金 】

〈1回浴の場合〉
大人……………………400円
小人……………………250円
幼児……………………150円

泉質 メタケイ酸泉

営 午前9時開館(10時入浴開始)～午後9時(冬季は午後8時まで)
休 毎月第4水曜日
☎ **025-566-3485**
糸魚川市大字木浦18778

—UME 石垣さんがサウナにはまったのは、テレビ番組「&sauna」がきっかけですか。

石垣 はい。1回目のロケで柏崎のサウナ宝来洲で入り方を教えていただき、「サウナって気持ちいい！」と(笑)。

「じょんのび館」にも番組で訪れて「森のサウナ」が大好きになり、通っています。

山崎 ありがとうございます。当館には「平家蛍の湯」と「源氏蛍の湯」があり、それぞれに異なるサウナを併設しています。偶数日、奇数日で男湯と女湯が入れ替わるので、日替わりで楽しむことができます。「森のサウナ」は「源氏」にあり、とても人気です。

秘湯を訪れたような雰囲気で入浴できる露天風呂は地下1,000mから汲みあげた源泉100％のアルカリ性

Onpara Sauna Talk

県内外のサウナーが認める
日帰り温泉のサウナを語る

今回の対談に登場いただくのは「じょんのび館」（新潟市西蒲区）のマネジャー・山崎 隆弘さんと、サウナタレントとして活躍中の石垣 果蓮さん。地域とつながる日帰り温泉として地元で愛されている「じょんのび館」は個性豊かなサウナを併設し、多くのサウナーが訪れています。お二人に、その魅力と効果を語っていただきます。進行はサウナーUMEが担当します。

Photographer_Masako Naito
Writer_Airi Horikawa

石垣 サウナ室の窓が大きいので森と一体化するようで、とても気持ちがいいです。

山崎 「ロッキーサウナ」という種類のストーブで、オート・ロウリュがあり3分に1回出ていますし、セルフ・ロウリュもできます。定員25名の当館で一番広いサウナです。

—UME 水風呂も特徴があるとか？

山崎 角田山の伏流水を使っており、非常にやわらかい水で好評です。また外気浴スペースには座り心地の良いアディロンダックチェアを採用しています。ととのい椅子やフラットベッドをいろいろな場所に置いとて、ととのい難民を出さないように心掛けています。

石垣 動線も良くて、サウナ室から水風呂、休憩スペースへと一気に行けるので、いつも私は外で休憩しています。

山崎 「平家」のスチームサウナも人気です。そもそも湿度が高く、さらに高床式にすることで体感温度が熱く感じられる薬草スチームサウナにしました。ドライサウナのように、顔がピリピリすることがないので、サウナビギナーや女性の方にお勧めです。

—UME 改めてサウナの入り方を伝授いただけますか。

石垣 浴室に入ったらかけ湯をし、まず温泉につかります。汗がじんわりとかいてくるくらいまで温まってからサウナに入ると、汗をかきやすくなります。サウナ室に入っている時間は室温で変わりますが、10分前後でしょうか。私は足先が温まって「水風呂に入りたい」と思い始めたら出ます。サウナ室から出たら、汗を水かお湯で流してから水風呂に入ります。入るときは冷たく感じますが、じっとしていて何も感じなくなる瞬間が来たら外気浴で休憩します。体をふいて外気浴で休憩します。体がちょっと冷めたぐらいの、冷え切らないぐらいで切り上げます。

—UME サウナに入った後は汗を流すというのが大事なマナーですね。水風呂にはどれくらい入りますか?

山崎 私は30秒くらい。サウナも同様に時間は気にしなくて、体感で「いいかな」となったら自分と向き合ってサウナも水風呂も自分と向き合って出ます。

—UME お話した一連が1セットで、だいたい皆さん3セットぐらい入りますね。

石垣 1セットだけサウナに入って仕事をされる方も多くいらっしゃいます。良いひらめきがあったり、仕事がはかどったりするようです。

—UME 温泉にあるサウナの良さは?

石垣 冬は温まるのが遅くなるので、1セットごとに温泉で温まり。何種も温泉のある施設では、全部のお湯を楽しみながらサウナに入るのが好きです。

山崎 温泉とサウナ、両方に入れるのが良いですね。露天風呂で景色を楽しむなど、楽しみ方が多様化します。

—UME サウナはハードルが高いと感じている方もいるようですが。

山崎 サウナが好きな人は親切な方が多い印象があります。困ったことがあれば声を掛けてくれるし、使い方を教えてくれます。あまり構えずに気軽に気に入ってみてください。

石垣 私はサウナに入ると、嫌なことがあっても一旦自分の中でリセットされますし、非日常的な空間ですし、

石垣さんイチオシのしそポ
手作りのしそジュースにスポーツドリンクを加えたサウナードリンク

じょんのび館
オリジナル

しそポ

サウナハット

石垣さんオリジナルのサウナハット
新潟見附産のポリエステル糸100％ニットで優しく包み込んでくれる全3種類のフリーサイズ

石垣 果蓮
いしがき かれん　山形県出身。ミス・グランド・ジャパン2021で準グランプリ受賞を機に、北海道文化放送「&sauna」北信越エリア・レポーターを担当。アパレルも展開。現在、新潟と東京の2拠点で活動中。

じょんのび館

　1993年に日帰り温泉施設として営業を開始。敷地・建物面積は新潟県内でも屈指の大きさを誇る。じょんのびとは新潟の方言で「ゆったり」、「ゆっくり」という意味で、温泉につかってゆったりしてほしいという願いが込められている。周辺には角田山登山口があり、海も近く、毎年6月に砂防公園でホタルが見られ県内外から多くの人が訪れる。

〒953-0076　新潟市西蒲区福井4067番地
営業時間：10：00 ～ 22：00
TEL：0256-72-4126（電話受付時間：10：00 ～ 22：00）
お食事処営業時間：11：00 ～ 21：30（ラストオーダー：21：00）
定休日：第1水曜日、第3水曜日、12月31日
　※12月、1月は第3水曜日のみ、休館日が祝日の場合は翌日

じょんのび館
情報は
28ページへ

アイデアが思い浮かばないとき、煮詰まったときはぜひ入ってほしいです。

サウナを楽しむいろいろ おしゃれやイベントも

——UME サウナに入るときの必需品は？

石垣 サウナハットです。呼吸がしやすくなるし、頭皮を守るし、快適さが違います。

山崎 最近はサウナハットをかぶる人が増えました。当館にもオリジナルのハットやヘアバンドがあります。

——UME サウナブームの中、「じょんのび館」で取り組んでいることは？

山崎 「人」による温かみのある施設を目指し、様々なおもてなしをしています。また異業種21人の「お客様熱波師」がいます。人と人とのつながりが生まれ、活気も出ています。

——UME そしてサウナ飯も充実していますね。

山崎 当館では「オロポ」やオリジナルの「しそスポ」などのサウナドリンクから、クッパ、カレー、地元の郷土料理を集めた「にしかん飯」など、メニューを豊富にそろえています。

内湯

泉質はナトリウム、カルシウム－塩化物温泉ですりきず、やけどなど幅広い効能

水風呂

森のサウナの水風呂は角田山の天然水で包まれるような感覚が心地よい

休憩スペース

幅広の肘掛け、高い背もたれで快適な座り心地のアディロンダックチェア完備

ドライサウナ

「源氏蛍の湯」のドライサウナはコンパクトながら110℃の高い温度設定が魅力

「じょんのび館さんは自然が近いのが魅力で心と体をやさしく癒やしてくれます」と語る石垣さん

—UME 最後にお二人から読者にメッセージを。

石垣 「温パラ」を改めて見ると、施設情報にサウナの有無がマークで表示されていますし、「温パラ」を見ながら訪れるのは楽しいですね。新潟は自然も豊かで、ほかの県では味わえない温泉やサウナがたくさんあるので、その魅力をこれからも全国に広めていきたいと思います。

山崎 当館は「お風呂を通じて人生を幸せに。お風呂を通じて人とつながりたい。」という経営理念を掲げています。これからもたくさんの方の「幸せ」と「人とのつながり」を念頭に置いた施設づくりを続けていきたいです。

—UME ありがとうございました。

売店
館内の売店ではじょんのび館オリジナル商品やサウナグッズを販売中

食堂
サウナ飯は坦々麺や麻婆豆腐も人気
食堂は食事だけの利用も可能

サウナ飯
食堂一番人気は手作りの地元の郷土料理を集めた「にしかん飯」

スチームサウナ
地元の野草を乾燥させて使用
高床式で体感温度はやや高め

まるで森の中にいるような景色が広がる森のサウナ
オートロウリュとセルフロウリュを楽しめる点も人気

「アフターサウナも楽しんで」とライフスタイルに定着しつつあるサウナの魅力を語る山崎さん

ドライサウナ
「平家蛍の湯」のドライサウナはゆったり入れるのが魅力 温度は100〜108℃

グルメ特集

温泉に入りにいつもより遠出したのなら、一緒に地元グルメも味わいましょう。
お腹が空いたらお食事を、お土産買うならお菓子屋さんへ。
温泉だけじゃない、おいしいものを食べて大満足の日帰り旅行に！
クーポン利用の際はご注文時に本書を提示いただき、各店舗の確認印スペースに押印、
またはサイン（チェックマークでも可）をもらいサービスを受けてください。

※クーポン特典だけの利用はできません。
※他のサービス券との併用はできません。
※本誌のページを切り取ったり、コピーしてのご利用はできません。
※確認印スペースにすでに何らかの押印・サイン（チェック）などがある場合はサービスを受けることができません。
※その他各店舗ごとの条件にしたがってご利用ください。
※店舗側のやむを得ぬ事情で、サービスの内容が変更になったり、中止したりする場合があります。あらかじめご了承ください。
※表記された料金は、2024年2月末現在のものとなります。

ランチコース 2,640円（税込）

野菜を活かした料理に定評がある隠れ家レストラン。季節を感じるナチュラルで優しいフランス料理を提供しています。

クーポン

**ソフトドリンク
半額**

● グループ全員、1回のご利用となります。
● 有効期限：2025年3月末日

サブリーユ
TEL 025-534-3684
上越市大潟区上小船津浜714
11時30分〜13時（L.O）／
18時〜19時30分（L.O）
※昼、夜とも要予約
火曜日（祝日の場合は営業）／他不定休あり

確認印
または
サイン

いちじく美 小 756円、いちじく美 大 1,296円、いちじく缶詰 1,404円（全て税込）
※現在、いちじく缶詰は完売しております

当店のいちじく商品は丹精込めて育てた日本いちじくを使用し、いちじく本来の甘さと酸味を生かすよう心がけております。

クーポン

**2,000円以上御購入で
うのんちゃんまんじゅう
1個または次回使える
100円割引券進呈**

● グループ全員に有効（グループ全体の合計金額ではなく、個々の購入金額でどちらかを進呈）、1回のご利用となります。
● 有効期限：2025年3月末日

マルト歌代商店
TEL 025-534-2155
上越市大潟区潟町159
9時〜18時
月曜日、1月1日

確認印
または
サイン

蝦仁湯麺（海老あんかけラーメン）　1,000円

透明度が高く、コクのある清湯スープをベースにした料理はどれも
あっさりとして上品な味に仕上がっている。

ケーキセット825円（税込・ドリンクによって変わる）。シェフ自慢のショー
ケース内のお好きなケーキとドリンクのお得なセット（写真はイメージです）

季節感あふれる洋菓子や創業時から受け継がれる和菓子などがそろい、幅
広い世代に人気のお店。カフェスペースやお取り寄せでもその味を楽しめる。

クーポン

王華飯店
TEL 025-525-9012
上越市仲町3-7-9
🕚11時〜14時／17時〜22時
🈺木曜

**ウーロン茶1杯
サービス**

確認印
または
サイン

●お1人様1回のご利用となり
ます。
●有効期限：2025年3月末日

クーポン

**新潟スイーツ・ナカシマ
糸魚川店**
TEL 025-552-0117
糸魚川市横町5-12-72
🕚9時〜19時
🈺1月1日

**ポイントカード
のスタンプ捺印
一つプレゼント**

確認印
または
サイン

●1日1グループ1回まで。
　当店でお買い物もしくは喫茶
　コーナーご利用時に限ります。
●有効期限：2025年3月末日

麻婆麺　1,150円

本格四川麻婆豆腐の餡が、汁なしの麺に絡まる濃厚な一杯。

クーポン

龍馬軒
TEL 025-526-7751
上越市上中田2026
🕚11時〜14時30分／
　17時30分〜20時30分
🈺日曜

**味玉1個
サービス**

確認印
または
サイン

●お1人様1回のご利用とな
ります。
●有効期限：2025年3月末日

賜の湯

2種類の源泉を楽しめるかけ流しの湯
砂むし風呂も体験できる

あふれるほどの湯量でじっくりとあたたまる内湯

アルカリ性単純泉とナトリウム塩化物泉の二つの源泉はかけ流しで湯量も豊富。広々とした内湯に露天風呂、寝湯があり、飯豊連峰を眺めながらの湯浴みは格別だ。砂むし風呂では体の中からスッキリ。

     100円リターン   別料金

【 入浴料金 】
大人……………………330円
小人（3〜9歳）………150円
サウナ、砂風呂は別途料金

泉質　アルカリ性単純泉、ナトリウム塩化物泉

営 午前5時30分〜午後10時(最終受付午後9時30分)
　 砂風呂 午前9時〜最終受付午後4時30分
休 無休

☎ 0238-37-4126
山形県米沢市大字上新田2300-1

宝寿の湯

小野小町が開湯したと伝えられる
美人の湯

窓から小野川温泉街を望む内湯。源泉かけ流しで体の芯から温まる

眺望抜群な温泉宿の日帰り湯。源泉かけ流しのお湯はラジウムを含むため神経痛などに効果を発揮し、また硫黄の成分で美肌効果も期待できるという。湯冷めしにくいのも特徴だ。温泉街を眺められる足湯もあり、サッカー観戦ができるカフェが併設されている。

     ¥0

【 入浴料金 】
大人……………………700円
小人（3歳〜小学生）…400円

泉質　含硫黄−ナトリウム・カルシウム−塩化物泉

営 午前10時〜午後9時
休 水曜

☎ 0238-32-2214
山形県米沢市小野川町2584

蔵の湯

⑦喜多の郷温泉

道の駅に併設で楽々と行ける、肌に優しい美人の湯

大人数でもゆったりできる広い大浴場。自然に囲まれた露天風呂も魅力だ

国道121号沿いの道の駅「ふれあいパーク喜多の郷」にある日帰り温泉施設。メタケイ酸を含む温泉は美肌美人の湯といわれ、湯上がりには肌がすべすべに。広々とした大浴場と、開放感のある露天風呂でドライブの疲れを癒やしてみては。

別料金

【入浴料金】
中学生以上 …………… **500円**
（午後5時〜9時は300円）

小学生以下 …………… **300円**
（午後5時〜9時は150円）

泉質 炭酸カルシウム・単純温泉

営 午前9時〜午後9時（受け付けは午後8時まで）
休 第1水曜
☎ **0241-21-1139**
福島県喜多方市松山町鳥見山字三町歩5598-1

原瀧

⑦会津東山温泉

歴史を誇る名湯を自家源泉かけ流しでぜいたくに

目の前を流れる渓谷のせせらぎを聞きながら癒やしの時間を

名僧・行基が発見したといわれ、約1300年の歴史がある東山温泉。その中でも珍しい自家源泉を持つ宿で日帰り湯が楽しめる。露天風呂は100％源泉かけ流しで湯量もたっぷり。目の前に渓谷美が広がり、川風に吹かれながらの湯浴みは最高だ。日帰り利用には予約が必要。

料金込

【入浴料金】
大人 ………………… **1,100円**

3歳以上小学生以下 …… **半額**

泉質 ナトリウム・カルシウム−硫酸塩・塩化物温泉

営 午後1時〜午後8時（日帰り湯利用には事前予約が必要）
休 無休
☎ **0242-26-4126**
福島県会津若松市東山湯本235

⑦⑨ 会津・東山温泉

御宿 東鳳

文人・志士たちに愛された名湯
露天風呂のロケーションが魅力

竹林に囲まれ、天空に浮かぶ「宙の湯」の円形露天風呂は、心地よい風が吹き抜け開放感あふれる

開湯約1300年を誇る東山温泉の高台に立ち、会津盆地を望む二つの展望露天大浴場が自慢だ。「宙（そら）の湯」の露天風呂は、空中に浮かんでいるかのような眺望が魅力。「棚雲の湯」には棚田状に三つの露天風呂があり、全身浴・半身浴・寝湯と思い思いの湯浴みを楽しめる。

【 入浴料金 】※入湯税・消費税込
大人（中学生以上）… **1,000円**
子ども（3歳〜小学生）… **500円**
2歳未満 …………………… **無料**
※土日祝日・GW・お盆・年末年始は、大人1,500円、子ども800円

泉質　ナトリウム・カルシウム－硫酸塩・塩化物泉（低張性弱アルカリ性高温泉）

営　午後0時30分〜午後8時
休　無休　※混雑時は日帰り入浴不可。事前問い合わせ要。
☎ **0242-26-4141**（電話受付時間:午前9時〜午後7時）
福島県会津若松市東山町大字石山字院内706
※ご要望に応じて申込条件書面を遅滞なく別途お送りします。

---

⑧⓪

いいやま湯滝温泉

千曲川を望む広い露天風呂でゆったりと

開放感ある露天風呂からは雄大な景色が望める

男女それぞれの内湯と露天風呂、貸し個室や大広間など充実の施設。露天風呂はゆったりと広く、千曲川の悠々とした風景を堪能できる。地元食材を使った食事メニューも豊富。国道117号沿いにありレジャーの途中で立ち寄るのに便利だ。

【 入浴料金 】
大人（中学生以上）…… **550円**
小学生 ……………………… **250円**
小学生未満 ………………… **無料**

泉質　アルカリ性単純温泉（低張性アルカリ性温泉）

営　午前10時〜午後9時（入場受付午後8時30分）
休　火曜（祝日の場合は振替休館日あり）
☎ **0269-65-3454**
長野県飯山市一山1898

⑧タングラム斑尾温泉
ホテルタングラム

観光の拠点にぴったりだ。

ホテル内のカフェや売店は立ち寄り湯でも利用でき、周辺

を心地よく癒やしてくれる。とつかれば、レジャーの疲れ

つかれば、露天風呂にのんびり大浴場や露天風呂にのんびり

設内のホテル。広々とした大ティを備える複合リゾート施

ろって楽しめるアクティビ冬はスキー、夏は家族そ

充実の施設で日帰り湯を
オールシーズン満喫できる

大浴場から続く露天風呂で旅の疲れを癒やそう

   有料 別料金

【入浴料金】
大人……………1,000円
小人……………500円

泉質 弱アルカリ性低張性高温泉

営 午後0時〜午後9時（最終受付午後8時・水曜は午後3時〜午後9時）
休 11月下旬〜12月中旬は休館日。詳細はHPにて
☎ 026-258-3511
長野県上水内郡信濃町古海3575-8

---

⑧むれ温泉
天狗の館

飽きないのもうれしい。

日のようにイベントがあり、めメニュー豊富な食堂も。毎

できる大広間や、郷土食はじせる。無料休憩所として利用

ゆったりとした時間が過ごは雄大な景色を眺めながら、

に立つ。大浴場や露天風呂を望む、自然に囲まれた高台

北信五岳や霊仙寺湖など

季節によって表情が変わる大自然の風景が魅力
広々とした大浴場と露天風呂

夏には新緑に染まる山々を眺めながらくつろぎの時間を

   ¥0 別料金

【入浴料金】
大人……………600円
小学生…………300円
幼児以下…………無料

泉質 ナトリウム・カルシウム−塩化物・炭酸水素塩冷鉱泉

営 午前10時〜午後9時（最終受付午後8時30分）
休 第3火曜（祝日の場合は翌日）、6月・11月には臨時休館あり
☎ 026-253-3740
長野県上水内郡飯綱町川上2755-345

温泉施設 設備一覧

各施設の設備をまとめた一覧です。該当するものには●、特記事項があるものには★で記しています。★の詳細は本文をご確認ください。なお、状況に応じて設備に変更が生じることがございます。詳しくは各施設にお問い合わせください。

露天風呂の有無	サウナの有無	食事処の有無	ロッカーの有無 ¥0	ロッカーの有無 有料	飲食物の持ち込みの可否 持込○	タオルの有無 料金込	タオルの有無 別料金	シャンプー・リンスの有無	ボディソープ・せっけんの有無	アイコン／施設名
						下　越				
★		●				●		●	●	まほろば温泉
●		●	●		●	●		●	●	ゆり花会館
		●				●		●	●	交流の館「八幡」
●		●	●			●		●	●	ゆ処そば処　磐舟
●		●		●		●		●	●	野天風呂 湯元　龍泉
		●	●			●		★	★	松風荘
●	●	●	●			●		●	●	ロイヤル胎内パークホテル
		●				●		●	●	塩の湯温泉
●	●	●	●		●	●		●	●	ざぶ〜ん
			●			●		●	●	あやめの湯
		●	●		●	●		●	●	清川高原保養センター
●	●	★	●			●		★	●	城山温泉
●		●	●			●		●	★	赤湯
			●			●		●	●	寿の湯
★	★	●				●		●	●	ブナの宿　小会瀬
●		●	●			●		●	★	七福荘
●	●	●	●			●		●	●	やすらぎ
●	●	●		★		●		●	●	村松さくらんど温泉
●	●	●	●			●		●	●	花の湯館
●	●	●		★	●	●		●	●	ごまどう湯っ多里館
●	●	●	●			●		●	●	花水
					★		●	●	●	関根旅館

露天風呂の有無	サウナの有無	食事処の有無	ロッカーの有無 ¥0	ロッカーの有無 有料	飲食物の持ち込みの可否 持込○	タオルの有無 料金込	タオルの有無 別料金	シャンプー・リンスの有無	ボディソープ・せっけんの有無	施設名
●	●	●	●				●	●	●	じょんのび館
●	●	●	●				●	●	●	だいろの湯
●	●	●	●		●		●	●	●	さくらの湯
						佐　渡				
		●	●				●	●	●	御宿おぎの湯
	●	★	●				●	●	●	あかどまり城が浜温泉
	●	●	●		●		●	●	●	新穂潟上温泉
						中　越				
●		★			●			●	●	妙湶和樂　嵐渓荘
●	●	●	●				●	●	●	いい湯らてい
●	●	●	●				●	●	●	美人の湯
		●	●		●		●	●	●	森の湯小屋 さぎの湯 しらさぎ荘
●	●	●	●		●		●	●	●	麻生の湯
					★			●	●	灰下の湯
●	●	●	●				●	●	●	湯どころ　ちぢみの里
●	●	●	●	●	★		●	●	●	見晴らしの湯　こまみ
●	●	●	●				●	●	●	神湯とふれあいの里
●	●	●	●				●	●	●	ゆ〜パーク薬師
●			●		●		●	●	●	白銀の湯
●	●	●	●				●	●	●	雪割草の湯
●			●		●		●	●	●	寺宝温泉
★			●		●		●	●	●	桂温泉
●	●	●	●				●	●	●	旬食・ゆ処・宿　喜芳
●	●	★		★			●	●	●	千年の湯
●	●	●	●				●	●	●	ミオンなかさと
●		●		●			●	●	●	ゆくら妻有
				★			●	●	●	ぽんしゅ館酒風呂 越後湯沢驛店
●	●	●		●			●	●	●	奥湯沢・貝掛温泉
	●	●		●	●		●	●	●	宿場の湯
●		●				●		●	●	てじまや
●		●					★	●	●	ゆもとかん
	●	●					●	●	●	クアハウス津南
	●	●			★		★	●	●	リバーサイド津南

露天風呂の有無	サウナの有無	食事処の有無	ロッカーの有無 ¥0	ロッカーの有無 有料	飲食物の持ち込みの可否 持込○	タオルの有無 料金込	タオルの有無 別料金	シャンプー・リンスの有無	ボディソープ・せっけんの有無	施設名
●	●	●	●					●	●	ニュー・グリーンピア津南
●	●	★			●			●	●	しなの荘
●	●	●			●			●	●	鷹の湯
●	●	●						●	●	雲海
●	●	●						●	●	ナステビュウ湯の山
●	●	●	●					●	●	楽寿の湯
●	★							●	●	和みのお宿　滝乃湯
●	●	●	●	●				●	●	石打ユングパルナス
			●		●			●	●	金城の里
上　越										
●	●	●	●					●	●	ゆったりの郷
	●	●			●			●	●	深山荘
	●	●	●					●	●	大滝荘
●					●			●	●	滝の湯
	●	●	●					●	●	大平やすらぎ館
●	●	●	●					●	●	ひすいの湯
			●					●	●	久比岐野
●	●	●	★						●	アルペンブリックスパ 日帰り温泉
●	●	●	●					●	●	鵜の浜人魚館
●	●	●						●	●	くわどり湯ったり村
●		●			★			●	●	龍雲荘
			●		●			●	●	ゆとり館
山形・福島・長野										
●	●	●	★					●	●	賜の湯
	●	●						●	●	宝寿の湯
●	●	●				●			●	蔵の湯
●		●				●			●	原瀧
●		●				●			●	御宿　東鳳
●	●	●						●	●	いいやま湯滝温泉
●	●				●			●	●	ホテルタングラム
●	●	●	●					●	●	天狗の館

スタンプを集めて応募しよう！

湯めぐりスタンプラリー応募用紙

こちらは湯めぐりスタンプラリー専用の応募用紙です。裏面のスタンプを集めていただき3個で1口として応募してください。

A 11カ湯めぐりを成就した方限定！

1万円分商品券

商品券 ￥1,000

10名様

p20

B ペア入館券

10組様

県内でも有数のトロリとした湯が特徴

城山温泉
☎0254-21-2626

p32

C ペア入館券

3組様

多彩なお風呂や岩盤浴が人気

さくらの湯
☎0256-94-1126

p48

D 日帰りランチプラン
（ランチ＋個室休憩＋入浴）

ペア1組様

隠れ宿で過ごす至福のひととき

嵐渓荘
☎0256-47-2211

p50

E ペア優待券
（入湯税150円で入浴できる）

5組様

多彩な浴槽が楽しめる

いい湯らてい
☎0256-41-3011

p62

F ペアご優待券

5組様

天然温泉を心行くまで堪能

千年の湯
☎025-768-2988

p64

G ミオンなかさとゆくら妻有 ペア共通入浴券

5組様

自然豊かな温泉でくつろぐ

ミオンなかさと
☎025-763-4811

口数		ご希望のプレゼント記号				

フリガナ お名前		（　　　歳）
ご住所	〒 TEL.(　　　)　－	
ご職業	1. 会社員　2. 自営業　3. 公務員　4. 学生　5. その他（　　　　　　）	

**応募の
ご注意** 上記に必要事項を記入して切り取り、封書にてP.105の住所へご応募ください。
ご応募いただいた個人情報は、スタンプラリー大抽選会の目的以外使用いたしません。

湯めぐりスタンプシート

スタンプ3個で1口申し込めます。
11カ湯めぐりを成就された方10名様に抽選で1万円分の商品券を差し上げます。

P.20 新発田市　城山温泉	P.22 阿賀町　赤湯	P.32 弥彦村　さくらの湯	P.48 三条市　嵐渓荘
P.50 三条市　いい湯らてい	P.60 長岡市　喜芳	P.62 十日町市　千年の湯	P.64 十日町市　ミオンなかさと
P.65 十日町市　ゆくら妻有	P.70 津南町　しなの荘	P.72 柏崎市　楽寿の湯	

※コピーされたスタンプシートは無効とします。
※抽選発表は発送をもってかえさせていただきます。

読者プレゼント

❶無料入館入浴券

10名様

リニューアルした温泉でのんびり
塩の湯温泉
☎0254-45-3325　**p17**

❷ペア入館ギフト券

5組様

癒やしの空間で過ごす、特別なひととき
花水
☎0250-24-1212　**p27**

❸入浴券

10名様

天然温泉と個性豊かなサウナで「じょんのび」
じょんのび館
☎0256-72-4126　**p28**

❹無料入浴券

ペア5組様

粟ヶ岳を望む露天風呂で贅沢な時間を
美人の湯
☎0256-41-4122　**p52**

❺ペア優待券
（入湯税150円で入館できる）

ペア10組様

木の香りに包まれてのんびりと一日過ごせる。
しらさぎ荘
☎0256-45-0888　**p53**

❻オリジナル入浴剤＆温泉ミストセット

3組様

落ち着いた温泉旅館の日帰り湯。
ゆもとかん
☎025-774-2876　**p68**

❼オリジナル温泉入浴剤 津南の湯

2個セット5名様

ご家庭で気軽に温泉気分
ニュー・グリーンピア津南
☎025-765-4611　**p69**

❽ペア入浴券

5組様

源泉かけ流しのお湯は肌がしっとりすべすべに
しなの荘
☎025-765-2442　**p70**

❾3,900円引き券
（宿泊時利用可）

ペア3組様

天然の湯を日帰りで存分に
和みのお宿 滝乃湯
☎025-784-3421　**p74**

❿ペア入浴無料券

5組様

多彩な露天を楽しめる"ふれあいの湯"
石打ユングパルナス
☎025-783-7888　**p74**

専用ハガキか市販ハガキの裏面に応募券を貼り①ご希望プレゼント番号②あなたの郵便番号・住所・氏名・年齢・電話番号③本誌に対するご意見・ご感想④本誌で紹介されている日帰り温泉で一番よかった施設名をご記入のうえ下記まで送ってください。

各プレゼント応募宛先　〒950-1125 新潟市西区流通3-1-1
新潟日報メディアネット出版グループ温パラ係

※ご応募多数の場合は抽選とさせていただきます。当選発表は賞品の発送をもってかえさせていただきます。
　ご応募いただいた個人情報は、プレゼント発送の目的以外使用いたしません。

使えば使うほど得しちゃう！
湯めぐりスタンプラリーに参加して、
すてきなプレゼントをゲットしよう。
湯めぐりスタンプぽんぽんぽ〜ん！

新潟 日帰り温泉パラダイス　2024-2025版

2024（令和6）年4月1日　初版発行

発行者　中川 史隆
発行所　新潟日報メディアネット
【出版グループ】〒950-1125 新潟市西区流通3丁目1番1号
TEL 025-383-8020　FAX 025-383-8028
https://www.niigata-mn.co.jp
印刷・製本　㈱ウィザップ